LES MYSTÈRES:
NOUVELLES PERSPECTIVES

RECHERCHES SUR LES
RHÉTORIQUES RELIGIEUSES

24

Collection dirigée
par
Gérard FREYBURGER et Laurent PERNOT

Les Mystères : nouvelles perspcctives

Entretiens de Strasbourg
éditées par

Marc Philonenko

Yves Lehmann Laurent Pernot

D/2017/0095/182
ISBN 978-2-503-57050-1
e-ISBN 978-2-503-57051-8
DOI 10.1484/M.RRR-EB.5.111942

Printed in the EU on acid-free paper.

PRÉFACE

Le sujet du présent ouvrage, les mystères, appartient à la série des faits religieux sur lesquels la collection *RRR* souhaite apporter des éclairages originaux. La prière, l'hymne, le *carmen*, les noms divins, la supplication, ou encore l'étiologie et la polémique en matière de croyance, ont fait l'objet, dans notre collection, d'études qui, chaque fois, visaient les modes d'argumentation et les formes d'expression, de manière à faire apparaître les lois régissant les différents types de rhétorique religieuse. De même, à présent, s'agissant des mystères, l'enquête refuse tant les approches théoriques *a priori* que la réduction des faits religieux à des causes exclusivement sociologiques ; elle part des mots et des langues pour cerner le phénomène en lui-même et parvenir à une meilleure compréhension de sa signification et de sa diffusion. Quel est le secret des mystères ? En quoi consiste le savoir, tout à la fois caché et révélé, qui suscitait l'espérance des fidèles, comme dans ces mots du tragique grec ? « Ah ! Trois fois heureux les mortels qui ont vu ces mystères avant de partir pour l'Hadès : à eux seuls là-bas il est permis de vivre, tandis que les autres souffrent tous les maux » (Sophocle, fragment 837 Radt).

Les mystères ont connu de multiples évolutions au cours des temps, et une partie de leur contenu, par force, nous reste inconnue. C'est pourquoi, afin de mener une investigation aussi complète que possible, il était utile d'élargir l'horizon linguistique et historique. Les mystères examinés dans ce volume sont ceux du paganisme grec et romain, des cultes orientaux, des textes juifs, chrétiens, coptes et intertestamentaires ; des prolongements sont proposés jusqu'à l'Arménie médiévale et à la Réforme. Les experts réunis pour cette entreprise pluridisciplinaire ayant eu à cœur de rendre leur domaine accessible aux non-spécialistes, leurs contributions à la fois diverses et complémentaires proposent au lecteur des faits précis et des données nouvelles, qui composent un tableau d'ensemble.

Gérard FREYBURGER & Laurent PERNOT

AVANT-PROPOS

Toutes les religions ont eu leurs mystères, et il semble que, sans cela, il n'y auroit point de religion[1].

Le thème des mystères suscite un grand intérêt à l'heure actuelle et donne lieu, chaque année, à d'excellentes publications[2]. Par rapport aux travaux passés ou en cours, le présent ouvrage voudrait essayer d'apporter des éléments nouveaux, au moins sur certains points, grâce aux orientations particulières qui ont été adoptées dans la forme et dans le fond. Ce volume est issu d'entretiens, qui ont réuni, au Palais Universitaire de Strasbourg, un nombre volontairement limité de spécialistes internationalement reconnus et prêts à un échange interdisciplinaire. Les communications, suivies par un public attentif,

[1] MONTESQUIEU, *Mes pensées*, n° 443, éd. R. Caillois = *Pensées*, n° 109, éd. L. Desgraves.

[2] En se limitant aux livres édités ou réédités au XXIe siècle, et sans prétention à l'exhaustivité, on peut citer : C. BONNET, J. RÜPKE, P. SCARPI (dir.), *Religions orientales – culti misterici. Neue Perspektiven – Nouvelles perspectives – Prospettive nuove*, Stuttgart 2006 ; J. N. BREMMER, *Initiation into the Mysteries of the Ancient World*, Berlin-Boston, 2014 ; L. BRICAULT, *Les cultes isiaques dans le monde gréco-romain*, Paris, 2013 ; W. BURKERT, *Les cultes à mystères dans l'Antiquité*, trad. A.-Ph. Segonds, Paris, 2003 ; G. CASADIO, P. A. JOHNSTON (éds), *Mystic Cults in Magna Grecia*, Austin, 2009 ; M. CLAUSS, *Mithras. Kult und Mysterium*, Darmstadt, 2012 ; F. CUMONT, *Les mystères de Mithra*, éd. N. Belayche, A. Mastrocinque, D. Bonanno, Savigliano, 2013 ; G. FREYBURGER, M.-L. FREYBURGER, J.-C. TAUTIL, *Sectes religieuses en Grèce et à Rome dans l'Antiquité païenne*, nouv. éd., Paris, 2006 ; P. SCARPI, *Le religioni dei misteri*, 2 vol., Milan, 2002 ; G. SFAMENI GASPARRO, *Misteri e teologie. Per la storia dei culti mistici e misterici nel mondo antico*, Cosenza, 2003 ; G. G. STROUMSA, *Hidden Wisdom. Esoteric Traditions and the Roots of Christian Mysticism*, 2e éd., Leyde, 2005 ; R. TURCAN, *Liturgies de l'initiation bachique à l'époque romaine (LIBER). Documentation littéraire, inscrite et figurée*, Paris, 2003 ; *Id.*, *Recherches mithriaques. Quarante ans de questions et d'investigations*, Paris, 2016 ; P. VEYNE, *La Villa des Mystères à Pompéi*, Paris, 2016. Plusieurs groupes de recherche travaillent actuellement sur les mystères antiques. Par ailleurs, l'Université de Strasbourg a tenu un colloque dont les actes ont été publiés par A. DUCREY, T. VICTOROFF (dir.), *Renaissances du mystère en Europe. Fin XIXe siècle - début XXIe siècle*, Strasbourg, 2015.

ont suscité des discussions amples et libres, dont la substance a passé dans le texte final.

Il s'agit de mener une étude comparatiste et critique de ce phénomène religieux majeur que constituent les mystères dans les grandes religions. La recherche sur les cas les plus célèbres, comme Éleusis, a parfois tendance à obnubiler les autres aspects du sujet, qui pourtant sont multiples. Il est question de mystères dans les principales croyances de l'Antiquité – paganisme grec et romain, judaïsme, christianisme, religions dites orientales, mazdéisme, gnose... –, ainsi que dans les prolongements du Moyen Âge et de la Réforme : autant de civilisations et de religions différentes, mais ayant des rapports entre elles. Outil heuristique, la notion de mystère offre un moyen d'examiner ces rapports et de dégager les spécificités comme les invariants, à partir de zones de test sur lesquelles se concentre l'attention.

Pris dans toute son étendue, le terme « mystère », au singulier ou au pluriel, a deux significations. Il couvre, d'une part, des cérémonies, des rites et des sacrements et, d'autre part, un contenu théologique, fait de doctrines et de dogmes. Ces deux acceptions sont présentes, à des degrés variables, dans le riche vocabulaire qui a servi à ce propos. Les termes *rāz* en araméen et en hébreu, μυστήριον / ⲙⲩⲥⲧⲏⲣⲓⲟⲛ / *mysterium* en grec, en copte et en latin ont connu une diffusion immense. Il s'y ajoute l'hébreu *sod*, le grec ὄργια, τελετή, l'arménien *xorhud*... Les échanges et transpositions linguistiques permettent déjà d'approcher la valeur philologique, théologique et philosophique de la notion.

Ce qui fait l'unité profonde du sujet, par-delà la diversité des contextes historiques et religieux, est la grandeur paradoxale qui lui est inhérente. Le mystère est quelque chose de plus qu'une vérité cachée ou difficile à connaître. Pour qu'il y ait mystère, il faut qu'il y ait besoin, désir passionné de voir et de savoir. Le mystère est une exacerbation du secret ; il se dérobe de manière hyperbolique et dramatisée. Mais en même temps – là gît le paradoxe – tout mystère a vocation à être révélé. Il suscite une attente, n'étant celé que pour être mieux dévoilé. L'ineffable est fait pour qu'on en parle ; autrement, il n'intéresserait pas.

Cette construction dialectique et porteuse d'espoir se révèle ainsi un puissant instrument de pouvoir ; car elle suppose nécessairement l'existence d'une élite de guides spirituels, qui ont accès aux lieux réservés, prononcent les formules et les noms, célèbrent les rites et connaissent les récits. Ceux-là jouent le rôle d'intermédiaires indispensables pour procurer à autrui l'initiation si ardemment recherchée.

Le paradoxe du mystère est particulièrement sensible dans les religions révélées, au sein desquelles l'existence d'une part abstruse, requérant une approche spéciale, introduit un degré supplémentaire par rapport à la Révélation offerte à tous. Les livres de mystères sont encore plus précieux que les livres sacrés.

Il n'est donc pas surprenant que ce sujet ait suscité des controverses, auxquelles le présent ouvrage fait droit. L'histoire de la notion, dans les multiples contextes où elle apparaît, est marquée par des interprétations philosophiques et par des débats, qu'ils soient soulevés de l'intérieur ou de l'extérieur, sur la valeur et la vérité des mystères.

*

Marc Philonenko a conçu le projet de cette rencontre. Durant chaque phase de la préparation et du déroulement, il a éclairé de ses avis les deux autres responsables de l'entreprise et leur a communiqué son énergie.

Nous remercions MM. Alain Beretz et Michel Deneken, qui ont ouvert les travaux en tant que président et premier vice-président de l'Université de Strasbourg, ainsi que Mmes et MM. Gérard Freyburger, Alfred Marx et Irène Tsamadou-Jacoberger, qui ont présidé les séances, Gabriella Rubulotta et Jonathan Thiessen, qui nous ont prêté assistance, et Sylvie Rivière, qui a assuré la préparation du manuscrit et la confection des index avec compétence et efficacité.

Ces entretiens et le volume qui les reflète bénéficient du soutien de l'Université de Strasbourg, du Centre d'analyse des rhétoriques religieuses de l'Antiquité, du programme « Initiatives d'excellence » *Translatio*, de la Communauté urbaine de Strasbourg, de la Région Grand Est et de l'Institut universitaire de France. Ils sont placés sous le patronage de l'Académie des inscriptions et belles-lettres de l'Institut de France.

Laurent PERNOT

N. B. On a naturellement tâché d'harmoniser la présentation matérielle des contributions, sans viser, cependant, à une cohérence parfaite, étant donné que les disciplines représentées sont multiples et que certains usages varient d'un domaine à l'autre. La contribution en italien de Mme Sfameni Gasparro obéit à des conventions parfois différentes de celles des textes français, notamment pour la translittération des mots grecs.

LA NOTION DE *RĀZ*, « MYSTÈRE », « SECRET », DANS LE MAZDÉISME ANCIEN ET LA QUESTION DES MYSTÈRES IRANIENS

On s'accorde à voir dans le mot araméen et hébreu *rāz* (forme déterminée araméenne *rāzā*), « secret », un emprunt à l'iranien[1]. C'est la raison pour laquelle j'ai souhaité examiner de plus près l'histoire du terme *rāz* dans la tradition iranienne et, dans le prolongement de cette recherche, aborder la question des mystères iraniens. Il s'agit de se demander s'il y a, dans l'idée que le mazdéisme se faisait des dieux, des traits rappelant la notion de « secret », « mystère ».

Le judaïsme antique

Puisque les premières occurrences du mot *rāz* dans le domaine sémitique se trouvent dans le *Livre de Daniel*, il est utile d'étudier d'abord l'usage qu'on faisait de cette notion dans le judaïsme de l'époque perse et hellénistique. Cela donnera une idée du champ sémantique que *rāz* comportait pendant sa première période d'emploi.

Dans la Bible, le mot *rāz* se trouve exclusivement dans le *Livre de Daniel*, et seulement dans les parties écrites en araméen (2 : 18, 19, 27, 28, 29, 30, 47[*bis*] ; 4 : 6). Dans tous ces passages, le mot se réfère aux songes de Nebucadnetsar et plus particulièrement à leur interprétation. Le premier songe (au chapitre 2) décrit, comme on le sait, une grande statue dont les parties sont constituées de métaux différents. La statue et ses parties représentent les royaumes historiques qui se sont succédé jusqu'à l'apparition d'un royaume éternel établi par Dieu.

Dans le second songe (au chapitre 4), Nebucadnetsar voit un grand arbre qui abrite les animaux de la terre et les oiseaux du ciel. Mais

[1] Voir par exemple G. WIDENGREN, *Iranisch-semitische Kulturbegegnung in parthischer Zeit*, Köln und Opladen, 1960, p. 55 ; F. ROSENTHAL, *A Grammar of Biblical Aramaic*, 2nd revised printing, p. 59 (d'après W.B. HENNING, p. 2) ; L. KOEHLER & W. BAUMGARTNER, *The Hebrew and Aramaic Lexicon of the Old Testament*, vol. V, Aramaica, 2000, p. 1980 : « loanword from Avestan *razah-* » ; I. SCHEFTELOWITZ, « Zur Kritik des griechischen und massoretischen Buches Esther », *Monatsschrift zur Geschichte und Wissenschaft des Judentums*, 7, 1903. Scheftelowitz semble être le premier à avoir reconnu l'origine iranienne du mot *rāz* dans la Bible.

Les Mystères: nouvelles perspectives. Entretiens de Strasbourg, éd. par Marc PHILONENKO, Yves LEHMANN et Laurent PERNOT, Turnhout, Brepols 2017 (*RRR* 24), p. 11-34

BREPOLS PUBLISHERS DOI: 10.1484/M.RRR-EB.5.113982

l'arbre sera abattu et seule la souche restera. L'arbre symbolise le roi lui-même et sa chute signifie que le roi sera puni et humilié. Ici, le roi s'adresse à Daniel en lui disant : « Je sais que tu as en toi l'esprit des dieux saints, pour lequel aucun secret (*rāz*) n'est trop difficile. »

Les songes et leur interprétation sont un secret que seul Dieu peut révéler ; l'on observe dans tous ces passages un rapport étroit entre la notion de *rāz* et la divinité. Le dieu d'Israël garde et révèle des secrets. C'est là un élément qui entre dans l'image qu'on se faisait de Dieu dans les milieux juifs à l'époque perse, hellénistique et romaine. On serait peut-être en droit de rendre ici *rāz* par « mystère ». Notons que les versions grecques des Septante et de Theodotion rendent *rāz* par μυστήριον dans tous les passages.

L'expression « le dieu qui révèle des mystères », aux versets 28 et 47 du chapitre 2, peut en effet se lire comme une épithète divine, qui correspond à la tendance à circonscrire le nom divin. Ce type d'expression périphrastique se rencontre principalement dans des écrits juifs rédigés en araméen ou reposant sur un substrat araméen. La première section du *Livre d'Hénoch*, le *Livre de Tobit*, l'*Apocryphe de Lévi* et l'*Apocryphe de la Genèse* en fournissent de bons exemples[2].

Autres textes juifs

Le lien étroit entre la notion de *rāz* et la sphère divine qu'on observe dans le *Livre de Daniel* apparaît également, de manière frappante, dans d'autres textes du judaïsme antique. La compilation de textes attribuée à la figure d'Hénoch et désignée sous le nom de *I Hénoch* en fournit plusieurs exemples[3]. C'est d'abord *I Hénoch*, 8, 3, dont deux fragments araméens (4QEn^{a} 1 et 4QEn^{b}) ont permis de retrouver la teneur[4]. Le mot *rāz* se trouve dans le premier fragment : « Ils (*scil.* les anges déchus) se mirent tous à révéler des mystères

[2] Ce sont des tournures du type suivant : « Roi de tous les siècles » et « Dieu Très-Haut, Seigneur du ciel et de la terre » (*Apocryphe de la Genèse*, II, 7 et XXII, 16) ; « le Saint, le Grand » et « le Seigneur des seigneurs, le Dieu des dieux, le Roi » (*I Hénoch*, 1, 3 et 9, 4).

[3] Cette compilation renferme cinq sections qui sont de date différente et, semble-t-il, d'origine différente. Comme le montrent les découvertes de Qoumrân, la compilation actuelle remonte à un original araméen ; voir entre autres J. MILIK, *The Books of Enoch. Aramaic fragments of Qumrân cave 4,* Oxford, 1976 et A. DUPONT-SOMMER & M. PHILONENKO, *La Bible. Écrits intertestamentaires*, Paris, 1987, p. LXI-LXX.

[4] Voir PHILONENKO, *La Bible. Écrits intertestamentaires…*, p. 479.

(*rāzīn*) à leurs femmes[5]. » On peut traduire ici *rāzīn* soit par « mystères », soit par « secrets »[6]. La version grecque de Syncelle, conforme au texte araméen, traduit *rāzīn* par τὰ μυστήρια.

Dans un autre passage (*I Hénoch*, 106, 19), qui décrit la naissance de Noé, Hénoch prédit qu'il y aura plus d'injustices qu'auparavant. Il le sait grâce à une révélation divine :

> « Je connais en effet les mystères [des Saints ou du Seigneur puisque] les Saints me les ont montrés et révélés et que je les ai lus sur les tablettes célestes. »
>
> *yādē' 'anā bᵉrāzē* [...], *qaddīšīn 'aḥᵃ wiyunī wᵉ'aḥᵃ ziyunī.*

Dans la suite du texte, il est dit que Mathusalem retourne auprès de son fils Lamech après avoir entendu les paroles de son père, Hénoch, qui l'a instruit « en secret », μυστηριακῶς (107, 3) ; ici, le texte grec rend de toute évidence une expression formée sur *rāz* dans l'original araméen.

Le *Livre des Géants*, qui, selon toute vraisemblance, faisait partie de la collection araméenne d'Hénoch, a été conservé sous forme de fragments. Dans l'un de ces fragments (*4QEnGiantsᵃ*), qui est une prière adressée à Dieu par Hénoch, on lit : « Tu connais tous les mystères », *rāzeyyā* [...[7]

Les textes de Qoumrân

Les écrits dits esséniens de la mer Morte offrent de multiples attestations de *rāz*, qui toutes mettent cette notion en rapport avec la divinité. Afin de démontrer les variations existant dans l'emploi du mot, il est utile de présenter un large choix d'exemples.

Le dieu d'Israël est entouré par des « mystères », *rāzīm*, qui concernent son caractère et ses décisions. Voici comment la *Règle de la Communauté* exprime ce fait :

[5] J'utilise pour ce passage et les suivants les traductions françaises qui se trouvent dans *La Bible. Écrits intertestamentaires*.

[6] Les traductions oscillent entre « mystères » et « secrets ». MILIK, *The Books of Enoch*..., p. 158, traduit : « And they all began to reveal secrets to their wives. »

[7] Sur un autre fragment, dont le contexte est incertain, on trouve l'affirmation : « ils connaissent les myst[ères... », yᵉ*da'u r*[... (1Q23) (MILIK, *The Books of Enoch*..., p. 302).

> « Et il n'y a nul autre en dehors de toi pour répliquer contre ta décision et pour comprendre toute ta Pensée sainte et pour contempler la profondeur de tes Mystères... » (1QS, IV, 18-19).

Ces mystères se réfèrent également à l'eschatologie ; car Dieu a déterminé le cours des événements futurs, comme le souligne le *Commentaire d'Habacuc* :

> « Tous les temps de Dieu arrivent lors de leur terme, conformément à ce qu'il a décrété à leur sujet dans les Mystères de sa prudence (*bᵉrāzē 'armātō*). » (1QpHab, VII, 13-14).

Les fidèles sont convaincus que la lumière divine peut passer dans l'homme et lui révéler le mystère :

> « car de la source de Sa Connaissance il a fait jaillir la lumière qui m'éclaire... et la lumière de mon cœur perce le Mystère à venir » (1QS, XI, 3-4).

On remarque ici le mot clef « connaissance », qui est souvent lié à la notion de *rāz*. La « connaissance » (*da'at*) et l'« intelligence » (*bīnā*) sont des notions qui jouent un rôle important dans la théologie des Esséniens de Qoumrân. Parmi les qualités de l'Esprit de vérité que la *Règle* énumère, se trouve celle-ci : « la discrétion concernant la vérité des Mystères de Connaissance (*rāzē da'at*) » (1QS, IV, 6). L'*Écrit de Damas*, évoquant l'Alliance avec Israël, porte : « Et Dieu, en ses Mystères merveilleux, pardonna leur iniquité » (III, 18) ; en ce cas, la bienveillance divine est intégrée dans la notion de *rāzīm*.

Le *Rouleau des Hymnes*, appelé aussi *Hodayot*, fait assez souvent allusion aux mystères divins. Ceux-ci concernent d'abord la création :

> « ... [et tu as confié] aux esprits éternels, dans leurs empire, les luminaires selon leurs (lois) mystérieuses (*mᵉ'ōrōt lᵉrāzēhœm*)... [et la neige et les pierres de grêle] selon leurs (lois) mystérieuses » (1QH, I, 12-13).

Plus loin, il est dit que Dieu a révélé à l'auteur des hymnes la connaissance de ces secrets cosmiques :

> « ces choses-là, je les ai connues grâce à ton intelligence ; car tu as découvert mon oreille pour (entendre) les Mystères merveilleux (*rāzē pœlœ'*) » (1QH, I, 21).

L'idée de confier à l'homme le mystère divin s'exprime parfois en des termes impliquant l'action de cacher : « et le Mystère que tu as celé en moi... » (1QH, V, 25). La fameuse allégorie du Rejeton, qui s'applique à la communauté essénienne, exprime cette idée de la manière suivante : « des arbres de vie, dans une source d'eaux[8] secrète (*b*ᵊ*ma'ayān rāz*), sont cachés au milieu de tous les arbres d'eau » (1QH, VIII, 5-6).

Le fondateur de la communauté est lui-même détenteur d'un mystère :

> « Et celui qui a fait pousser le Rejeton de sainteté pour la plantation de vérité est resté caché sans qu'on pense à lui, et, sans qu'il soit connu, son Mystère a été scellé (*ḥōṭem rāzō*). » (1QH, VIII, 10-11)

Dieu a entouré d'une clôture le fruit de cette plantation « par le mystère des vaillants robustes (*b*ᵉ*rāz gibbōrē kōaḥ*) et des esprits de Sainteté et de la flamme de feu tournoyante[9] » (1QH, VIII, 11-12). Ici, l'allusion aux chérubins et au glaive qui gardent le jardin d'Éden selon la *Genèse*, 3, 24 est évidente ; elle suggère que les Esséniens de Qoumrân considéraient symboliquement leur communauté comme un nouveau jardin d'Éden.

Le fondateur de la communauté, le Maître de Justice, est intimement lié à la divinité, ce qui lui confère le privilège de connaître les mystères divins, comme il est dit dans le *Commentaire d'Habacuc* :

> « L'explication de ceci concerne le Maître de justice, à qui Dieu a fait connaître tous les Mystères des paroles de ses serviteurs les prophètes. » (1QpHab, VII, 4-5)

Notions comparables

Il y a dans la Bible juive une notion que l'on peut rapprocher de celle de *rāz* : c'est le mot hébreu *sōd*, dont le sens ne concorde que partiellement avec celui de *rāz*. Le plus souvent, *sōd* signifie « assemblée », « conseil », parfois « confidence », « intimité », ou encore « délibération », et même « complot ». Dans le *Livre des Proverbes*, on trouve *sōd* au sens de « secret » (*Prov*. 11, 13 ; 20, 19 ; 25, 9), dans l'expression *gālā* (ou *pi'el : gillā*) *sōd*, « dévoiler les secrets » ou « un secret » ; toutefois, ces cas concernent exclusivement

[8] Nous avons préféré la traduction « dans une source d'eaux » à celle de A. DUPONT-SOMMER « dans un domaine mystérieux ».
[9] Nous avons légèrement modifié la traduction de DUPONT-SOMMER.

les relations entre les hommes. Ce n'est que dans le *Livre d'Amos* que *sōd* se réfère à la pensée de la divinité : « car Adonai Iahvé ne fait rien sans avoir révélé ses délibérations (*gālā sōdō*) à ses serviteurs les prophètes » (*Amos*, 3, 7).

Tout comme *rāz*, *sōd* joue un rôle important chez les Esséniens de Qoumrân. Ce terme désigne le plus souvent leur communauté ; mais il est quelques fois utilisé pour désigner le groupe des ennemis du Maître de Justice et de sa communauté : « Mais eux, ils sont une assemblée de vanité (*sōd šāw*) et une congrégation de Bélial » (1QH, II, 22).

Lorsque *sōd* se réfère à la communauté des Esséniens, le terme est rattaché à des connotations de sainteté et d'éternité. Les Esséniens constituent « une communauté éternelle » (1QS, II, 25), qui, à leurs yeux, ressemble à une plantation éternelle et à « une société de suprême sainteté pour Aaron (*sōd qōdeš qōdašim l^e 'aharon*) » (1QS, VIII, 5-6). Dieu a réuni leur assemblée (*sōdām*) avec les fils du ciel (1QS, XI, 8 ; *bis*).

L'enquête préliminaire que nous venons de présenter montre que le terme *sōd* est généralement utilisé, à Qoumrân, dans le sens de « communauté, assemblée, société ». On peut discuter sur le point de savoir si *sōd*, dans les expressions *sōd amitækā* « la société de ta vérité » (1QH, XI, 4 et 9) et *sōd ha-æmæt* « le fondement de vérité[10] » (1QH, I, 27-28), ne comporte pas la connotation de « secret » ou de « mystère ». Cependant, le sens de « communauté », « assemblée », « fondement » convient également, selon nous, pour ces expressions.

On peut enfin rapprocher la notion de *rāz* du terme hébreu *nistārōt*, « choses cachées[11] ». Dès la Bible, ce terme est mis en rapport avec la divinité, comme le montre le *Deutéronome* :

> « Les choses cachées (*ha-nistārōt*) sont à Jahvé notre dieu, mais les choses révélées (*ha-nig^elōt*) sont à nous et à nos enfants. » (*Deut*. 29, 28)

C'est toutefois à une époque plus tardive que ce terme se rencontre, avec davantage de fréquence, comme attribut du dieu d'Israël. Ben Sira affirme que Dieu « révèle (*m^egallæ*) et pénètre (*ḥoqer*) les choses

[10] DUPONT-SOMMER, *La Bible. Écrits intertestamentaires...*, p. 277 traduit « ton secret de vérité » ici, mais « fondement de vérité » en 1QH, I, 27 (p. 236), ce qui me paraît être une meilleure traduction.

[11] C'est un participe *nif'al* au féminin pluriel de la racine *str* « cacher ».

secrètes (*nistārōt*) » (*Livre de Ben Sira* 42, 19[12]) : cette expression fait partie des louanges adressées au dieu créateur, louanges qui constituent en même temps une description des qualités du dieu d'Israël.

L'*Écrit de Damas* souligne que, grâce à ceux qui étaient restés fidèles, Dieu a rétabli son alliance à jamais avec Israël, « pour leur révéler des choses cachées (*l^egallōt lāhœm nistarōt*) », à propos desquelles tout Israël s'était égaré (III, 13-14). L'opposition entre « choses cachées » et « choses révélées » en matière religieuse se retrouve dans la *Règle*, qui condamne les juifs impies en leur reprochant de ne pas avoir recherché les préceptes de Dieu pour « connaître les choses cachées (*lāda'at ha-nistārōt*) ». Les « choses révélées (*ha-nig^elōt*) », ils les ont traitées avec insolence (1QS, V, 11).

Remarquons que le terme *nistārōt* n'est pas fréquent dans les textes du judaïsme antique. On ne précise pas non plus à quoi se réfère le concept de « choses cachées » : mais il s'agit clairement de choses qui relèvent de la sphère divine.

Le succès qu'a connu le terme *rāz* chez les Esséniens et dans d'autres groupes juifs de l'époque hellénistique apparaît remarquable et explique que ce terme ait pu survivre dans les époques ultérieures. Les amulettes, les coupes magiques et les textes de conjuration de l'Antiquité tardive en témoignent, ainsi que le Mishna et le Talmud[13].

Christianisme oriental et religions gnostiques

Le mot *rāz* ne s'est pas implanté seulement dans le judaïsme antique : les chrétiens de langue araméenne l'ont adopté également. Dans la littérature syriaque, *rāzā* signifie « mystère », « secret » et « symbole »[14]. Les Mandéens, dont la tradition sacrée est rédigée dans un dialecte araméen, font un usage fréquent de *rāzā*. Chez eux, cependant, le sens du terme a évolué au détriment de la signification primitive de « mystère », « secret », qui n'est plus au premier plan[15].

[12] Voir, pour le texte hébreu, I. LÉVI, *The Hebrew Text of the Bookmof Ecclesiasticus*, Leyde, 1969 et Y. YADIN, *The Ben Sira Scroll from Masada*, Jérusalem, 1965.

[13] Pour les textes magiques, voir par exemple *Amulets and Magic Bowls. Aramaic incantations of Late Antiquity* by J. NAVEH and Sh. SHAKED, Jérusalem, 1985 et *Sepher ha-Razim. A newly recovered book of magic from the Talmudic period*, M. MARGALIOTH (éd.), Jérusalem, 1966.

[14] Voir L. COSTAZ, *Dictionnaire Syriaque-Français*, Beyrouth, 1963, p. 342.

[15] E. S. DROWER & R. MACUCH, *A Mandaic Dictionary*, Berlin, 1963, p. 420, donnent les significations suivantes : a) mystery, secret; b) type, symbol; c) secret functions of the body; d) religious rite, sacrament; e) designation of higher beings.

Mentionnons les Arméniens, qui entretenaient des rapports étroits avec l'Iran depuis l'époque achéménide. Sachant que le vocabulaire arménien a été fortement influencé par l'iranien, on ne s'étonnera pas d'y trouver l'iranien *rāz*[16] : cependant, le mot arménien correspondant, *eraz*, n'a pas le sens attendu de « secret », mais signifie « songe », « rêve », « vision »[17].

Le manichéisme

On peut discuter sur le contexte dans lequel il convient de placer le manichéisme. S'agit-il d'une religion appartenant à la tradition iranienne au sens large, ou doit-on le considérer essentiellement comme une religion issue du syncrétisme mésopotamien aux IIe et IIIe siècles ? Quoi qu'il en soit, dans les textes manichéens de langue moyen-iranienne, le mot *rāz* n'est pas, du point de vue linguistique, un élément étranger. Pour les manichéens, *rāz* se réfère en premier lieu au « mystère » de la religion (*dēn*) de Mani, comme il est dit dans l'un des hymnes parthes :

> « tous ceux qui ont connu le mystère et compris la foi » .
>
> ..*harw kē rāz zānād ud wāwarīft frawadād* (*Huwīdagmān* VII, 9b : Boyce, p. 104).

Un fragment qui, de toute évidence, traite de Mani, fait mention de « mystères » (*rāzān*)[18]. Le mot *rāz* ne se limite d'ailleurs pas au mystère religieux, mais peut avoir un sens plus large. Une conjuration manichéenne contre la fièvre fait mention des « choses secrètes » (*rāzān*) qui sont dans la maison[19].

Pour *rāz* dans le mandéisme, voir l'étude de Marc Philonenko dans le présent volume.

[16] *Eraz* est considéré comme un emprunt à l'iranien par H. S. NYBERG, *A Manual*, II, p. 169 ; et, avec hésitation, par H. HÜBSCHMANN, *Armenische Grammatik. Erster Teil. Armenische Etymologie*, Leipzig, 1897, p. 147. Ce dernier auteur remarque que le mot « passt in der Bedeutung nicht zu neupersischem *rāz* 'Geheimnis' ».

[17] Un exemple éclatant de cet emploi est, comme me l'a rappelé J.-P. Mahé, le nom *Erazamoyn*, sanctuaire célèbre du dieu oraculaire Tir (Agathangelos, § 778).

[18] W. SUNDERMANN, *Mitteliranische manichäische Texte kirchengeschichtlichen Inhalts*, Berlin, 1981, p. 140.

[19] M 781 ; J. P. ASMUSSEN, *Manichaean Literature. Representative Texts Chiefly from Middle Persian and Parthian Writings*, New York, 1975, traduit *rāzān* par « occult things » (p. 45), tandis que H.-J. KLIMKEIT, *Hymnen und Gebete der Religion des Lichts. Iranische und türkische liturgische Texte der Manichäer Zentralasiens*, Opladen, 1989, p. 207 y voit « geheime Geister ».

La notion de rāz dans la tradition iranienne

Comme on l'a vu, le terme *rāz* s'est largement répandu, non seulement dans le judaïsme de l'époque hellénistique et romaine, mais aussi dans le christianisme oriental et dans les religions gnostiques. Les premières occurrences de *rāz* se trouvent dans les parties araméennes du *Livre de Daniel*, auxquelles on assigne communément une date pré-maccabéenne, selon toute vraisemblance le début de l'époque hellénistique[20]. Ces parties comportant des récits relatifs à Daniel, notamment le chapitre 2, sont bien antérieures à la rédaction du livre lui-même, qui intervint entre 168 et 165[21]. Ce fait suggère une adoption du mot *rāz* par des milieux juifs de Mésopotamie dès l'époque perse[22]. Le sens de *rāz*, dans le *Livre de Daniel*, est clairement « secret, mystère » ; il faut supposer, par conséquent, que le vocable iranien correspondant avait cette même signification à l'époque où il fut adopté par les juifs.

Dans ces conditions, il est surprenant de constater que le mot vieil-iranien auquel on rattache le moyen-iranien *rāz*, n'est attesté sûrement qu'une seule fois dans le corpus des textes vieil-iraniens, et que, de surcroît, il n'a pas le même sens que *rāz* dans le judaïsme et le christianisme oriental. Le mot avestique *razah-*, attesté dans le *Vidēvdād* 8, 97, signifie « solitude », « lieu écarté », ce qui correspond tout à fait au sens du sanskrit *rahas-*, auquel *razah-* est étroitement apparenté[23]. On a cherché une solution en proposant un vocable mède **rāza-*, signifiant « secret », auquel le mot araméen *rāz* serait emprunté[24]. Le passage du *Vidēvdād* porte sur une question de pureté :

> « Ô Ahura Mazdā, créateur des êtres vivants, le Juste, comment les hommes qui demeurent auprès d'un corps mort, dans un endroit écarté des campagnes désertes, doivent-ils faire pour devenir purs ? »

[20] Voir à ce sujet J. J. COLLINS, *Daniel. A commentary on the Book of Daniel*, Minneapolis, 1993, p. 14-18 et 24-26.

[21] Telle est la date de rédaction à laquelle se rallie la grande majorité des savants ; voir par exemple W. BOUSSET & H. GRESSMANN, *Die Religion des Judentums im hellenistischen Zeitalter*³, Tübingen, 1926, p. 11 ; COLLINS, *Daniel*, p. 36-38.

[22] SCHEFTELOWITZ, « Zur Kritik.... », p. 308-312, est d'avis que les mots empruntés à l'iranien dans le *Livre de Daniel* sont plus tardifs (« der mittelpersischen Periode angehörig ») que ceux du *Livre d'Esther*, qui remonteraient à l'époque achéménide.

[23] SCHEFELOWITZ, « Zur Kritik... », p. 312, fut l'un des premiers à noter que *rāz* dérive de l'avestique *razah-* et de son équivalent sanskrit *rahas-*.

[24] Ainsi W. HINZ, *Altiranisches Sprachgut der Nebenüberlieferungen*, Wiesbaden, 1975, p. 203.

Dātarə gaēθanąm astuuaitinąm ašāum kaṱ tā nara yaoždaiiąn aŋhən ašāum ahura mazda yā nasāum auuahišṱa dūire asahi razaŋhąm ?

Ici, le mot *razah-*, au génitif pluriel, désigne des territoires inhabités, ce qui est assez différent du sens de « secret », « mystère ». Il est remarquable que le *Pehlevi Vidēvdād*, dans ce passage, n'utilise pas le mot *rāz* (< *razah-*), mais traduise l'expression avestique d'une autre manière : *pad dūr gyāg, pad wiškar*, « dans un lieu éloigné, en terre sauvage ».

Le *Frahang ī oīm*, 17, qui est indiqué par Bartholomae comme une deuxième attestation de *razah-*, me paraît douteux[25]. Ce texte est un glossaire avestique-pehlevi, et on y trouve le mot *razō*, qui est glosé par le pehlevi *wirāst* (participe passé), « bien préparé », « arrangé »[26]. Apparemment, le rédacteur du *Frahang* n'a vu dans le *razō* avestique ni « lieu écarté » ni « secret ».

Pour trouver *rāz* au sens de « secret », on doit donc s'appuyer sur les textes de langue moyen-iranienne, tout en retenant la probabilité que *razah-* en vieil-iranien ait eu aussi cette signification. On doit également noter que *rāz* a conservé le sens de « secret », « mystère » dans la langue moderne.

Les textes pehlevis, qui, pour l'essentiel, remontent à l'époque sassanide, fournissent d'autres attestations du mot *rāz*, quoique l'usage de ce vocable ne semble pas y être très courant. Faute d'un dictionnaire de la littérature pehlevie, sans parler d'une concordance, il est impossible, en l'état actuel, de dresser un tableau définitif de la fréquence du mot *rāz* ainsi que de ses connotations. Pour se faire une idée, au moins partielle, on est réduit à utiliser des glossaires plus ou moins complets et à parcourir les textes eux-mêmes, ce qui est un travail de longue haleine[27]. Dans ce qui suit, les passages où j'ai trouvé le terme *rāz* au sens de « secret » ou de « mystère » seront brièvement présentés. Commençons par le *Bundahišn* :

1. Dans la préface du *Bundahišn*, le rédacteur (ou le copiste) parle des temps troublés qui ont suivi la conquête de l'Iran par les Arabes musulmans au VIIe siècle. Il déplore vivement le fait que beaucoup de

[25] Ch. BARTHOLOMAE, *Altiranisches Wörterbuch*, Strasbourg, 1904, col. 1514 donne la signification « Einsamkeit, Abgelegenheit » pour les deux passages *Vidēvdād*, 8, 97 et *Frahang i oīm*, 17.

[26] Interprété par H. REICHELT, *Der Frahang i oīm*, 1901, p. 173, comme « Zier, Schmuck ».

[27] Cf. aussi les remarques faites par J.-P. DE MENASCE, « Les mystères et la religion de l'Iran », *Eranos Jahrbuch*, 1944, p. 175-176.

membres de la classe dirigeante se sont convertis à la nouvelle religion :

> « À cause des temps mauvais, même ceux qui descendent de familles nobles (*az dūdag abarmānīgān*), les souverains et les hommes de la religion (*kayān ud dēnburdārān*), se sont ralliés aux croyances et aux coutumes (*ristag*) d'une religion mauvaise. Pour gagner du prestige, ils ont abandonné et souillé leurs propres mœurs et convictions. [...] Et celui-là même qui désirait apprendre cette connaissance et ce mystère (*ēn frahang ud rāz*) en des lieux différents, ne pouvait se les approprier qu'au prix de beaucoup d'effort, de peine et de difficultés. » (*Bundahišn*, Préface, 4)

On ne comprend pas tout à fait clairement à quoi se réfèrent « la connaissance et le mystère ». Est-ce à la « religion mauvaise » ou à la tradition mazdéenne ? J'incline à voir dans ce texte une allusion aux difficultés que la conquête arabe provoqua pour les mazdéens qui voulaient se réunir afin de pratiquer l'étude de leur religion.

2. Une seconde attestation du mot *rāz* se trouve dans la section qui traite de la cosmologie (V, B 6). J'y reviendrai plus loin.

3. Le composé *rāzgāh* se rencontre dans le chapitre qui raconte l'histoire de l'Iran divisée par millénaires. On y décrit l'apparition de Pišyōtan, qui viendra de la forteresse Kangdez, avec cent cinquante hommes justes (*mard ī ahlaw*), pour rétablir la religion zoroastrienne et lutter contre les ennemis-démons qui auront envahi l'Iran : « Il détruira le temple des idoles, qui était leur endroit secret (*ān uzdēs-zār ī rāzgāh ī awēšān būd be kanēd*). » (*Bd.* XXXIII, 28).

4. Le *Bundahišn* présente, au chapitre IX, une longue liste de toutes les montagnes des pays iraniens, parmi lesquelles on trouve le « Mont Rāzag (*kōf ī rāzag*) » (31) ainsi que « le *rāzag* des dieux (*rāzag bagān*) » (38). Mais il n'est pas sûr que le mot *rāzag* doive être rapproché de *rāz* dans le sens de « secret », « mystère ».

Le *Dādestān ī Dēnīg*, œuvre du grand-prêtre Manuščihr, datant du IXe siècle, aborde d'importantes questions qui concernent la religion zoroastrienne. Les attestations de *rāz* qu'on y trouve peuvent toutes être comprises au sens de « mystère ». Dans l'un de ces passages, il est dit que les proches parents d'un mort qui sont encore dans le monde matériel n'ont pas reconnu les mystères des êtres spirituels, puisqu'ils déplorent sa mort de manière terrestre : *hamnāfān ī andar gētīg kē-šān ān ī mēnōgān rāz anayāft* (*Dd.* 21, 2 ; pour les autres passages, voir plus loin).

Dans le *Dēnkard*, caractérisé par Jean de Menasce comme « une encyclopédie mazdéenne », on relève plusieurs occurrences du terme *rāz*. Le sixième livre consiste en une collection de paroles édifiantes rassemblées à l'époque sassanide et attribuées aux anciens sages, les *pōryōtkēšān*. Sauf dans un passage, l'usage de *rāz* concerne les rapports entre les hommes et n'a pas de rapport avec les mystères divins. Il s'agit tout simplement de secrets en général : « On ne doit dire un secret qu'aux personnes dans lesquelles on a confiance » (*ōstwārān* : n° 254). De même, il est précisé qu'il ne faut pas révéler un secret à beaucoup de personnes (*was*), ni aux bavards et aux femmes (*spazgān ud zanān*). Sinon, le secret sera divulgué (*rāz āškārag bawēd* : B 48, C 44). Il est également conseillé de garder soigneusement « les secrets des seigneurs et des supérieurs » (*xwadāyān ud sārārān* : E 43b).

Le septième livre du *Dēnkard*, qui présente la légende de Zoroastre, utilise le mot *rāz* dans un sens qui oscille entre « secret » et « mystère ». Lorsque le rapport avec la sphère divine n'est pas présent, il est préférable de traduire par « secret ». Tel est le cas dans le passage où l'auteur rapporte que Zoroastre enseigna aux hommes le moyen de démasquer les démons en leur faisant subir l'épreuve de leur tourner le dos : « Zoroastre révéla aux hommes le secret de dévoiler les démons », *Zartušt ēd rāz ō mardom ahuft u-šān uzmūdan dēw* (*Dk.* VII, 4, 63). En revanche, d'autres passages suggèrent plutôt la signification de « mystère ». Ainsi, le mythe raconte que le dieu suprême envoya les divinités Neryosang et Ašwahišt à la maison de Wištāsp :

> « …pour faire manger à Wištāsp la nourriture éclairante qui conférerait à l'œil de son âme la vision du monde des êtres divins. Grâce à celle-ci, Wištasp put voir le grand éclat divin et de grands mystères ».
>
> *xwarēnīdan ī ō Wištāsp ān gyān čašm pad abar wēnišnīh ī ō mēnōgān axwān rōšngar xwarišn kē rāy-iš dīd Wištāsp wuzurg xwarrah ud rāz* (*Dk.* VII, 4, 84).

La même formulation, *dīdan wuzurg xwarrah ud rāz,* se rencontre dans le cinquième livre, où elle est également rattachée à Wištāsp (*Dk.* V, 2, 11). Il est dit que Zoroastre révéla complètement les secrets (*rāzīgīhā*) de l'art de guérir, celui de connaître les choses matérielles ainsi que d'autres arts qu'il n'est pas possible d'acquérir sans connaissance divine et vision spirituelle (*yazdīg dānišnīh ud mēnōg wēnišnīh* : *Dk.* VII, 5, 8). Ici, l'exigence préalable d'un contact avec le monde divin, pour que ces « secrets » soient dévoilés, donne aux *rāzīgīhā* le sens de « mystères ». Un peu plus loin, on confirme que Zoroastre révéla :

> « beaucoup de mystères concernant les êtres spirituels, le ciel, l'atmosphère et la terre, ainsi que d'autres qui sont utiles pour le monde, (mystères) qu'il n'est possible d'atteindre que par la sagesse divine ».
>
> *was mēnōgīg ud spihrīg ud wāyīg ud zamīgīg ud any-iz gēhān sūd rāz ī pad yazdān xradīh awiš šāyēd mad* (*Dk.* VII, 5, 10).

Au début du septième livre du *Dēnkard*, on trouve la succession de la parole divine (*ān waxš abar barišnīh*) à travers les figures de l'histoire mythique de l'Iran. Quand cette parole revint à Kay Syawaxš, il est dit que :

> « c'est grâce à elle qu'il construisit le merveilleux Kangdez, pour y garder et protéger beaucoup de brillance, d'éclat divin et de mystères de la religion ».
>
> *pad-iš dēsīd kangdez ī awdkard pad andar dārišnīh (ud) pānāgīh was warz ud xwarrah ud rāz ī dēn* (*Dk.* VII, 1, 38).

Le livre *Kār Nāmag*, qui décrit l'ascension de la dynastie des Sassanides en narrant les hauts faits d'Ardašīr, fils de Pāpag, nous apprend que « Sāsan raconta à Pāpag son propre secret, tel qu'il était », *Sāsān rāz ī xwēš čiyōn būd pēš ī Pāpag guft* (Nyberg, *A Manual of Pahlavi*, I, p. 2, 15). Dans ce cas, le secret concerne le fait que Sasan descend de la famille de Darius le Grand.

Le *Šāyast-nē-šāyast*, écrit qui traite des coutumes religieuses, atteste l'usage de *rāz* au sens général de « secret » trois fois dans la même section. Il s'agit de la personne qui reçoit la confession d'une autre personne, et qui ne doit pas divulguer les secrets qu'elle pourrait entendre. L'expression pour « divulguer un secret » est la même dans les trois mentions : *rāz bē burdan*.

L'écrit tardif dit *Wizīrkard ī dēnīg*, qui raconte la vie de Zoroastre, rapporte que Wištāsp demanda à Zoroastre de lui révéler « tous les secrets du ciel qui étaient, qui sont et qui seront » (§ 19). Étant donné que l'origine de ce texte est obscure, sa valeur, comme le remarque Marijan Molé dans son édition, reste incertaine[28].

De cet inventaire préliminaire des textes pehlevis se dégagent les conclusions suivantes :

1. Le mot *rāz* signifie « secret » en général, mais, lorsque ce mot est mis en rapport avec la sphère divine, il vise quelque chose de plus particulier, qu'on peut rendre par le terme « mystère ».

2. Le mot *rāz* semble être représenté de façon très inégale dans la littérature pehlevie. Il est absent des textes de caractère apocalyptique : *Ardā Wirāz Nāmag*, *Zand ī Wahman Yasn*, *Jāmāsp Nāmag* et *Ayādgār ī Jāmāspīg*, ainsi que des derniers chapitres (8-11) du *Dēnkard* VII. Il ne se trouve pas non plus dans le *Pehlevi Vidēvdād*, l'*Anthologie de Zādspram* et la *Rivāyat Pehlevie*[29].

Termes parallèles

La question se pose, encore une fois, de savoir s'il existe d'autres vocables pour exprimer la notion de « mystère » dans la tradition iranienne. Sur ce point, le moyen-iranien *nihān*, « secret », « cachette » et son adjectif *nihānīg*, « caché », « clandestin » se présentent à l'esprit. Deux passages de l'apocalypse *Ardā Wīrāz Nāmag* serviront d'exemple. Une femme est punie, dans l'enfer, parce qu'elle a dissimulé son péché à son mari, *nihān az šōy* (48, 11). Une autre femme, qui a volé de l'argent à son mari et l'a gardé en secret (*nihānīhā*) pour elle-même, subit une rude peine (40, 2). On notera en particulier l'expression *pad nihān*, « en secret », liée avec le verbe *dāštan*, « cacher », « dissimuler », qui est assez fréquente[30]. Le mot *nihān* et ses dérivés couvrent en partie le même champ sémantique que le mot *rāz*, mais, dans la mesure où je puis l'affirmer, ils ne possèdent pas la connotation de « mystère ».

L'image des dieux et la notion de « mystère »

Un autre problème à envisager est celui-ci : y a-t-il, dans l'idée qu'on se faisait du dieu suprême, Ahura Mazdā, et des autres divinités, des traits qui rappellent la notion de « mystère » ou de « secrets

[28] *La légende de Zoroastre*, p. 8*-9*.

[29] De fait, on notera une mention douteuse de *rāz* dans les *Pehlavi Rivāyat*, 61, 6, dont le sens correct nous échappe, cependant ; cf. aussi A. V. WILLIAMS, *The Pahlavi Rivāyat*, II, p. 257.

[30] Cf. NYBERG, *A Manual*, II, p. 138 et 169.

divins » ? Rencontre-t-on en Iran des conceptions du même type que celles qu'on trouve dans le judaïsme, et plus particulièrement chez les Esséniens de Qoumrân ?

Les textes avestiques

Le dieu suprême est invoqué, en premier lieu, comme le créateur du monde, qu'il protège et qu'il gouverne. Son caractère apparaît en toute clarté et ne laisse aucune place à l'ombre ni au secret. Les autres divinités ne sont pas différentes. Ainsi, Mithra est présenté comme dieu de « vérité », *aša-*, et de confiance. Il protège le monde entier en veillant attentivement. La description magnifique de son voyage céleste en char autour des pays iraniens ne contient aucun trait qui fasse penser à des aspects secrets dans son activité cosmique. Tout comme Ahura Mazdā, Mithra est étroitement lié aux notions de sagesse (*xratu-*) et d'omniscience, *vispō.viδvā* (*Yašt*, 10, 35 ; 46 ; 60 ; 82). L'omniscience appartient exclusivement aux dieux, et c'est pourquoi cette qualité peut apparaître aux hommes comme un mystère. Toutefois, la connaissance et l'omniscience que possèdent Ahura Mazda et Mithra peuvent parfois être communiquées à leurs adorateurs, quoique dans une mesure limitée. C'est ainsi qu'on doit comprendre la prière, dans le *Yašt*, 10, 33, demandant de donner aux sacrifiants *paiti.paršti-*, à savoir « l'explication » ou « la révélation » de la parole divine, *mąθra- spənta-*.

À propos du dieu Vayu, dont l'image mythique apparaît ambiguë, on peut s'attendre à trouver quelques éléments de secret ou de mystère. Ces éléments se limitent à la formule suivante, répétée au début de chaque section (*karde*) : « Nous sacrifions à Vayu quel qu'il soit, nous invoquons Vayu quel qu'il soit », *təm vaēm ciṯ yazamaide, təm vaēm ciṯ zbayamahi* (*Yašt*, 15, 1 et *passim*).

Les textes avestiques qui viennent d'être mentionnés émanent d'une tradition très ancienne, qu'il faut placer au plus tard autour du milieu du premier millénaire avant notre ère. On a l'impression que l'idée de mystères divins n'est pas encore nettement établie, mais que les prémisses en sont toutefois posées.

La tradition ultérieure

À l'époque parthe et sassanide, époque dont les croyances religieuses sont conservées essentiellement dans les textes pehlevis, il semble qu'on soit parvenu à une image plus claire du mystère qui entoure les divinités. Considérons d'abord le sixième livre du *Dēnkard* et son enseignement de nature morale. On y trouve l'exhortation à être digne (*arzānīg*) devant tout mystère divin : ici il s'agit de « la lutte des dieux » (*rāz ī paygār ī yazd*). Si un homme est digne, les dieux eux-mêmes lui feront connaître « le mystère de leur propre lutte », *rāz ī paygār ī xwēš āgāh kunēnd*, qui donc ne sera caché à personne, *az kas-iz nihān nēst*. Le texte précise également quelle est la condition pour être digne : c'est quand l'homme sera bon de telle manière que les dieux puissent trouver un chemin (*rāh*) pour entrer dans son corps. Alors « ils lui montreront le mystère des choses qui leur appartiennent », *ud rāz ī xīr ī xwēš awiš nimāyēnd* (n° 214).

Le système cosmique du mazdéisme peut apparaître comme un mystère que le dieu suprême a institué lors de la Création. C'est ce que suggère un passage cosmologique du *Bundahišn* (V, B 6), qui décrit le mouvement du soleil autour de la montagne du monde, *Alburz*. La montagne a cent quatre-vingts fenêtres du côté est et le même nombre de fenêtres du côté ouest. Chaque jour, le soleil entre par une fenêtre à l'est et sort par une autre à l'ouest ; mais, pendant les cinq derniers jours de l'année, le soleil passe par une même fenêtre dont on ne connaît pas les caractéristiques. La raison est la suivante :

> « Cette fenêtre n'a pas été mentionnée ; car, si elle l'avait été, les démons auraient connu ce mystère et auraient envisagé de déclencher une grande calamité. »
>
> *čē agar be guft hād, dēwān rāz be dānist hād ud wizand handāxt hād* (V, B 6).

Il s'agit ici, à l'évidence, d'un secret ou d'un mystère cosmique, qui, en dernière instance, est sous la protection du dieu suprême et créateur.

Dans le *Dādestān ī Dēnīg*, l'idée d'un mystère divin apparaît nettement. La résurrection des morts et la rénovation du monde seront accomplies avec une force miraculeuse qui surprendra les hommes ignorants « des mystères et des choses du Créateur » *...dāmān kē anāgāh hēnd [pad] ān xwābar dādār rāzān [ud] čišān*. Le grand-prêtre Manuščihr explique ceci de la façon suivante :

> « Car aucune des créatures matérielles et spirituelles, dans leur imperfection, ne connaît les mystères cachés, sauf celui-là même qui sait tout et qui connaît parfaitement toute chose. »
>
> *čiyōn har nihuft rāz bē xwad ōy ī har-dānišn ī purr-āgāh ī wispān-wisp* (*Dd.* 36, 2).

L'immortalité que confère aux vivants la reproduction de nouvelles générations est également considérée comme un grand mystère, don du dieu suprême :

> « et il (Ohrmazd) a donné aux vivants une immortalité de longue durée par un grand mystère et miracle ».
>
> *u-š pad wuzurg rāz ud purr-abdīh dūrīg amargīh ō zīndagān dād* (*Dd.* 36, 29).

Si l'on ajoute aux passages cités ci-dessus quelques autres attestations du mot *rāz*, où le sens de « mystère » s'impose également, l'idée selon laquelle le dieu suprême et ses œuvres sont entourés d'un nimbe mystérieux, exprimé par la notion de *rāz*, apparaît fermement enracinée dans le mazdéisme de l'époque parthe et sassanide.

Des mystères iraniens en Asie Mineure ?

La conclusion formulée par Jean-Pierre de Menasce, selon laquelle la sotériologie mazdéenne ne présente rien qui rappelle les mystères et les initiations secrètes, est-elle toujours valable[31] ? Dans ses grandes lignes, oui : à savoir, si l'on s'en tient à la tradition qui nous a été conservée dans l'*Avesta* et les écrits pehlevis[32]. Toutefois, il peut en aller autrement pour les groupes d'origine iranienne qui avaient réussi à se maintenir en Asie Mineure depuis l'époque achéménide jusqu'aux premiers siècles de l'époque romaine. Il est, de toute façon, légitime de se demander s'il existait un culte à mystères parmi ces groupes en marge du mazdéisme traditionnel. Les sources n'abondent pas, cependant. Les témoignages explicites se limitent à deux passages figurant chez des auteurs grecs qui écrivaient vers la fin du Iᵉʳ siècle de notre ère. D'une part, Plutarque indique, dans la *Vie de Pompée*, que des « pirates » ciliciens auraient pratiqué un culte à caractère secret en l'honneur du dieu Mithra. D'autre part, on trouve, dans un discours du rhéteur et sophiste Dion de Pruse, une référence à des rites secrets des mages.

31 DE MENASCE, « Les mystères… », p. 167-186.

32 C'est aussi l'avis de A. DE JONG, « Dions Magierhymnen: zoroastrischer Mythos oder griechische Phantasie? », dans *Dion von Prusa*, p. 170.

Le témoignage de Plutarque

Dans sa biographie de Pompée, Plutarque parle des pirates de la Cilicie qui faisaient partie de la résistance contre Rome, dirigée par Mithridate, roi du Pont. Plutarque affirme que ces pirates célébraient des sacrifices étrangers à Olympos, montagne et ville de la Lycie, et qu'ils pratiquaient des cérémonies secrètes :

> « Eux-mêmes, ils célébraient les sacrifices étrangers à Olympos et pratiquaient des cérémonies secrètes, dont celle de Mithra, qu'ils ont été les premiers à faire connaître et qui persiste aujourd'hui encore. »
>
> ξένας δὲ θυσίας ἔθυον αὐτοὶ τὰς ἐν Ὀλύμπῳ τελετάς τινας ἀπορρήτους ἐτέλουν, ὧν ἡ τοῦ Μίθρου, καὶ μέχρι δεῦρο διασῴζεται, καταδειχθεῖσα πρῶτον ὑπ'ἐκείνων (*Vie de Pompée*, 24, 7).

Vu son importance, ce passage appelle quelques remarques. D'abord, ces rites sacrificiels se distinguaient évidemment du rituel normal des sacrifices grecs, à un tel degré que Plutarque pouvait les désigner comme « étrangers ». Il apparaît aussi que les pirates ciliciens pratiquaient d'autres cultes à mystères (τελεταί) à côté de celui qu'ils adressaient à Mithra. Enfin, Plutarque tient à souligner les rapports entre le culte de Mithra en Cilicie au Ier siècle avant notre ère et le mithriacisme gréco-romain de son temps[33]. Le culte du dieu Mithra était répandu dans toute l'Asie Mineure, de la Lydie à l'Arménie, comme l'attestent, en premier lieu, des inscriptions[34].

La référence de Dion

Dans le discours dit *Borysthénitique* (*Oratio* XXXVI, 39,42-53), Dion de Pruse prétend savoir que les mages racontent un mythe qui décrit le char du dieu suprême, attelé à quatre chevaux. Zeus est présenté comme le premier et le plus parfait conducteur de ce char cosmique. Son cheval est le plus fort et symbolise le feu ; le second

33 R. TURCAN, *Mithra et le mithriacisme*, Paris, 2000, p. 25-26, souligne le rôle que la résistance armée contre Rome a joué dans le développement du culte de Mithra en Cilicie.

34 On consultera à ce sujet les chapitres 8 et 9 de M. BOYCE & F. GRENET, *A History of Zoroastrianism*, III, Leyde, 1991, qui rendent compte des matériaux connus jusqu'à la date de 1991. Nous ajoutons la dédicace Ἡλίῳ Μίθρᾳ trouvée à Oinoanda en Lycie (voir *Anatolian Studies*, 44, 1994, « New Votive Reliefs from Oinoanda »).

cheval appartient à Héra et représente l'air ; le troisième est celui de Poséidon, qui symbolise l'eau ; le quatrième cheval, qui est immobile, appartient à Hestia. L'harmonie de cet attelage est parfois rompue, ce qui amène des conflagrations (lorsque l'haleine du cheval de Zeus embrase les autres chevaux) ou des inondations (quand le cheval de Poséidon se cabre et submerge de ses flots le cheval d'Hestia, c'est-à-dire la terre). Je n'entre pas dans le détail de la description de Dion, qui est entrecoupée de références à la tradition des mages. Le plus important pour notre propos, est la remarque par laquelle Dion introduit le mythe du char cosmique. Il affirme que les mages chantent ce mythe – je cite – « dans des cérémonies secrètes », ἐν ἀπορρήτοις τελεταῖς.

Le mythe que reproduit Dion a été beaucoup discuté, surtout eu égard à son origine. S'appuie-t-il sur une tradition iranienne authentique, ou l'attribution aux mages est-elle fictive ? On s'accorde pour voir dans le fonds de son récit des idées platoniciennes et stoïciennes, et la part de la mythologie grecque est également apparente. Toutefois, il est plus difficile de déterminer l'arrière-plan iranien. Pour Franz Cumont, il n'y avait pas de doute : le mythe reproduisait une tradition iranienne, retravaillée sous l'influence du stoïcisme[35]. Mais les chercheurs modernes ont émis de sérieuses réserves sur la valeur de cette théorie. Arnaldo Momigliano s'est exprimé de manière très critique : « We can almost visualize the birth of one of these forgeries (à savoir les pseudépigraphes zoroastriens) in the Borysthenіticus by Dio[36]. » De même, Albert de Jong estime que Dion n'a connu que les descriptions littéraires grecques sur la religion des mages et qu'il les a enrichies d'éléments tirés de sa propre imagination[37].

D'autres savants envisagent cependant la possibilité d'une influence iranienne sur la description de Dion. Ainsi, tout en soulignant que la part relevant de l'imagination de Dion est difficile à évaluer, Roger Beck conclut que l'hymne des mages est effectivement inspiré d'un zoroastrisme en marge du courant dominant[38]. En dernier lieu, Anne Gangloff, qui a abordé la question de l'arrière-plan iranien, ne parvient pas à une conclusion nette, mais affirme qu'on peut

35 J. BIDEZ & F. CUMONT, *Les mages hellénisés*…, II, p. 142.
36 A. MOMIGLIANO, *Alien Wisdom. The Limits of Hellenization*, Cambridge, 1975, p. 146.
37 *Traditions of the Magi*, p. 364, et « Dions Magierhymnen », p. 177.
38 R. BECK, « Thus spake not Zarathuštra », p. 542.

« rapprocher ponctuellement du zoroastrisme et du mithriacisme quelques éléments du mythe des Mages[39] ».

On constate, de fait, des ressemblances claires avec la mythologie iranienne, comme le montrent deux exemples. La description du char cosmique chez Dion, avec ses quatre divinités et ses quatre chevaux, rappelle celle du char de Mithra dans le *Yašt* qui lui est dédié. Dans ces passages (*Yt.* 10, 67-68 et 124-127), Mithra se manifeste sur son char exquis, attelé de quatre chevaux blancs et conduit par la déesse Aši, « Fortune » et la Daēna des Mazdéens. Le char est accompagné par les deux divinités mâles Rašnu et Verethragna. De plus, il est dit que le Feu (*atarš*), identifié au *xvarenah*, court devant le char. Il est vrai que les différences sont également nettes, comme l'a souligné de Jong. Le char n'appartient pas à Ahura Mazdā, le dieu suprême, mais à Mithra, et les textes iraniens ne connaissent pas le char du soleil tiré par un cheval. Sauf pour ce qui est de Zeus (= Ahura Mazdā), l'identification des divinités du mythe de Dion avec des divinités iraniennes pose un problème. Mais on observe néanmoins une correspondance frappante entre la description du char de Mithra dans le *yašt* iranien et celle du char de Zeus chez Dion.

L'hymne en l'honneur du char divin n'est pas le seul mythe que Dion attribue aux mages. Selon lui, les Perses racontent que Zoroastre s'était retiré autrefois sur une montagne pour chercher la solitude. La montagne s'enflamma et Zoroastre apparut, dans le feu, au roi et aux nobles perses qui étaient venus pour prier (*Oratio* XXXVI 40-41). L'arrière-plan iranien est ici plus sensible, même si certains éléments semblent dériver de la « légende de Zoroastre » telle qu'elle était répandue dans l'Antiquité. Dion, rappelons-le, souligne que les mages chantent le mythe du char divin dans le culte. Cette remarque peut relever d'une information authentique, car elle s'accorde bien avec l'habitude des prêtres mazdéens de chanter « à haute voix » en célébrant, ce que nous indique le *Mithra yašt* (10, 89 : *zaotār bərəzi.gāθra-*). On notera aussi que Pausanias utilise le terme ἐπᾴδει pour désigner l'invocation des mages dans les temples de la Lydie (*Périégèse*, V, 27, 6). Le rôle des mages dans le culte sacrificiel s'est perpétué jusqu'au IIe siècle de notre ère, à en juger par une inscription,

39 *Dion Chrysostome et les mythes*. Elle écrit aussi : « Il est très probable que Dion a connu ce culte (à savoir le mithriacisme) dont on trouve des manifestations dans le Pont, en Cappadoce, aux confins de la Phrygie, de la Mysie et de la Lydie, et en Cilicie », p. 355, n. 342.

dédiée vraisemblablement à Artemis Persikê, trouvée à Hypaipa[40]. Le texte est fragmentaire, mais on lit à la ligne 8 les mots καὶ μάγοις.

Quant aux « cérémonies secrètes » auxquelles Dion fait allusion, Cumont les identifiait avec les mystères de Mithra : « Il ne peut s'agir que de ceux de Mithra[41]. » Robert Turcan, en revanche, ne trouve aucune raison pour l'identification de ces cérémonies secrètes avec les mystères de Mithra[42]. Tout compte fait, il ne sera pas trop hardi d'admettre que Dion ait été informé sur certaines cérémonies des mages grâce à des contacts avec des prêtres iraniens en Asie Mineure, comme l'avaient été Strabon, Pausanias et Plutarque. Dion était originaire de la ville de Pruse et il entretenait des relations personnelles avec Plutarque[43].

Conclusion

Notre étude suggère que la croyance en des mystères divins n'était pas étrangère à la tradition iranienne et que cette croyance, à une époque ultérieure, s'est exprimée volontiers dans la notion de *rāz*. Les œuvres du dieu suprême, surtout la création et la rénovation du monde, étaient considérées comme un mystère. Pour ce qui est de l'information sur des « cérémonies secrètes » donnée par Dion de Pruse et Plutarque, on ne doit pas l'écarter comme entièrement fictive. Il serait, à mon avis, peu surprenant que certains groupes iraniens d'Asie Mineure aient pratiqué des cultes d'un type qu'on peut qualifier de « cultes à mystères ».

Anders HULTGÅRD
Correspondant de l'Institut
Université d'Uppsala

40 *SEG* LII, 2006, n° 1166.

41 BIDEZ & CUMONT, *Les mages hellénisés*..., I, p. 91.

42 *Mithra et le Mithriacisme*, p. 27 : « Mais rien ne prouve, comme l'a soutenu F. Cumont, qu'il s'agisse des mystères de Mithra, dont le nom n'est pas même prononcé ».

43 Voir à ce sujet L. PERNOT, « Plutarco e Dione di Prusa », dans P. VOLPE CACCIATORE et F. FERRARI (éds), *Plutarco e la cultura della sua età*, Napoli, 2007.

BIBLIOGRAPHIE

Sources

– Iraniennes :

Zand-Ākāsīh. Iranian or Greater Bundahišn by B. T. ANKLESARIA, Bombay, 1956.

The *Avestan Hymn to Mithra, with an Introduction, Translation and Commentary* by I. Gershevitch, Cambridge, 1967.

The *Bondahesh. Being a Facsimile Edition of the Manuscript TD 1*, Teheran (Iranian Culture Foundation, 88).

The Codex DH. *Being a Facsimile Edition of Bondahesh, Zand-e Vohuman Yasht, and Parts of Denkard*, Teheran (Iranian Culture Foundation, 89).

Der Frahang i oīm (Zand-Pahlavi Glossary), von Hans REICHELT (Wissenschaftliche Zeitschrift für die Kunde des Morgenlandes, 13 (1899), p. 177-213 et 15 (1901), p. 117-186.

Dādestān ī dēnīg. Part I. Transcription, translation and commentary, by Mahmoud JAAFARI-DEHAGI, Paris, 1998.

Dēnkart. A Pahlavi Text, M. J. DRESDEN (éd.), Wiesbaden, 1966.

The Pahlavi Rivāyat Accompanying the Dādestān ī Dēnīg, I-II, by A. V. WILLIAMS, Copenhagen, 1990.

Šāyast-nē-šāyast. A Pahlavi Text on Religious Customs, edited, transliterated and translated with Introduction and Notes by J. C. TAVADIA, Hamburg, 1930.

The Wisdom of the Sasanian Sages (Dēnkard VI) by Aturpat-i Emētān. Translated by S. SHAKED, Boulder, 1979 (Persian Heritage Series, 34).

Vendidâd. Avesta text with Pahlavi translation and commentary, and glossarial index, I-II, H. JAMASP (éd.), Bombay, 1907.

– Manichéennes :

Manichaean Literature. Representative Texts Chiefly from Middle Persian and Parthian Writings, selected, introduced, and partly translated by J. P. ASMUSSEN, New York, 1975.

Mitteliranische manichäische Texte kirchengeschichtlichen Inhalts, W. SUNDERMANN (hrsg.), Berlin, 1981.

Hymnen und Gebete der Religion des Lichts. Iranische und türkische liturgische Texte derManichäer Zentralasiens (eingeleitet und übersetzt von H.-J. KLIMKEIT), Opladen, 1989.

– Juives :

Amulets and Magic Bowls. Aramaic incantations from Late Antiquity by J. NAVEH and S. SHAKED, Jerusalem, 1985.

Sepher ha-Razim. A newly recovered book of magic from the Talmudic period, M. MARGALIOTH (éd.), Jerusalem, 1966.

The Hebrew Text of the Book of Ecclesiasticus (edited with brief introduction and a selected glossary by I. LÉVI), Leyde, 1969.

The Ben Sira Scroll from Masada. With Introduction, Emendations and Commentary by Y. YADIN, Jerusalem, 1965.

– Grecques :

Dion von Prusa. Menschliche Gemeinschaft und göttliche Ordnung: Die Borysthenes-Rede (Eingeleitet, übersetzt und mit interpretierenden Essays versehen von H. G. NESSELRATH, B. BÄBLER, M. FORSCHNER und A. de JONG), Darmstadt, 2003.

Plutarque *Vies*, t. VIII. Texte établi et traduit par R. FLACELIÈRE et É. CHAMBRY, Paris, 1973.

Dictionnaires, lexiques

Altiranisches Wörterbuch von Ch. BARTHOLOMAE, Strasbourg, 1904.

The Dictionary of Classical Hebrew, D. J. A. CLINES (éd.), vol. VI, Sheffield, 2010.

The Hebrew and Aramaic Lexicon of the Old Testament by L. KOEHLER and W. BAUMGARTNER, vol V, Aramaica, 2000.

COSTAZ (L.), *Dictionnaire Syriaque-Français*, Beyrouth, 1963.

DROWER (E. S.) & MACUCH (R.), *A Mandaic Dictionary*, Berlin, 1963.

HÜBSCHMANN (H.), *Armenische Grammatik. Erster Teil. Armenische Etymologie*, Leipzig, 1897.

NYBERG (H. S.), *A Manual of Pahlavi. Part I: Texts*, Wiesbaden, 1964.

__, *A Manual of Pahlavi. Part II: Glossary*, Wiesbaden, 1974.

Études

BECK (R.), « Thus spake not Zarathuštra: Zoroastrian Pseudepigrapha of the Greco-Roman World », dans M. BOYCE, M. & F. GRENET, *A History of Zoroastrianism*, vol. III, p. 490-565.

BIDEZ (J.) & CUMONT (F.), *Les Mages hellénisés* I-II, Paris, 1938.

BOUSSET (W.) & GRESSMANN (H.), *Die Religion des Judentums im hellenistischen Zeitalter*, Tübingen, 1926.

BOYCE (M.) & GRENET (F.), *A History of Zoroastrianism*, vol. III. Leyde, 1991.

__, *The Manichaean Hymn Cycles in Parthian*, Oxford, 1954.

COLLINS (J. J.), *Daniel. A commentary on the Book of Daniel*, Minneapolis, 1993.

GANGLOFF (A.), *Dion Chrysostome et les mythes. Hellénisme, communication et philosophie politique*, Grenoble, 2006.

HINZ (W.), *Altiranisches Sprachgut der Nebenüberlieferungen,* Wiesbaden, 1975.

JONG (A. de), *Traditions of the Magi. Zoroastrianism in Greek and Latin Literature*, Leyde, 1997.

__, Dions Magierhymnen: zoroastrischer Mythos oder griechische Phantasie? », dans *Dion von Prusa*, p. 157-178 ; voir ci-dessus Sources grecques.

MENASCE (J.-P. de), « Les mystères et la religion de l'Iran », dans *Eranos Jahrbuch*, 1944, p. 167-186.

MOMIGLIANO (A.), *Alien Wisdom. The Limits of Hellenization*, Cambridge, 1975.

PERNOT (L.), « Plutarco e Dione di Prusa », dans P. VOLPE CACCIATORE et F. FERRARI (éds), *Plutarco e la cultura della sua età*, Napoli, 2007, p. 105-121.

ROSENTHAL (F.), *A Grammar of Biblical Aramaic*, Wiesbaden, 1963.

SCHEFTELOWITZ (I.), « Zur Kritik des griechischen und massoretischen Buches Esther », *Monatsschrift zur Geschichte und Wissenschaft des Judentums*, 7, 1903.

TURCAN (R.), *Mithra et le mithriacisme, 2e tirage revu et corrigé*, Paris, 2000.

WIDENGREN (G.), *Iranisch-semitische Kulturbegegnung in partischer Zeit* (Arbeitsgemeinschaft für Forschung des Landes Nordrhein-Westfalen. Geisteswissenschaften Heft 70), Köln und Opladen, 1960.

__, *Les religions de l'Iran*, Paris, 1968.

WIKANDER (S.), *Vayu. Texte und Untersuchungen zur indo-iranischen Religionsgeschichte*, Lund, 1941.

LES MYSTÈRES ESSÉNO-QOUMRÂNIENS ET QUELQUES AUTRES…

Les deux grandes découvertes archéologiques de la deuxième moitié du vingtième siècle sont, l'une, celle des manuscrits hébreux trouvés à Qoumrân, dans le désert de Juda[1], l'autre, celle d'importants écrits coptes découverts en Égypte, à Nag Hammadi[2].

Aussi curieux que cela puisse paraître, ces deux prodigieuses trouvailles qui touchent au cœur de l'histoire des origines chrétiennes sont restées presque inconnues du grand public. Rares sont ceux, en dehors de quelques spécialistes, hébraïsants et coptisants, qui aient songé à comparer ces deux ensembles. Il n'est guère, pourtant, de questions relatives à la naissance du christianisme qui ne soient à revoir à ces lumières inespérées, pour ne rien dire des problèmes nouveaux qui surgissent maintenant.

En outre, d'autres textes connus depuis longtemps, mais souvent oubliés ou négligés, sont à reprendre à frais nouveaux. Citons les textes mandéens, la littérature juive des « Palais » ou *Hékhâlôt*, ou même les papyrus magiques.

La Bible hébraïque ne connaît pas la notion de « mystère ». Ce concept apparaît dans une recension secondaire d'un apocryphe, le *Siracide*, 8, 9, où il est exprimé par l'hébreu *sod*, « secret ». Il surgit de façon massive dans les parties araméennes du livre de *Daniel* sous la forme *raz*, « mystère », aux chapitres 2 et 4, à neuf reprises[3]. Ce mot araméen, comme le reconnaissent les critiques, est d'origine iranienne[4]. Il est traduit en grec, dans la version des Septante et par Théodotion, par μυστήριον.

L'apparition de *raz* est le signe d'une modification du climat intellectuel et social du judaïsme à l'époque hellénistique et romaine[5]. *Raz*, « mystère », entrait en concurrence avec le mot hébreu *sod*, « secret », qui passe souvent pour un synonyme de l'araméen *raz*. En

[1] Voir A. DUPONT-SOMMER et M. PHILONENKO, *Écrits intertestamentaires*, Paris, 2013.
[2] Voir J.-P. MAHÉ – P.-H. POIRIER, *Écrits gnostiques*, Paris, 2007.
[3] *Daniel*, 2, 18. 19. 27. 28. 30. 47 (deux fois) ; 4, 6.
[4] Voir G. WIDENGREN, *Iranisch-semitische Kulturbegegnung in parthisher Zeit*, Cologne-Opladen, 1960, p. 100 ; « Iran and Israel in Parthian Times with Special Regard to the Ethiopic Book of Enoch », *Temenos*, 2, 1966, p. 148 et 149.
[5] Voir M. HENGEL, *Judentum und Hellenismus*², Tübingen, 1973, p. 370, n. 574.

Les Mystères: nouvelles perspectives. Entretiens de Strasbourg, éd. par Marc PHILONENKO, Yves LEHMANN et Laurent PERNOT, Turnhout, Brepols 2017 (*RRR* 24), p. 35-44

BREPOLS PUBLISHERS DOI: 10.1484/M.RRR-EB.5.113983

fait, il n'en est rien. Les deux termes sont d'origine différente : iranienne pour l'un, hébraïque pour l'autre, mais ils peuvent être souvent confondus. *Raz* est l'objet d'une révélation divine faite à un initié, *sod* paraît être le résultat d'une délibération prise dans une assemblée. *Raz* a dû supplanter *sod* par goût de l'exotisme et de l'ésotérisme.

*

Selon le *Dictionnaire étymologique de la langue grecque* de P. Chantraine, le mot μυστήριον se rapporte aux cultes à mystères, surtout celui de Déméter à Éleusis[6]. Le myste entend des paroles, prend part à des rites sacrés et suit de divines liturgies qui lui assurent une immortalité bienheureuse.

À côté de ces mystères « cultuels » se seraient développés des mystères « littéraires » qui comporteraient des idées réservées aux initiés sur Dieu, le monde et les hommes[7].

Mais l'histoire du mot μυστήριον ne se limite pas à la phraséologie des cultes à mystères. Il y a des centaines d'attestations du terme μυστήριον qui ne se réduisent pas à un usage littéraire des termes d'une langue sacrale et cultuelle. Ces emplois constituent un véritable langage de secte, un sociolecte. Ils ne peuvent être jetés dans le vaste fourre-tout des « mystères littéraires », au motif qu'on n'a pas su les placer ailleurs. Au mieux évoque-t-on, au terme d'une évolution dont les étapes sont ignorées, « les mystères de la foi » de la littérature chrétienne[8].

Je donnerais volontiers à ces mystères inclassés l'appellation de « Mystères de l'Univers », en entendant cette formule dans son sens le plus large. Ces « mystères » ne connaissent ni rites ni liturgie, mais témoignent d'une ardente curiosité de connaître Dieu, les structures du monde caché, les éléments qui le constituent, le Paradis et l'Enfer, les anges et les démons, la naissance du monde et la fin des temps.

C'est par quelques attestations que la notion de « mystère » pénètre dans les parties araméennes du livre de *Daniel*. Dans les textes de Qoumrân, les mentions de *raz* font entendre une véritable

6 P. CHANTRAINE, *Dictionnaire étymologique de la langue grecque*[4], Paris, 2009, p. 700.
7 Voir A.-J. FESTUGIÈRE, *L'idéal religieux des Grecs et l'Évangile*, Paris, 1981, p. 119-120.
8 CHANTRAINE, *op. cit.*, p. 701.

explosion statistique, puisqu'on en relève près de cent vingt exemples dans l'hébreu et dix-huit dans l'araméen.

Ces locutions, souvent originales, curieuses et poétiques, n'ont pu naître, croître et prospérer que dans un milieu ésotérique ayant une conscience exacerbée de sa légitimité et de sa singularité.

On se souviendra que, dans l'Antiquité, comme de nos jours, les marchandises, les hommes et les idées circulaient. Nous pouvons encore suivre et découvrir, d'un milieu à l'autre, la trace de ces emprunts.

L'histoire des mots ne peut se réduire à des classements d'un autre âge. *Le calque philologique implique un contact social.* On se propose ici de le montrer à partir de locutions pour lesquelles les Esséniens avaient montré une prédilection particulière.

Distinguons, presque au hasard, trois locutions typiques : les « Mystères de Dieu », les « Mystères du péché », les « Mystères merveilleux ». Les « Mystères de Dieu » sont mentionnés cinq fois dans les textes de Qoumrân. Les « Mystères du péché » sont mentionnés quatre fois. Les « Mystères merveilleux » sont cités trente fois. C'est de beaucoup la formule la plus intéressante. En dépit de nombreuses recherches, on n'a pas trouvé de trace de la locution « Mystères merveilleux » en dehors des textes de Qoumrân. Étendant ces investigations, nous avons trouvé deux attestations passées inaperçues de cette locution. La première figure dans la *Prière de l'apôtre Paul* découverte parmi les écrits coptes de Nag Hammadi : « Le Mystère merveilleux de Ta maison[9] ». Ce premier exemple établit clairement une relation entre le « Mystère merveilleux » et le Temple, mais il n'éclaire pas, et de loin, toutes les attestations de la locution qoumrânienne.

La seconde attestation se lit dans la notice d'Hippolyte de Rome sur les Elchasaïtes, où les sept témoins que doit évoquer l'initié sont « le ciel, l'eau, les esprits saints, les anges de la prière, l'huile, le sel et la terre », qualifiés immédiatement de « Mystères merveilleux d'Elchasaï » (τὰ θαυμάσια μυστήρια τοῦ 'Ηλκασαΐ)[10].

Cet exemple langagier constitue un lien ténu, mais précieux, entre les Esséniens et les Elchasaïtes, sans pour autant contribuer à fonder une explication satisfaisante de la locution considérée.

G. Scholem a voulu assimiler les « Mystères merveilleux » des textes qoumrâniens aux spéculations des mystiques de la *Merkaba* sur

[9] *Prière de l'apôtre Paul*, 8, 1.
[10] Hippolyte, *Refutatio* 9, 15, 2.

le Trône divin[11], mais cette exégèse ne semble guère avoir retenu l'attention.

Les deux attestations de la locution « les Mystères merveilleux » non repérées jusqu'ici ne permettraient-elles pas d'énoncer une autre hypothèse ? Les « Mystères merveilleux », loin de s'appliquer à une classe particulière de mystères, ne seraient-ils pas une désignation holistique, poétique et mystique de tous les « mystères » ? Quoi qu'il en soit, la signification de la locution « les Mystères merveilleux » a quelque chance de rester encore longtemps énigmatique.

Dans une étude de la notion qoumrânienne de *raz*, « mystère », le livre des *Hymnes* mérite une attention spéciale. Les psaumes qui constituent ce livre sont-ils d'un simple fidèle ou du chef de la secte, le Maître de justice ? La critique est partagée et le recueil pourrait être de structure composite.

On songe à la question posée par l'eunuque à Philippe en *Actes*, 8, 34 : « De qui le prophète dit-il cela ? De lui-même ou de quelque autre ? » Deux textes, tout au moins, paraissent rattacher le locuteur à la notion de « Mystère » : « Et le Mystère que tu as celé en moi / ils l'allaient calomniant près des fils des malheurs[12] » ; et encore : « Car toi, ô mon Dieu, tu m'avais caché au regard des fils d'hommes et tu avais celé ta Loi en [moi][13]. » Ces deux passages font, apparemment, du Maître de justice le Révélateur des Mystères et l'Interprète privilégié de la Loi, tout semblable au Fils d'homme des « Paraboles » d'*Hénoch* : « C'est le Fils d'homme auquel appartient la justice, / la justice a demeuré avec lui / et c'est lui qui révèlera tout le trésor des Mystères[14]. »

Depuis l'identification de fragments araméens de l'original du livre d'*Hénoch* sur le site de Qoumrân, la provenance essénienne de ce « pseudépigraphe » ne semble plus faire de doute[15]. L'on peut même, selon l'heureuse formule d'André Dupont-Sommer, tenir *Hénoch* « comme l'un des grands classiques de la Congrégation essénienne, peut-être comme le plus fondamental de tous »[16].

[11] G. SCHOLEM, *La Kabbale et sa symbolique*, Paris, 1966, p. 55.

[12] *Hymnes*, 5, 25 (= 1QH^a 13, 25).

[13] *Hymnes*, 5, 11 (= 1QH^a 13, 11).

[14] *I Hénoch*, 46, 3.

[15] Pour une esquisse de l'histoire du livre d'*Hénoch*, voir M. PHILONENKO dans DUPONT-SOMMER et PHILONENKO, *Écrits intertestamentaires...*, p. LXI-LXX.

[16] DUPONT-SOMMER, *Annuaire du Collège de France*, 71e année, Résumé des cours de 1970-1971, p. 379.

Le livre d'*Hénoch* a été conservé, essentiellement, par des fragments de l'original araméen, puis par une traduction grecque, enfin par une version éthiopienne, seule complète.

Pour ce qui est du vocable μυστήριον, on en trouve une petite dizaine d'exemples dans la traduction grecque d'*Hénoch*[17] ; ce qui est en parfaite assonance avec l'idéologie qoumrânienne.

Les Mandéens n'ont jamais constitué un grand peuple, tout au plus une petite communauté araméophone qui, née aux alentours de notre ère, a survécu jusqu'à nos jours pour être dispersée par les guerres et les maladies[18]. Compte tenu des ouvrages qu'ils nous ont laissés et du rôle qu'y tient le Jourdain, il semble que c'est dans cette région qu'il faille situer leur premier habitat.

Dès 1875, année où paraît la *Grammaire mandéenne*, Th. Noeldeke, le grand orientaliste allemand, nota dans sa préface que le dialecte mandéen avait emprunté nombre d'expressions à d'autres sectes[19].

Les critiques n'empruntèrent pas cette voie qui aurait pu être féconde, mais cherchèrent plutôt à établir des filiations entre mandéisme et christianisme, si bien que l'on tomba dans une « fièvre mandéenne » qui s'éteignit d'elle-même au milieu du vingtième siècle.

Les découvertes de Qoumrân ont dégagé de façon tout à fait inattendue l'une des sources du système de pensée mandéen.

Le terme *raz*, « mystère », dont nous avons vu le rôle central dans les textes de Qoumrân, tient dans les écrits mandéens une place remarquable. Citons, en particulier, dans le *Livre de Jean* une longue énumération des « Mystères de ce monde ».

« Le Mystère de la lumière est le jour
le Mystère des ténèbres est la nuit
le Mystère du sel est l'âme
le Mystère de l'épée est le feu
le Mystère de la mort est le sommeil[20] »

[17] *I Hénoch*, 8, 3 (Syncelle) ; 9, 6 (Syncelle, deux fois) ; 10, 7 ; 16, 3 (deux fois) ; 103, 2 ; 104, 12.
[18] Sur les Mandéens, voir E. S. DROWER, *The Mandaeans of Iraq and Iran*, Oxford, 1937 ; bon recueil de textes dans G. WIDENGREN, *Der Mandäismus*, Darmstadt, 1982.
[19] Th. NOELDEKE, *Mandäische Grammatik*, Halle, 1875, p. XXVIII-XXIX.
[20] M. LIDZBARSKI, *Das Johannesbuch der Mandäer*, I, Giessen, 1915, p. 167-169.

Ces Mystères peuvent être multipliés. On en trouvera trois cent soixante dans les *Liturgies* et d'autres encore dans le *Dictionnaire mandéen* de E. S. Drower et R. Macuch[21].

La littérature mandéenne et les écrits juifs de la *Merkaba*, le Char céleste contemplé par Ézéchiel, ont beaucoup d'affinités[22]. C'est G. Scholem qui, dans une œuvre magistrale, a sorti du néant où on l'oubliait cette littérature des « Palais »[23]. Son ouvrage a connu un immense succès. Scholem a, toutefois, beaucoup hésité dans ses propositions de datation[24], sans reculer, au terme de ses travaux, devant l'hypothèse d'une date ancienne pour certaines strates de cet ensemble littéraire. Les découvertes de Qoumrân et tout particulièrement la publication de la *Liturgie angélique* lui ont apporté un brillant *confirmatur*.

Peter Schäfer a, avec beaucoup de talent, repris les recherches de Scholem et donné les éditions, les traductions, la concordance, les monographies[25] qui ont permis d'aborder de plein front ces écrits ésotériques qui pourraient avoir pour berceau la Palestine. Que l'on se souvienne que l'on a trouvé à Qoumrân des fragments hébreux d'une *Liturgie angélique* et d'une description du Trône qui semblent avoir été l'un des premiers jalons de la mystique de la *Merkaba*. Il n'est donc pas surprenant de retrouver dans les *Hékhâlôt* des spéculations sur les « Mystères ».

Nommons spécialement le traité *Merkaba Rabba*, qui s'ouvre sur un ensemble de textes relatifs à la « mesure » du corps de Dieu. Un nom très significatif est celui de RWZYY-RZYY, tiré à l'évidence de *raz*, « Mystère ». Le passage le plus caractéristique est situé au paragraphe 948 de la *Synopse* de Schäfer, où sont énumérés les soixante-dix noms gravés sur le cœur de Dieu[26]. Dans cette kyrielle de noms divins figure RZ, « Mystère », non pas *un* « mystère », mais *Le* « Mystère ». Le « Mystère » est enfin parvenu à l'extrême sommet de la hiérarchie divine.

*

[21] E. S. DROWER – R. MACUCH, *A Mandaic Dictionary*, Oxford, 1963, p. 420.
[22] Voir H. ODEBERG, *3 Enoch*, Cambridge, 1928, p. 64-79.
[23] G. SCHOLEM, *Les grands courants de la mystique juive*, Paris, 1950.
[24] SCHOLEM, *Jewish Gnosticism, Merkabah Mysticism, and Talmudic Tradition*², New York, 1965, p. 8.
[25] L'ouvrage le plus remarquable de P. SCHÄFER est sans doute : *Der verborgene und offenbare Gott*, Tübingen, 1991.
[26] SCHÄFER, *Synopse zur Hekhalot Literatur*, Tübingen, 1981, p. 294.

À la notion courante de « mystère », telle qu'elle est dégagée des « cultes à mystères » par les lexicographes, il y aura lieu d'ajouter, désormais, une autre filière de sens, que nous avons appelée « Mystères de l'Univers », d'origine orientale et, plus spécialement, iranienne. Nées dans la vallée du Jourdain, ces spéculations se seraient développées en milieu essénien, propagées dans le mandéisme et implantées dans le judaïsme ésotérique des *Hékhâlôt*. Il restera à montrer à quelle filiation se rattache le vocabulaire des « Mystères » dans le Nouveau Testament et la littérature chrétienne.

EXCURSUS

L'« agraphon au Mystère »

Un « agraphon » est une sentence alléguée par son citateur comme scripturaire, mais qui est absente des Écritures. Les « agrapha » sont connus depuis longtemps. Ils ont été colligés par Alfred Resch au XIXe siècle[27] et ont suscité d'intenses discussions, avant d'être perdus de vue par la plupart des critiques. L'un d'entre ces « agrapha », auquel nous donnons le nom d'« agraphon au Mystère », figure, avec quelques menues variantes, dans la littérature patristique : *Homélies clémentines*, Clément d'Alexandrie, Théodoret, Chrysostome, Jean Damascène[28]. Il y a lieu d'ajouter à cette liste deux exemples apparentés, non repérés dans les écrits gnostiques coptes trouvés à Nag Hammadi. Citons-les immédiatement. Le premier se lit dans la *Pensée Première à la triple forme.* « J'ai dit mes mystères à ceux qui sont miens, un mystère caché[29]. » Le second « agraphon » se lit dans l'*Évangile de Thomas* : « Jésus a dit : je dis mes Mystères (μυστήριον) à ceux qui sont dignes de mes Mystères (μυστήριον)[30]. »

Voici, maintenant, en traduction française, le texte de l'« agraphon au Mystère », sous deux formes légèrement différentes. On lit dans les *Stromates* de Clément d'Alexandrie : « Mon Mystère est à moi et aux fils de ma maison[31]. » On lit chez Jean Damascène : « Mon Mystère est à moi et aux miens[32]. » De surcroît, l'« agraphon au Mystère », à la

27 A. RESCH, *Agrapha*², Leipzig, 1906.
28 *Id.*, p. 108.
29 *Pensée première à la triple forme*, 41, 27-28.
30 *Évangile de Thomas*, 62.
31 RESCH, *op. cit.*, p. 108.
32 *Ibidem.*

différence de beaucoup d'autres, figure dans certains témoins de la Bible grecque, en *Ésaïe*, 24, 16, où il est assez mal traité dans les éditions de Rahlfs[33] et de Ziegler[34].

W. Wrede, dans son ouvrage célèbre *Das Messiasgeheimnis*, paru à Göttingen, en 1901, dénie toute valeur à l'« agraphon au Mystère », tant pour son origine que pour ses développements ultérieurs[35]. Aujourd'hui que nous connaissons les manuscrits de Qoumrân, cette position ne peut être maintenue. Un scribe inspiré se fondant sur une ressemblance graphique, au prix d'une manipulation hardie, aura lu le texte hébreu d'*Ésaïe*, 24, 16 (« pour moi c'est le dépérissement, pour moi c'est le dépérissement » !) comme si c'était de l'araméen : « Mon Mystère, mon Mystère ! » Cette relecture araméenne a été traduite en grec, conservée par quelques manuscrits de la version des Septante, retenue par Symmaque et par Théodotion et réinsérée en *Ésaïe*, 24, 16[36] où l'on pouvait entendre, maintenant, la voix de l'Interprète des Mystères merveilleux, le Maître de justice. Parcours exégétique acrobatique s'il en est !

Marc PHILONENKO
Membre de l'Institut
Université de Strasbourg
Doyen honoraire de la
Faculté de théologie protestante

BIBLIOGRAPHIE

CHANTRAINE (P.), *Dictionnaire étymologique de la langue grecque*[4], Paris, 2009.

DROWER (E. S.), *The Mandaeans of Iraq and Iran*, Oxford, 1937.

__, MACUCH (R.), *A Mandaic Dictionary*, Oxford, 1963.

DUPONT-SOMMER (A.) et PHILONENKO (M.), *Écrits intertestamentaires*, Paris, 2013.

DUPONT-SOMMER (A.), *Annuaire du Collège de France*, 71e année, Résumé des cours de 1970-1971.

33 A. RAHLFS, *Septuaginta*, Stuttgart, 1935.
34 J. ZIEGLER, *Septuaginta*, XLV, *Isaias*[3], Göttingen, 1983.
35 W. WREDE, *Das Messiasgeheimnis*, Göttingen, 1901, p. 242.
36 Comparer H. J. SCHOEPS, *Aus frühchristlicher Zeit*, Tübingen, 1950, p. 82-83.

FESTUGIÈRE (A. J.), *L'idéal religieux des Grecs et l'Évangile*, Paris, 1981

HENGEL (M.), *Judentum und Hellenismus*[2], Tübingen, 1973.

LIDZBARSKI (M.), *Das Johannesbuch der Mandäer*, I, Giessen, 1915.

MAHÉ (J.-P.) et POIRIER (P.-H.), *Écrits gnostiques*, Paris, 2007.

NOELDEKE (Th.), *Mandäische Grammatik*, Halle, 1875.

ODEBERG (H.), *3 Enoch*, Cambridge, 1928.

RAHLFS (A.), *Septuaginta*, Stuttgart, 1935.

RESCH (A.), *Agrapha*[2], Leipzig, 1906.

SCHÄFER (P.), *Der verborgene und offenbare Gott*, Tübingen, 1991.

__, *Synopse zur Hekhalot Literatur*, Tübingen, 1981.

SCHOEPS (H. J.), *Aus frühchristlicher Zeit*, Tübingen, 1950.

SCHOLEM (G.), *Jewish Gnosticism, Merkabah Mysticism, and Talmudic Tradition*[2], New York, 1965.

__, *La Kabbale et sa symbolique*, Paris, 1966.

__, *Les grands courants de la mystique juive*, Paris, 1950.

WIDENGREN (G.), « Iran and Israel in Parthian Times with Special Regard to the Ethiopic Book of Enoch », *Temenos*, 2, 1966.

__, *Der Mandäismus*, Darmstadt, 1982.

__, *Iranisch-semitische Kulturbegegnung in parthisher Zeit*, Cologne-Opladen, 1960.

WREDE (W.), *Das Messiasgeheimnis*, Göttingen, 1901.

ZIEGLER (J.), *Septuaginta*, XLV, *Isaias*[3], Göttingen, 1983.

MYSTÈRE JUIF ET MYSTÈRE CHRÉTIEN : LE MOT ET LA CHOSE

Walter Burkert in memoriam

Depuis les études pionnières d'Isaac Casaubon au XVIIe siècle, et surtout depuis la naissance, dans les années quatre-vingt du XIXe siècle, du concept de *Mysterienreligionen*, les « mystères » de l'Antiquité grecque, puis gréco-romaine, ont fait l'objet d'innombrables recherches, qui n'ont pourtant réussi qu'à soulever légèrement le voile recouvrant à la fois rites et mythes[1]. Se proposer de traiter de « nouvelles perspectives » sur les mystères, ainsi que nous y convient audacieusement les organisateurs de ce colloque, suppose soit que nous puissions ajouter, à un dossier somme toute limité (les Anciens ayant respecté de façon remarquable l'exigence de secret des cultes à mystères), de nouveaux documents, littéraires ou archéologiques, jusqu'ici inconnus, soit que nous soyons en mesure de proposer des méthodes nouvelles permettant de formuler les grandes questions sous un angle original.

N'étant en mesure ni de révéler des textes inédits, ni de présenter une méthodologie nouvelle, je me propose de réfléchir ici à la fois sur une série de textes et sur certaines approches, auxquelles on pourrait faire appel de façon plus systématique qu'on ne le fait d'habitude. Les quelques réflexions qui suivent sur les liens entre « mystère » juif et « mystère » chrétien, ainsi que sur les *Livres de mystères*, permettront ainsi, peut-être, de renouveler le débat sur l'origine du « mystère » chrétien et sur le sens qu'il faut donner à ce concept. La réflexion méthodologique, quant à elle, portera sur l'idée de comparaison dans l'histoire des religions antiques. Que comparons-nous ? Avec quels instruments ? Et dans quel but ? Ou encore : Quels sont les présupposés, à la fois explicites et implicites, de la comparaison ?

[1] Voir l'excellent ouvrage synthétique (avec une bibliographie fort complète) de J. N. BREMMER, *Initiation into the Mysteries of the Ancient World*, Berlin-Boston, 2014. La monographie classique sur les mystères demeure celle de W. BURKERT, *Ancient Mystery Cults*, Cambridge (Mass.) - Londres, 1987. Faisons au moins référence à deux excellents articles de synthèse : H. CANCIK, « Mysterien/Mystik », *Handbuch der religionsgeschichtlichen Grundbegriffe*, IV, Stuttgart-Berlin-Cologne, 1998, p. 174-178, et D. ZELLER, « Mysterien/Mysterienreligionen », *Theologische Realenzyklopädie*, 23, Berlin, 1994, p. 504-526.

Les Mystères: nouvelles perspectives. Entretiens de Strasbourg, éd. par Marc PHILONENKO, Yves LEHMANN et Laurent PERNOT, Turnhout, Brepols 2017 (*RRR* 24), p. 45-62

BREPOLS PUBLISHERS DOI: 10.1484/M.RRR-EB.5.113984

Quand le même phénomène (par exemple, un « livre secret ») apparaît dans deux systèmes culturels ou religieux différents, il faut être aussi attentif aux différences de fonction qu'aux parallélismes structuraux.

On a beaucoup écrit (et sans doute trop) sur la question des « mystères païens » (au pluriel) et du « mystère chrétien » (au singulier). Le mot *mystērion* (latin *mysterium*) apparaissant dans les écrits paléochrétiens, à partir du Nouveau Testament, les chercheurs ont tenté de démontrer qu'il s'agit là d'une influence du langage des « religions à mystères » (que nous avons maintenant appris à identifier, depuis les travaux magistraux de Walter Burkert, plutôt comme des cultes que comme des religions au sens propre du terme)[2]. En France, c'est sans nul doute Alfred Loisy qui a eu l'influence la plus importante, comparable à celle de Richard Reitzenstein en Allemagne[3].

L'idée d'un lien génétique entre les mystères païens et le mystère chrétien provient du fait que la terminologie des cultes à mystères (ou certains des termes principaux) devint courante dans l'Antiquité pour définir la liturgie et la pratique rituelle des sectateurs de Jésus : *mystēria* ou *teletai* représentent ainsi l'ensemble des rites ou des doctrines des chrétiens, mais aussi certaines formes de culte plus spécifiques, tels le baptême ou l'eucharistie. Ce qu'on oublie trop souvent de noter, c'est que cette terminologie « mystérique » n'apparaît que rarement dans la littérature chrétienne avant le IVe siècle, alors que le mot *mystērion* lui-même se trouve déjà dans le Nouveau Testament.

Une telle conception, insistant sur la similitude de vocabulaire entre textes païens et textes chrétiens, est fondée sur une *doxa* tout aussi évidente que, souvent, implicite : le milieu religieux dans lequel

[2] Comme le remarque Burkert, les anciens cultes à mystères nous apparaissent comme à la fois plus fragiles et moins humains que le christianisme (*Ancient Mystery Cults*, p. 28-29). Burkert note qu'à la différence du christianisme et du judaïsme, aucun des mystères païens n'a survécu.

[3] A. LOISY, *Les mystères païens et le mystère chrétien*, Paris, 1919 ; R. REITZENSTEIN, *Die hellenistischen Mysterienreligionen : Ihre Grundgedanken und Wirkungen*, Leipzig-Berlin, 1910. Sur le milieu intellectuel et religieux dans lequel évoluent les idées de Loisy, voir É. POULAT, *Histoire, dogme et critique dans la crise moderniste*, Paris, 1962. Sur Reitzenstein et la comparaison entre paléochristianisme et cultes à mystères, voir J. Z. SMITH, *Drudgery Divine : On the Comparison of Early Christianities and the Religions of Late Antiquity*, Chicago, 1990. Smith s'intéresse aux chercheurs protestants, mais ignore en grande partie le monde catholique. Sur la question de l'influence possible des mystères païens sur le christianisme, voir BREMMER, *Initiation…*, chapitre VI, p. 142-165.

naît et évolue le paléo-christianisme est avant tout le paganisme gréco-romain[4]. Plus largement, de Guillaume Budé à Michel Foucault, la tradition scientifique a considéré le christianisme ancien comme ayant offert une réinterprétation de la culture antique. Or cette conception est depuis longtemps caduque[5]. Dans une étude classique publiée en 1952, A. D. Nock, éminent spécialiste de la religion dans les mondes grec et latin, a bien montré la grande fragilité de l'idée selon laquelle les sacrements chrétiens auraient trouvé leur origine dans les mystères païens[6]. Nock insiste sur le fait que Paul n'utilise jamais *teletē* ou ses corrélatifs, et n'emploie *muein* qu'une seule fois. En conclusion, Nock s'étonne que les mystères aient eu si peu d'impact sur le christianisme[7]. La conclusion négative de Nock vient d'être reprise par Jan Bremmer, dans son admirable *Initiation into the Mysteries of the Ancient World*[8]. Une telle conclusion est plus que convaincante : inéluctable. Ce qui pose problème, c'est autre chose : le fait que Nock ne propose pas d'explication alternative pour l'origine du mystère chrétien. Malgré son grand savoir et sa largeur d'esprit, Nock, qui ne savait pas l'hébreu, n'avait pas développé de véritable intérêt pour le judaïsme et n'était pas en mesure de concevoir l'origine juive des conceptions paléochrétiennes[9]. C'est la question de la genèse qui s'impose ici, mais ce n'est certainement pas la seule approche possible en histoire des religions, domaine dans lequel la fonction n'est aucunement moins capitale que l'origine. Ce serait le but d'une autre étude que d'analyser les conceptions et rôles différents du mystère dans le judaïsme et le christianisme.

[4] Une autre direction de la recherche, sur laquelle je ne puis m'étendre ici, est celle qui a été tracée par Franz Cumont, pour lequel les mystères venaient d'Orient. Je renvoie, à ce sujet, à l'introduction historiographique de C. BONNET et de F. VAN HAERPEREN dans leur nouvelle édition du grand classique de CUMONT, *Les religions orientales dans le paganisme romain*, Turin, 2006, p. XI-LXXIV. Notons encore qu'A. Lennoy et D. Praet préparent la publication de la correspondance échangée par Alfred Loisy et Franz Cumont.

[5] Pour une critique de cette approche, voir G. G. STROUMSA, *La fin du sacrifice : mutations religieuses de l'Antiquité tardive*, Paris, 2005, chapitre 1.

[6] A. D. NOCK, « Hellenistic Mysteries and Christian Sacraments », repris dans ses *Essays on Religion and the Ancient World*, II, Z. STEWART (ed.), Oxford – New York, 1986, II, p. 791-820.

[7] « The surprise is that the pagan mysteries had so little influence on Christianity », *Essays…*, p. 819.

[8] Voir *supra*, n. 1.

[9] Voir S. PRICE, « The Road to Conversion : The Life and Work of A. D. Nock », *Harvard Studies in Classical Philology*, 105, 2010, p. 317-229.

Je me propose donc de poser ici la question de l'origine du *mystērion* chrétien de façon différente, en regardant du côté du judaïsme. En fin de compte, c'est en milieu juif, et non païen, qu'est né le christianisme. Cette idée n'est certes pas nouvelle, mais on doit constater que jusqu'à présent, de façon surprenante, les savants ont rarement pensé à étudier systématiquement les rapports possibles entre mystère juif et mystère chrétien. Commençons par citer quelques passages fondamentaux :

> Marc, 4 : 10-12 : « C'est à vous que le mystère du royaume de Dieu a été donné » (à propos de ce texte, les philologues parlent d'habitude du « *Messiasgeheimnis* »).
>
> Voir par ailleurs I Cor, 2 : 7 : « Mais nous parlons de la sagesse de Dieu cachée dans le mystère. »

Quand on parle de « mystère », il faut se souvenir qu'il peut s'agir à la fois du mot et de la chose, des *legomena* et des *drōmena.* De l'existence du terme, on ne peut en bonne logique conclure nécessairement à l'existence de rituels.

*

Dans une monographie sur l'ésotérisme ancien et les origines de la mystique chrétienne, publiée en 1996, j'avais émis l'hypothèse que de *mystērion* païen à *mysterium* chrétien, les connotations ésotériques avaient disparu du terme[10]. Ceci parce que la gnose avait absorbé la capacité d'ésotérisme du paléo-christianisme, et que la tradition patristique avait conservé les termes, tout en transformant leur sémantique traditionnelle. Ce vocabulaire est ainsi à la racine de la mystique chrétienne. J'avais aussi remarqué que le vocabulaire « mystérique » (*mystagōgia*) ne devenait marquant dans la littérature patristique qu'au IVe siècle, c'est-à-dire à partir du moment où le paganisme, en ses divers aspects, ne représentait plus de véritable danger pour le christianisme. Il était alors plus facile de reprendre en partie le vocabulaire des cultes défunts ou moribonds, en tout cas ceux des concepts ayant gardé une forte résonance positive, et désormais « désincarnés », pour ainsi dire, de leur milieu d'origine[11]. Ce

[10] Voir G. G. STROUMSA, *Hidden Wisdom : Esoteric Traditions and the Roots of Christian Mysticism*, Leyde, 1996, 2e éd. 2005, en particulier p. 160-168.

[11] L'usage du verbe *mystagōgein* apparaît au IIIe siècle chez Origène, plus tard chez le Pseudo-Denys l'Aréopagite, ou encore, en latin, chez Grégoire le Grand. Pour une

vocabulaire devait devenir, en partie, celui de la mystique chrétienne[12].

Ce que je voudrais préciser ici, c'est, dans un premier temps, le contexte juif du mystère chrétien primitif. Je tenterai ensuite d'étudier le phénomène courant, mais paradoxal, des livres de mystère(s), ou de secrets, ces écrits ésotériques qui prétendent révéler aux initiés les secrets du cosmos. On s'interrogera sur le statut et la fonction particuliers que de tels livres peuvent avoir eus en milieu monothéiste, à l'intérieur d'une religion révélée (en principe) à tous et à toutes, précisément, par certains textes, appelés Écritures.

Il s'agit aussi d'un problème de méthode : même si l'on accepte que c'est dans le judaïsme qu'il faut trouver l'origine directe du mystère chrétien, on peut concevoir ce fait de diverses façons. Soit le mystère grec (le mot seulement, ou la chose elle-même) passe d'abord au judaïsme, et de là au christianisme, soit l'ésotérisme imprègne les différents courants religieux du monde ancien, hellénisme, judaïsme, mazdéisme, et plus tard christianisme. Notons que si la gnose est la tradition ésotérique dans le paléo-christianisme, le rejet de la gnose par les Pères de l'Église représente *ipso facto* un rejet de la tradition ésotérique, donc du mystère, dans le christianisme ancien.

Le paradigme du mystère païen comme source centrale du mystère chrétien est abandonné aujourd'hui. Ce paradigme, cependant, s'il inclut bien le judaïsme hellénistique, n'inclut pas le judaïsme palestinien. L'opposition radicale entre le judaïsme hellénistique (et hellénophone), un judaïsme ouvert aux catégories intellectuelles de la philosophie grecque, et le judaïsme palestinien, araméophone (et fonctionnant selon les modes de pensée hébraïque), est une vieille tradition de la théologie protestante, surtout allemande. Ainsi, Ferdinand Christian Baur (1792-1860), le maître hégélien de Tübingen, parlait-il de l'*Abgeschlossenheit* du judaïsme palestinien, ce qui lui permettait de le contourner pour comprendre les premiers développements du christianisme. La distinction radicale entre deux judaïsmes, pratiquement imperméables l'un à l'autre, simplifiait la tâche des théologiens qui avaient besoin à la fois d'un « bon » judaïsme, annonciateur du christianisme, et d'un « mauvais » judaïsme, figé et caduc ; mais elle ne résiste pas à l'examen. On ne peut comprendre le judaïsme du Ier siècle, par exemple, sans utiliser de concert, et de façon synoptique, les sources grecques et hébraïques. Il

vue d'ensemble sur la tradition néotestamentaire et patristique, voir A. SOLIGNAC, « Mystère », *Dictionnaire de spiritualité*, 12, p. 1861-1874.

12 Voir STROUMSA, *Hidden Wisdom*, en particulier chapitre IX, p. 147-168.

s'agit là d'une évidence méthodologique de bon sens, et pourtant loin d'être toujours appliquée.

*

Depuis la fin du XIXe siècle, les savants se sont penchés sur l'idée de mystère chez les juifs. Frederick C. Conybeare (1856-1924), en 1895, considérait les Thérapeutes de Philon comme des initiés à certains mystères. Pour Richard August Reitzenstein (1861-1951), le « Sermon naassène » conservé par Hippolyte provenait d'une communauté juive phrygienne de la Grande Mère. Le philosophe Hans Leisegang (1890-1931), enfin, voyait dans le mysticisme philonien une transformation des croyances juives par les « religions à mystères ».

Dans un travail publié en 1924, qui semble bien oublié aujourd'hui, Lucien Cerfaux a étudié l'impact des mystères sur le judaïsme alexandrin[13]. Prenant le contrepied de toute une tradition identifiant le judaïsme alexandrin à son dernier et plus célèbre représentant, Philon d'Alexandrie, Cerfaux avait voulu montrer, en s'appuyant sur les rares traces que nous livrent les fragments de la littérature judéo-alexandrine parvenus jusqu'à nous, tels la *Lettre d'Aristée*, le Pseudo-Hécatée, Artapan ou Ézéchiel le Tragique, que déjà deux siècles avant Philon, le judaïsme s'était présenté devant le monde païen comme un *mystērion*. Pour Cerfaux, Abraham d'abord, Moïse ensuite, avaient été initiés à la doctrine divine secrète, ne la révélant qu'à ceux qui en étaient dignes. Le Nom secret de Dieu, le Tétragramme, qu'on ne pouvait livrer qu'aux mystes, la résumait. Cerfaux insistait sur le fait qu'il ne s'agissait pas là de métaphores littéraires. Ce n'est qu'avec Philon que ces idées auraient été dévaluées, pour ainsi dire, en devenant de simples procédés. Pour terminer, Cerfaux notait que la transcendance divine permettait à ce judaïsme « mystérique » de s'exprimer « sans qu'aucune profanation atteignît le fond même des doctrines »[14].

Erwin R. Goodenough (1893-1965) est bien entendu le savant qui a le plus fait pour promouvoir l'idée d'un judaïsme mystérique. Dans les treize volumes de son *opus maximum*, *Jewish Symbols in the Greco-Roman Period* (1953-1968), Goodenough va plus loin que Cerfaux : selon lui, c'est pour Philon lui-même, quand on le comprend

[13] L. CERFAUX, « Influence des mystères sur le judaïsme alexandrin avant Philon », *Le Muséon*, 37, 1924, p. 38-88.
[14] *Id.*, p. 87-88.

bien, que le culte juif est un *mystère*, et le judaïsme, tout comme la religion d'Isis, sous sa forme ésotérique, est un *mystère* cosmique, immatériel, typifié par l'arche d'alliance. Pour Goodenough, *mystērion/a* chez Philon est à comprendre au sens propre, et non pas au sens métaphorique que ce mot avait pris dans la tradition philosophique depuis Platon et les stoïciens.

Depuis la publication des *Jewish Symbols*, Goodenough reste au centre de toute discussion des mystères juifs. Il est certain qu'il a mis l'accent sur certains éléments jusque-là oubliés d'une pensée religieuse extrêmement vibrante. Mais Goodenough n'a pas réussi à convaincre la communauté savante de l'existence d'un culte juif mystérique conceptualisé selon les cultes à mystères hellénistiques[15]. Nock reconnaît certes l'importance du *langage* mystérique chez Philon, mais oppose une série d'objections fondamentales aux idées de Goodenough[16]. De même, Markus Bockmuehl note que le *Sitz im Leben* du langage « mystérique » allégorique de Philon reflète l'idiome littéraire et philosophique contemporain, plutôt que l'observance populaire[17]. Il est cependant permis d'appliquer à la thèse des mystères juifs la remarque épistémologique de Nock au sujet de l'idée d'un impact des mystères païens sur le mystère chrétien : « Without exaggeration and oversimplification little progress is made in most fields of humanistic investigation[18]. » S'il semble bien qu'il soit impossible de retrouver la trace d'un « mystère » juif, on trouve certainement le mot lui-même dans certains textes bibliques et parabibliques, ainsi que dans la Septante[19].

Comme nous le rappelle Anders Hultgård, *rāz* est un mot iranien, employé aussi en hébreu, dans le sens de « secret », et qui apparaît neuf fois dans les passages araméens de *Daniel*[20]. Dans les textes de

[15] Pour un *Forschungsbericht*, voir G. LEASE, « Jewish Mystery Cults since Goodenough », *Aufstieg und Niedergang der römischen Welt*, 20.2, 1987, p. 858-880.

[16] NOCK, « The Question of Jewish Mysteries », dans ses *Essays*, I, p. 459-468.

[17] M. BOCKMUEHL, *Revelation and Mystery in Ancient Judaism and Pauline Christianity*, Tübingen, 1990, p. 81. À ce sujet, voir aussi C. RIEDWEG, *Mysterienterminologie bei Platon, Philon und Klemens von Alexandrien*, Berlin – New York, 1987.

[18] NOCK, « Hellenistic Mysteries », p. 820.

[19] Voir G. BORNKAMM, "*mystērion, mueō*", *Theological Dictionary of the New Testament*, IV, 802-828. Cf. B. L. GLADD, *Revealing the* mysterion *: the Use of Mystery in Daniel and Second Temple Judaism*, Berlin – New York, 2009.

[20] Voir sa contribution dans le présent volume.

Qoumrân, *sod* apparaît soixante-deux fois[21]. D'après Fabry, *sod* a trois sens principaux : l'assemblée de la communauté, le conseil de Yahvé et la communauté cultuelle. Dans 1QS 8:5, la communauté de Qoumrân se définit à la fois comme la réalisation du conseil du trône céleste et comme la seule réalisation légitime du temple. Le *sod* est la congrégation de la fin des temps[22]. Les mystères, le secret et l'ésotérisme à Qoumrân ont fait l'objet de nombreuses études précises depuis deux générations, et pourtant certains concepts clés restent encore assez mal compris, comme par exemple le concept central de *rāz nihye*[23]. Les champs sémantiques de *sod* et de *rāz*, par ailleurs, semblent encore assez mal cernés.

Ce serait une grave erreur de méthode, cependant, que de borner aux textes préchrétiens la recherche portant sur les sources juives des conceptions chrétiennes. La littérature talmudique et rabbinique de l'Antiquité tardive est notoire pour la difficulté qu'on a à dater précisément la plupart des traditions qu'elle conserve, du fait que les textes circulèrent oralement pendant plusieurs générations avant d'être rédigés. Dans cette littérature, il semble à première vue – mais une étude précise, qui n'existe pas, s'imposerait – que *rāz*, *sod* et *hen* (*hokhmat ha-nistar*, la sagesse ésotérique) ont des champs sémantiques à peu près équivalents[24]. Pour les rabbins, le *mistorin* (calque linguistique, au singulier, du grec *mystērion*) est un terme assez fréquent, et d'une grande plasticité sémantique. Dans un traité du Talmud babylonien, le sabbat, la circoncision, les mois intercalaires et l'agneau pascal sont tous appelés le *mistorin*[25]. Pour *Tehilim Rabba*, un ouvrage rédigé au Ve siècle en Palestine, c'est la Mishna qui est le *mistorin* de Dieu[26]. Le midrash *Tanhuma* déclare que le *mistorin* divin est la circoncision, dont le secret fut révélé à Abraham[27]. Notons enfin que dans les *Hekhalot Rabbati*, textes

[21] Voir H.-J. FABRY, « *sod* », *Theological Dictionary of the Old Testament*, 10, 1999 ; édition allemande 1986, 171-178. Voir surtout S. I. THOMAS, *The « Mysteries » of Qumran : Mystery, Secrecy and Esotericism in the Dead Sea Scrolls*, 2009.

[22] 1QH 3 : 21 ; voir FABRY, « *sod* », p. 178.

[23] Sur les termes *raz* et *raz nihye*, voir en particulier Serge RUZER, « Eschatological Failure as God's Mystery: Reassessing Prophecy and Reality at Qumran and in Nascent Christianity », *Dead Sea Discoveries*, 23, 2016, p. 347-364, qui démontre leur contexte eschatologique.

[24] En hébreu moderne, *raz* traduit « mystère », alors que *sod* traduit « secret ».

[25] *Beitsa*, 16a.

[26] *Psaumes Rabba*, 5, 14b.

[27] Midrash *Tanhuma* sur *Gen*, 12 : 2 : *lo gila Ha-Kadosh Barukh Hu mistorin shel mila ela le-Avraham.*

mystiques juifs de l'Antiquité tardive, *rāz* et *sod* sont utilisés dans les descriptions des techniques magiques permettant au mystiquc d'atteindre, à travers les cieux, le trône divin[28].

En se fondant sur un passage d'une lettre de Clément d'Alexandrie qu'il avait découverte au monastère de Saint-Sabas, dans le désert de Judée, l'historien des religions américain Morton Smith a voulu démontrer l'existence chez Jésus d'un enseignement et d'un rituel secrets. Selon lui, *mystērion* chez Paul fait allusion au baptême, qui est pour lui l'équivalent de la circoncision[29]. Comme on sait, les thèses de Smith ont suscité une polémique très violente depuis les années 1970, polémique qui ne semble pas près de s'éteindre. On a même accusé Smith d'avoir fabriqué lui-même le texte de la lettre de Clément. Je ne puis ni ne veux entrer dans cette polémique, qui d'ailleurs a souvent été fort peu académique[30]. Je tiens à ajouter que le fait de récuser les accusations scandaleuses portées contre Smith n'implique aucunement d'accepter toutes ses hypothèses. Quoi qu'il en soit, Smith a insisté sur le fait que dans la discussion des *mystēria* chez Philon, on oppose trop souvent rites ésotériques et description allégorique, alors que rituels secrets et instruction philosophique ne sont pas nécessairement exclusifs l'un de l'autre[31].

Pour résumer l'enquête menée jusqu'ici, *mystērion* semble bien être utilisé avant tout au sens métaphorique dans les textes juifs et chrétiens, chez Philon comme chez Paul. Un tel usage métaphorique pouvait certes se prévaloir d'une longue tradition philosophique, depuis Platon et les stoïciens. La question reste cependant posée : par quel mécanisme un mot renvoyant à un culte païen devint-il assez séduisant en milieu monothéiste pour désigner des réalités religieuses sublimes ? Un élément de réponse a été récemment proposé par l'historien des religions Christoph Auffarth[32]. Ce chercheur, à qui nous devons le concept de *religio migrans* comme principe heuristique pour la circulation des idées et des faits religieux dans le monde méditerranéen ancien, émet l'hypothèse que ce qu'il nomme

[28] Voir par exemple *Hekhalot Rabbati*, 27.1 ; 28.3 ; 29.1 ; 2.4 : références données par M. SMITH (voir *infra*, n. 28 et 30).

[29] SMITH, *Clement of Alexandria and a Secret Gospel of Mark*, Cambridge (Mass.), 1973, p. 183.

[30] Voir G. G. STROUMSA (ed.), *Gershom Scholem and Morton Smith : Correspondence, 1945-1982* (Jerusalem Studies in Religion and Culture, 9), Leyde-Boston, 2008, Introduction, p. VII-XXIV.

[31] SMITH, *Clement of Alexandria...*, p. 44 et p. 199 sqq.

[32] C. AUFFARTH, « Mysterien », *Reallexikon für Antike und Christentum*, XXV, 2013, p. 422-471, part. p. 433-434.

une « mystérisation » (*Mysterisierung*) reflète la transformation de la religion dans l'Empire romain. Il souligne que nulle part la critique et la crise du rituel n'allèrent aussi loin que dans le judaïsme, où le culte du Temple se transforma en culte du Livre[33]. Individualisée, la religion, dès lors, devint avant tout expérience, émotion, secret et connaissance soudaine (gnose). Dans une telle atmosphère, « mystère » devint un terme de choix pour faire allusion à une expérience sublime. « Mystère », donc, dans les textes juifs et chrétiens, reflète ce que nous appelons aujourd'hui l'hybridité religieuse, la volonté de faire appel à un terme provenant d'un autre cadre culturel pour souligner la nouveauté religieuse[34].

Livres de mystères

On n'a pas assez remarqué, me semble-t-il, que dans différentes cultures du monde méditerranéen ancien, on trouve toute une série de *Livres de Mystères* ou *Livres de Secrets*. Pensons par exemple, dans la littérature juive, au *Livre des Mystères* de Qoumrân[35]. Ou encore au *Sefer ha-Razim*, plus tardif, texte hébreu aux échos magiques, dont la réception médiévale fut extrêmement importante[36]. Dans la littérature patristique, il faut mentionner avant tout le *De Mysteriis* d'Ambroise, mais aussi les *Mystères des Lettres de l'Alphabet*, un texte grec anonyme fort intéressant, datant probablement du VIe siècle. N'oublions pas, du IIe siècle, le *Livre des Mystères* de Bardaisan, du IIIe, le *Livre des Mystères* de Mani. Ces ouvrages sont certes fort différents les uns des autres, et certains (celui de Bardaisan, celui de Mani) sont perdus. Ce qui compte avant tout ici, cependant, est d'essayer de comprendre ce que peut avoir signifié l'importance de tels livres, dans des milieux si différents, et dans une très longue durée : car la succession de *Livres de Secrets* continuera tout au long du Moyen Âge, en arabe et en hébreu aussi bien qu'en latin et en grec.

33 Auffarth appuie ici son argumentation sur STROUMSA, *La fin du sacrifice*.

34 Pour une démonstration exemplaire du fonctionnement d'une telle hybridité, voir C. BONNET, *Les enfants de Cadmos : le paysage religieux de la Phénicie hellénistique*, Paris, 2015. Cf. mon compte rendu dans *Studia Classica Israelica,* 34, 2015, p. 249-251.

35 1Q 27 et 4Q 299-301.

36 Voir la nouvelle édition du *Sefer HaRazim* par B. REBIGER et P. SCHÄFER (hrg.), *Sefer ha-Razim I und II; Das Buch der Geheimnisse I und II. Band 2 : Einleitung, Übersetzung und Kommentar*, Tübingen, 2009.

La question qui doit nous préoccuper est celle de l'autorité de ces *Livres de Mystères*, en particulier dans un milieu de révélation scripturaire. Pour les juifs d'abord, les chrétiens ensuite, puis les musulmans, la révélation divine est tout entière inscrite dans le Livre divin, ou dans les Livres divins, révélé(s) à l'humanité. Dans les « religions du Livre », ces Écritures révélées constituent en théorie le principe supérieur d'autorité. L'autorité des Écritures est bien entendu toujours interprétée, selon différentes règles herméneutiques. Ces règles permettent d'extrapoler à partir des versets des Écritures révélées, de leurs mots, parfois même des lettres les composant. Elles sont établies, et contrôlées, par des spécialistes religieux, souvent hiérarchiquement organisés, et parfois (par exemple chez les juifs) représentant la transformation des anciennes prêtrises, et le passage de l'autorité religieuse des prêtres aux nouvelles élites intellectuelles, les rabbins.

Dans un tel système, l'idée d'un livre secret tient du paradoxe. Elle propose en fait une révélation parallèle, mais une révélation ésotérique, puisqu'elle ne s'offre qu'à ceux à qui les clefs ont été données pour lire et comprendre l'écrit secret. Le *Livre de Secrets* permet de conserver une attitude ésotérique à l'intérieur d'un système religieux de révélation (un autre moyen pour arriver au même résultat étant une herméneutique ésotérique, à plusieurs niveaux, sur le même texte de l'Écriture).

Or, les systèmes religieux du monde méditerranéen et du Proche-Orient antique semblent tous accepter l'idée d'une « double vérité » (pour utiliser de façon anachronique ce terme technique de la philosophie médiévale), c'est-à-dire d'une religion qui s'exprime de façon simplifiée pour le peuple, et de façon profonde pour les meilleurs esprits. Cette idée de la vérité s'exprimant à deux niveaux se retrouve un peu partout, du mazdéisme ancien au christianisme de Clément d'Alexandrie, en passant par les Pythagoriciens. Elle reflète la complexité des rapports entre écriture et oralité dans des sociétés où l'écriture reste un phénomène assez rare pour qu'on puisse vraiment faire confiance aux textes écrits comme transmetteurs des vérités les plus profondes. Pour que ces vérités restent l'apanage des spécialistes, il faut qu'elles soient codées, afin qu'elles ne puissent être déchiffrées que par ceux qui en sont dignes.

Certes, les *Livres de Secrets* n'existent pas seulement en milieu de révélation monothéiste. Se référant en particulier au Papyrus Gurob, Walter Burkert a pu noter que des livres ont très tôt été utilisés dans les cultes à mystères[37]. Mais, dans un tel milieu, les *Livres de Secrets* ont un statut particulier, en ce sens qu'ils semblent contredire le statut, inaliénable, des Écriture révélées, et de l'idée même de révélation, qui en principe ne devrait pas tolérer l'ésotérisme. En fait, dans le paléo-christianisme, ce sont les mouvements que nous avons pris l'habitude d'appeler « la gnose » qui absorbèrent, au IIe siècle, les traditions ésotériques provenant du judaïsme (ou de ses marges). La victoire des Pères de l'Église dans le combat qu'ils menèrent contre la gnose assura, en quelque sorte, le rejet des courants ésotériques hors du christianisme orthodoxe, en les désignant comme essentiellement hérétiques[38]. Le christianisme, dès lors, se définit comme une religion essentiellement ouverte à tous, de façon égale, sans offrir aux lettrés (c'est-à-dire aux théologiens) aucun véritable avantage sotériologique. On a là les éléments d'une sociologie du secret, dont Georg Simmel avait posé les premiers jalons il y a plus d'un siècle et qui, depuis, n'a pas réalisé de progrès vraiment décisif.

Le *Livre de Mystères* (ou *Livre de Secrets*) est en fait l'équivalent d'un livre apocryphe : il détient la vérité, qui reste cachée pour tous, sauf pour ceux qui l'ont découvert et qui savent le lire. Ainsi, Michel Tardieu traduit par « Livre secret » le vocable *apokryphon* dans le titre d'œuvres gnostiques telles que le *Livre secret de Jean* retrouvé à Nag Hammadi[39]. Le statut particulier des *Livres de Mystères* dans les religions monothéistes tient au fait qu'ils semblent échapper à l'autorité des Écritures révélées, ou plus précisément, au système formé par les Écritures et leur tradition herméneutique. Tout se passe comme si le *Livre de Mystères* permettait de court-circuiter la tradition herméneutique, à la fois le texte des Écritures, les règles exégétiques et les autorités herméneutiques. Pour utiliser un vocabulaire wébérien, on peut dire que les *Livres de Mystères* représentent des mouvements de révolte contre la tendance naturelle à la « routinisation » de la religion, et le désir de maintenir le « charisme » propre aux mouvements prophétiques et aux origines des mouvements religieux. Le Livre secret donne à celui qui en détient la clef une autorité, comme s'il s'agissait d'une révélation particulière, encore plus vraie,

[37] BURKERT, *Ancient Mystery Cults*, p. 70-71.

[38] Ainsi, l'incipit du *Livre de Yehu* se réfère aux « mystères cachés ». Voir Ch. MARKSCHIES, « Haupteinleitung », dans Ch. MARKSCHIES, J. SCHRÖTER (hrg.), *Antike christliche Apokryphen in deutscher Übersetzung*, Tübingen, 2012, I, p. 19.

[39] M. TARDIEU, *Codex de Berlin* (Écrits gnostiques), Paris, 1984. Sur les « mystères » dans les textes gnostiques coptes, voir la contribution de Madeleine Scopello au présent volume.

plus pure, que celle de l'Écriture offerte à tous. La Mishna, en ce sens, appelée en grec *Deuterōsis*, ou « répétition » (de la Torah), est un *mistorin* donné par Dieu à Israël.

En fait, les *Livres de Mystères* proposent une autorité sans canon, ou plutôt un canon alternatif. Il ne faut donc pas s'étonner si de tels livres, souvent appelés « apocryphes », furent le plus souvent identifiés aux mouvements hérétiques, dans le judaïsme comme dans le christianisme de l'Antiquité tardive. De l'autorité du Livre secret à celle du saint, du texte à l'individu, il s'agit là du passage à une nouvelle sensibilité religieuse dans l'Antiquité tardive : de la vérité, qui est à révéler (en passant par la tradition, qui doit être enseignée), à l'exemple, qu'il faut donner.

*

Pour le *Livre des Mystères* de Qoumrân, c'est la révélation, et non pas la raison, qui offre la clef de la sagesse (le mot *rāz* est utilisé treize fois dans l'écrit, dont le concept central, aux connotations eschatologiques, mais qui reste assez mal compris, est *rāz nihye*)[40]. À la fois l'idéologie, l'orthographe et le langage de l'écrit semblent refléter une origine différente de celle des autres textes de Qoumrân. Le cercle d'origine est un groupe d'élite détenant la compréhension correcte du plan de YHWH pour l'univers et sachant comment Lui plaire pour être sauvé du destin réservé aux ignorants et aux hypocrites. La référence est probablement à certains milieux scribaux de Judée de la période maccabéenne ou pré-maccabéenne[41].

Le *Sefer ha-razim*, ou *Livre des Secrets*, est le grand classique de la magie juive et hébraïque. Il fut utilisé aussi bien par les juifs que par les chrétiens tout au long du Moyen Âge et jusqu'à la Renaissance. Les plus anciens manuscrits qui nous soient parvenus émanent de milieux karaïtes du IXe siècle. Le *terminus post quem* doit probablement être fixé au début du IVe siècle. Notre texte est ainsi plus ou moins contemporain des papyrus grecs magiques, de la littérature rabbinique et de la littérature des *Hekhalot*. Avant le déluge, le *Sefer ha-razim* est présenté à Noé par l'ange Raziel. Le livre décrit les sept firmaments et leurs anges. Des nombreux livres donnés à Noé, c'est

40 1Q 27 et 4Q 299-301.

41 Ainsi T. ELGVIN, « Priestly Sages ? The Milieus of Origin of Q Mystries and Q Instructions », dans J. J. COLLINS, G. E. STERLING and R. A. CLEMENTS (eds.), *Sapiential Perspectives : Wisdom Literature in Light of the Dead Sea Scrolls*, Leyde-Londres, 2004, 67-87.

celui-ci qui est le plus précieux, car il lui révèle, parmi ses secrets, comment se sauver du déluge en construisant une arche.

Datant du IVe siècle, lui aussi, mais tout autre dans sa forme littéraire et sa fonction est l'ouvrage d'Ambroise de Milan sur les mystères de l'Écriture, qui se veut une explication des rites sacrés (*explanatio symboli*), et qui commence ainsi : *Celebrata hactenus mysteria scrutaminum*[42]. Pour l'auteur, la vérité du mystère est établie par les mystères de l'Incarnation : *Suis utamur exemplis incarnationisque mysteriis adstruamus mysterii ueritatem*. L'Église respecte la profondeur des mystères célestes : *Unde et ecclesia altitudinem seruans mysteriorum caelestium reicit a se*[43]...

*

Le *Livre des Mystères* de Mani est perdu, mais il est possible de reconstituer en partie son contenu, au moins de façon spéculative, en s'appuyant surtout sur les traditions mandéennes. Ainsi, Iain Gardner a récemment essayé de proposer une reconstitution des sujets principaux traités dans le livre de Mani[44]. Dans la métaphorique des *Psaumes* manichéens, le *Livre des Mystères* est appelé « le bistouri du chirurgien ». Le texte semblait contenir une polémique soutenue contre les Bardaisanites, et traitait du rire de Jésus se moquant des ignorants – thème qui se retrouve dans certains textes gnostiques et dont je crois avoir offert une interprétation nouvelle[45]. Pour Gardner, qui s'oppose en cela à la majorité des savants, le texte semble avoir reflété une doctrine cohérente de Mani, surtout sur l'eschatologie.

Le Mystère des Lettres grecques est un texte curieux, provenant sans doute d'un monastère de Palestine byzantine et rédigé peut-être au Ve siècle[46]. Le « mystère », ici, fait allusion au sens profond des lettres de l'alphabet. Bien qu'il s'agisse de l'alphabet grec (et que le texte soit grec), cet alphabet compte vingt-deux lettres, comme l'alphabet hébreu ou araméen. Une bonne compréhension du texte doit

[42] *De Mysteriis*, 53, dans Ambroise de Milan, *Des Sacrements, Des Mystères, Explication des Symboles*, éd., tr. D. B. Botte, Paris, 1980, p. 186-187.
[43] *De Mysteriis*, 56, p. 188-189.
[44] I. GARDNER, « Mani's *Book of Mysteries* : Prolegomena for a New Look at Mani, the 'Baptists' and the Mandaeans », *ARAM*, 22, 2010, p. 321-334.
[45] Voir G. G. STROUMSA, *Le rire du Christ et autres essais sur le christianisme ancien*, Paris, Bayard, 2006.
[46] Édition et traduction allemande par C. BANDT, *Der Traktat vom Mysterium der Buchstaben*, Berlin, 2007 repris dans STROUMSA, *The Scriptural Universe of Ancient Christianity*, Cambridge (Mass.), 2016, p. 108-120 et notes.

postuler à sa base certaines traditions juives et judéo-chrétiennes. Il s'agit d'un pot-pourri de spéculations paléochrétiennes sur les lettres et la cosmologie, s'inscrivant dans une tradition intellectuelle commune aux diverses cultures et religions du monde méditerranéen et proche-oriental, depuis l'Antiquité tardive jusqu'au haut Moyen Âge. Ce texte exprime la révolution culturelle des moines, fruit d'une attitude religieuse fondée sur le Livre révélé, et s'opposant à la *paideia* traditionnelle[47].

*

L'écriture ésotérique exige la formation d'un code. Elle permet à la frontière séparant initiés et non-initiés de passer à l'intérieur même de la communauté. Dans un système religieux fondé sur une Écriture révélée, le *Livre des Mystères* permet ainsi de conserver un enseignement ésotérique, sans qu'il soit besoin de développer une herméneutique complexe, et cela à plusieurs niveaux. L'autorité du *Livre des Mystères* est donc totale : alors que l'autorité de l'Écriture révélée est canalisée par la hiérarchie religieuse, celle du *Livre des Mystères* est directe, comme celle du saint, du « Holy Man », lui-même parfois identifié, d'ailleurs, à un livre vivant. Le *Livre des Mystères* ne puise son autorité qu'en lui-même, sans faire appel a la tradition herméneutique ou à la hiérarchie ecclésiale. Ses secrets s'ouvrent à qui sait le lire, et ils s'ouvrent à lui directement[48].

Si tous ces *Livres des Mystères* participent d'une même tradition, il n'en reste pas moins que certaines de leurs caractéristiques sont différentes chez les juifs et chez les chrétiens. Chez les juifs, pour lesquels l'hébreu reste la langue de la révélation, l'idée de langue sacrée reste beaucoup plus forte, plus vivante, que chez les chrétiens ;

[47] Voir G. G. STROUMSA, « The Mystery of the Greek Letters : A Byzantine Kabbalah ? », dans *Historia religionum*, 6, 2014, p. 35-43 repris dans *Idem*, *The Scriptural Universe of Ancient Christianit*y, Cambridge (Mass.), 2016, p. 108-110 et notes.

[48] Je me réfère ici à la communication de D. TRIPALDI : « Secret Books and Corporate Oaths » à un colloque organisé par le Center for the Study of Christianity de l'Université Hébraïque de Jérusalem les 25 et 26 mai 2014 : « Whenever and wherever the adjectives 'secret' and 'mysterious' are used practically as synonymous with 'sacred' and 'authoritative', as it was customary in late antiquity, the need to commit to writing and spread 'sacred' and 'mysterious' lore and thereby produce 'authoritative' and 'secret' books' ends up pairing as well as colliding with the danger of publishing them – that is, potentially trusting them to uninitiated hands – and thereby profaning them. »

le pouvoir magique de la langue, et même des lettres, reste plus net. Ainsi, on pourra parler de théosophie chez les uns, de mystique chez les autres. Par ailleurs, l'ésotérisme restera central dans la Kabbale, alors qu'il sera identifié comme hérétique dans le christianisme. Dans le judaïsme, enfin, la transformation religieuse annoncée par la fin du sacrifice fit de cette religion une religion de *literati*, dans laquelle le Livre, ainsi que ses commentaires, acquirent un statut sans commune mesure avec le statut qu'ils devaient revêtir dans le christianisme.

Guy G. STROUMSA
Université hébraïque de Jérusalem
Université d'Oxford

BIBLIOGRAPHIE

AUFFARTH (C.), « Mysterien », *Reallexikon für Antike und Christentum*, XXV, 2013, p. 422-471.

BANDT (C.), *Der Traktat vom Mysterium der Buchstaben*, Berlin, 2007.

BOCKMUEHL (M.), *Revelation and Mystery in Ancient Judaism and Pauline Christianity*, Tübingen, 1990.

BONNET (C.), *Les enfants de Cadmos : le paysage religieux de la Phénicie hellénistique*, Paris, 2015.

BORNKAMM (G.), "*mystērion, mueō*", *Theological Dictionary of the New Testament* IV, 802-828.

BOTTE (D. B.), *Ambroise de Milan, Des Sacrements, Des Mystères, Explication des Symboles* (Sources Chrétiennes, 25bis), Paris, 1980.

BREMMER (J. N.), *Initiation into the Mysteries of the Ancient World* (Münchner Vorlesungen zu antiken Welten, 1), Berlin-Boston, 2014.

BURKERT (W.), *Ancient Mystery Cults*, Cambridge (Mass.)-Londres, 1987.

CANCIK (H.), « Mysterien/Mystik », *Handbuch der religionsgeschichtlichen Grundbegriffe*, IV, Stuttgart-Berlin-Cologne, 1998, p. 174-178.

CERFAUX (L.), « Influence des mystères sur le judaïsme alexandrin avant Philon », *Le Muséon*, 37, 1924, p. 38-88.

CUMONT (F.), *Les religions orientales dans le paganisme romain*, Turin, 2006.

ELGVIN (T.), « Priestly Sages ? The Milieus of Origin of Q Mystries and Q Instructions », dans J. J. COLLINS, G. E. STERLING and R. A. CLEMENTS (éds), *Sapiential Perspectives : Wisdom Literature in Light of the Dead Sea Scrolls* (Studies on the Texts of the Desert of Judah LI), Leyde-Londres, 2004, p. 67-87.

FABRY (H.-J.), « *sod* », *Theological Dictionary of the Old Testament*, 10, 1999 ; édition allemande 1986, p. 171-178.

GARDNER (I.), « Mani's *Book of Mysteries* : Prolegomena for a New Look at Mani, the 'Baptists' and the Mandaeans », *ARAM* 22, 2010, p. 321-334.

GLADD (B. L.), *Revealing the* mysterion *: the Use of Mystery in Daniel and Second Temple Judaism*, Berlin – New York, 2009.

LEASE (G.), « Jewish Mystery Cults since Goodenough », *Aufstieg und Niedergang der römischen Welt*, 20.2, 1987, p. 858-880.

LOISY (A.), *Les mystères païens et le mystère chrétien*, Paris, 1919.

MARKSCHIES (C.), « Haupteinleitung », dans C. MARKSCHIES, J. SCHRÖTER (hrg.), *Antike christliche Apokryphen in deutscher Übersetzung*, Tübingen, 2012, I.

NOCK (A. D.), *Essays on Religion and the Ancient World*, Z. STEWART (éd.), Oxford – New York, 1972, rééd. 1986.

POULAT (É.), *Histoire, dogme et critique dans la crise moderniste*, Paris, 1962.

PRICE (S.), « The Road to Conversion : The Life and Work of A. D. Nock », *Harvard Studies in Classical Philology*, 105, 2010, p. 317-229.

REBIGER (B.) – SCHÄFER (P.) (hrg.), *Sefer ha-Razim I und II; Das Buch der Geheimnisse I und II. Band 2 : Einleitung, Übersetzung und Kommentar* (Texts and Studies in Ancient Judaism, 132), Tübingen, 2009.

REITZENSTEIN (R.), *Die hellenistischen Mysterienreligionen : Ihre Grundgedanken und Wirkungen*, Leipzig-Berlin, 1910.

RIEDWEG (C.), *Mysterienterminologie bei Platon, Philon und Klemens von Alexandrien* (Untersuchungen zur antiken Literatur und Geschichte, 26), Berlin – New York, 1987.

SMITH (J. Z.), *Drudgery Divine : On the Comparison of Early Christianities and the Religions of Late Antiquity*, Chicago, 1990.

SMITH (M.), *Clement of Alexandria and a Secret Gospel of Mark*, Cambridge (Mass.), 1973.

SOLIGNAC (A.), « Mystère », *Dictionnaire de spiritualité*, 12, p. 1861-1874.

STROUMSA (G. G.), *Hidden Wisdom, Esoteric Traditions and the Roots of Christian Mysticism*, 1996, 2e éd. 2005.

__, *La fin du sacrifice : mutations religieuses de l'Antiquité tardive*, Paris, 2005.

__, *Le rire du Christ et autres essais sur le christianisme ancien*, Paris, 2006.

__, (éd.), *Gershom Scholem and Morton Smith : Correspondence, 1945-1982* (Jerusalem Studies in Religion and Culture, 9), Leyde-Boston, 2008.

__, « The Mystery of the Greek Letters : A Byzantine Kabbalah ? », *Historia religionum*, 6, 2014, p. 35-43.

__, *The Scriptural Universe of Ancient Christianity*, Cambridge (Mass.), 2016 p. 108-120 et notes.

TARDIEU (M.), *Codex de Berlin* (Écrits gnostiques), Paris, 1984.

THOMAS (S. I.), *The « Mysteries » of Qumran : Mystery, Secrecy and Esotericism in the Dead Sea Scrolls*, 2009.

ZELLER (D.), « Mysterien/Mysterienreligionen », *Theologische Realenzyklopãdie*, 23, Berlin, 1994, p. 504-526.

MYSTÈRE ET MYSTÈRES DANS LES TEXTES GNOSTIQUES DE NAG HAMMADI

Le terme μυστήριον, largement attesté dans la littérature philosophique et religieuse de l'Antiquité tardive, apparaît environ quatre-vingts fois dans la collection des textes, en majorité gnostiques, retrouvés en 1945 près de Nag Hammadi, en Haute-Égypte. Cette collection présente, dans une traduction copte datant du milieu du IVe siècle, des textes originairement composés en grec entre le IIe et le IIIe siècle ; elle constitue un ensemble de cinquante-deux écrits, distribués en douze *codices* complets de papyrus[1]. 1156 pages inscrites constituent la totalité de cette extraordinaire trouvaille.

Une large palette de textes, environ une vingtaine, nourris d'influences juives, chrétiennes ou païennes, ont eu recours au terme μυστήριον, conservé en grec dans la traduction copte de ces traités. Les textes où ce terme apparaît relèvent de genres littéraires divers : traités de révélations consenties par Jésus à l'un de ses disciples, récits de voyages célestes pendant lesquels des secrets hypercosmiques sont dévoilés à un initié, paroles d'une entité transcendante destinées à des élus, ou encore méditations et enseignements adressés à une communauté. Malgré la variété des genres littéraires, ces textes ont un dénominateur commun : ils soulignent tous l'aspect secret et caché de la connaissance, qui peut être toutefois communiquée, par voie de révélation, à une élite spirituelle digne de la recevoir. Le mystère ou les mystères constituent le contenu de ces révélations ésotériques, d'ordre ontologique et cosmologique. Ce sont des mystères qui ont trait à la connaissance : « Ils lui ont donné de prendre part au [mystèr]e de la con[nais]sance et il devint lumière dans une lumière » (*La Pensée première à la triple forme* [NH XIII, 1], 48, 33-35)[2] – expression qui trouve un parallèle dans la *Règle de la Communauté*, IV, 6 : « C'est à l'Esprit de vérité qu'appartient la discrétion concernant la vérité des

[1] Des feuillets appartenant à un treizième *codex* furent retrouvés, enserrés dans la reliure du *codex* VI.

[2] *La Pensée première à la triple forme* (NH XIII, *1*), Texte établi, traduit et présenté par P.-H. Poirier, Québec-Louvain, 2006. Voir aussi, pour l'ensemble des textes de Nag Hammadi que nous citons, J.-P. Mahé, P.-H. Poirier (éds), *Écrits gnostiques, La Bibliothèque de Nag Hammadi*, Paris, 2007.

Les Mystères: nouvelles perspectives. Entretiens de Strasbourg, éd. par Marc Philonenko, Yves Lehmann et Laurent Pernot, Turnhout, Brepols 2017 (*RRR* 24), p. 63-84

BREPOLS PUBLISHERS DOI: 10.1484/M.RRR-EB.5.113985

mystères de la connaissance[3] » et, sur un autre plan, dans l'Épître aux Colossiens[4].

Dans la plupart des textes de Nag Hammadi, celui qui délivre les mystères est Jésus, le plus souvent dans un contexte postérieur à la résurrection. La communication s'effectue par le biais d'un discours tenu devant les apôtres ou lors d'un dialogue qui s'instaure avec eux. Du groupe se dégage parfois un disciple privilégié, qui témoigne d'une compréhension plus élevée que les autres. Ce Jésus révélateur est totalement transcendant, conformément aux doctrines docètes adoptées par bon nombre d'auteurs gnostiques, et n'a souffert ni la passion ni la mort en croix.

Des entités appartenant au panthéon gnostique revêtent aussi le rôle de communicateur des mystères. C'est le cas du Grand Seth, figure céleste qui intervient à diverses reprises dans l'histoire – et qui s'identifie, dans sa dernière manifestation, à Jésus-Christ – pour instruire et secourir les spirituels, « sa génération inébranlable », en leur apportant le salut de la gnose[5]. C'est aussi le cas de Protennoia, « Première Pensée » à la triple forme et première émanation de l'Invisible, héroïne du traité éponyme du *codex* XIII. Les destinataires des mystères sont, comme cette entité le déclare, « ceux qui sont les miens[6] », « mes membres[7] », les fils de la lumière[8]. Mais un visionnaire peut aussi lui-même être le réceptacle, puis le révélateur, des mystères : il en va ainsi pour Marsanès, protagoniste du traité du *codex* X, qui reçoit, lors de son ascension vers le Triple Puissant, nombre d'enseignements secrets. Les membres d'un conventicule gnostique séthien[9], adeptes de pratiques théurgiques, sont ici les

[3] Texte traduit, annoté et présenté par A. DUPONT-SOMMER, dans *La Bible. Écrits intertestamentaires*, A. DUPONT-SOMMER, M. PHILONENKO (éds), Paris, 1987, p. 18.
[4] Col, 2, 2-3 : « Afin qu'ils aient le cœur rempli de consolation, qu'ils soient unis dans l'amour, et enrichis d'une pleine intelligence pour connaître le mystère de Dieu, Christ, en qui sont cachés tous les trésors de la sagesse et de la connaissance (εἰς ἐπίγνωσιν τοῦ μυστηρίου τοῦ θεοῦ ἐν ᾧ εἰσιν πάντες οἱ θησαυροὶ τῆς σοφίας καὶ γνώσεως ἀπόκρυφοι). »
[5] M. A. WILLIAMS, *The Immovable Race. A Gnostic Designation and the Theme of Stability in Late Antiquity*, Leyde, 1985.
[6] XIII 40, 31 ; 41, 27-28.
[7] XIII 41, 7.
[8] XIII 41, l. 15-16.
[9] Nous renvoyons, pour une présentation du courant séthien, à J. D. TURNER, « Le séthianisme et les textes séthiens », dans *Écrits gnostiques*..., p. XXXVI-XLIII.

destinataires d'un savoir ésotérique sur la signification des nombres et des lettres[10].

Le contenu des mystères

Les mystères portent, selon les traités, sur le monde supérieur et son organisation, les origines de l'homme et sa parenté avec Dieu, la création dominée par des puissances voulant garder l'humanité prisonnière, et les méthodes offertes au gnostique pour s'en délivrer. Ils peuvent tout aussi bien porter sur un point précis, sur un enseignement donné par une entité au sujet d'elle-même ou d'une autre qui lui est supérieure, ou encore expliquer une action ponctuelle d'un personnage céleste. Enfin, bon nombre de mystères portent sur l'identité du Christ et sa nature.

En revanche, les textes de Nag Hammadi semblent plus rarement viser par le terme « mystère » un sacrement ou un rituel partagé par des initiés. Il est toutefois difficile d'apprécier s'il s'agit, lorsque c'est le cas, d'un rituel réellement accompli, individuellement ou en communauté, ou plutôt d'un acte qui se situe sur le seul plan intérieur – s'il s'agit de λεγόμενα ou de δρώμενα[11]. Les deux significations du terme « mystère », au sens cognitif ou au sens sacramentel, peuvent en certaines occasions apparaître dans un même texte. Nous porterons notre attention sur les mystères de la connaissance, plusieurs études existant déjà sur le mystère en tant que sacrement[12]. Il faut également être attentif au fait que le terme « mystère » est parfois banalisé, ou galvaudé, et ne renvoie pas, alors, à un contenu spécifique.

Que les gnostiques aient eu une tendance marquée à présenter leurs doctrines comme des mystères, dont ils seraient les uniques destinataires et interprètes, est souligné avec sarcasme par Irénée de Lyon, dans la préface de la *Dénonciation et réfutation de la gnose au nom menteur* :

[10] *Marsanès* (NH X, *1*), texte établi, traduit et commenté par W.-P. FUNK, P.-H. POIRIER, J. D. TURNER, Québec-Louvain, 2000.
[11] Voir M. PHILONENKO, « Un mystère juif ? », dans *Mystères et syncrétismes*, Paris, 1975, p. 65-70, surtout p. 66.
[12] Voir D. M. SCHOLER, *Nag Hammadi Bibliography 1948-1969*, Leyde, 1971 et ID., *Nag Hammadi Bibliography 1970-1994*, Leyde, 1997, ainsi que *Mystery and Secrecy in the Nag Hammadi Collection and Other Ancient Literature: Ideas and Practices. Studies for Einar Thomassen at Sixty*, C. H. BULL, L. INGEBORG LIED and J. D. TURNER (éds), Leyde, 2012.

« C'est pourquoi, après avoir lu les commentaires des disciples de Valentin (...) et après avoir aussi rencontré certains d'entre eux, nous avons jugé nécessaire de te manifester, cher ami, leurs prodigieux et profonds mystères, que "tous ne comprennent pas", parce que tous n'ont pas craché leur cerveau[13] ».

Avec une plus grande emphase et en faisant appel à la riche terminologie des religions à mystères, le Pseudo-Hippolyte construit l'introduction à sa *Réfutation de toutes les hérésies* sur le thème des « abominables μυστήρια des hérétiques », qu'il a décidé de révéler au grand jour dans le but de les contrer une fois pour toutes[14]. Le terme a ici comme principal point de mire les doctrines que les gnostiques, dit-il, auraient échafaudées en puisant largement dans les écrits des philosophes et dans la sagesse grecque ; mais le terme fait également une allusion plus discrète aux τελεταί du paganisme, qui, selon l'hérésiologue, auraient inspiré des rites initiatiques pratiqués par certains groupes gnostiques.

Dans la collection de Nag Hammadi, le terme « mystère » est attesté soit au singulier, soit au pluriel ; il est souvent utilisé dans un sens absolu, mais peut être également accompagné d'un adjectif qui en précise la nature ou d'un génitif explicatif. Il est généralement introduit par des verbes d'énonciation, tels que « dire », « transmettre », « révéler »[15]. En effet le mystère a vocation à être dévoilé, au sein toutefois d'un groupe restreint, digne de le recevoir.

L'*Évangile selon Thomas*[16], du *codex* II de Nag Hammadi, livre une formule significative, en accord avec le leitmotiv de cet apocryphe, annoncé en ouverture du traité : « Voici les paroles cachées que Jésus le Vivant a dites, et qu'a écrites Didyme Jude Thomas ». On lit en effet au *logion* 62 : « Jésus a dit : "Je dis mes mystères (ⲙⲩⲥⲧⲏⲣⲓⲟⲛ) à ceux qui sont [dignes de] mes mystères (ⲙⲩⲥⲧⲏⲣⲓⲟⲛ). Ce que ta droite fera, que ta gauche ne sache pas ce qu'elle fait". » L'accent est ici mis sur la transmission des mystères,

[13] A. ROUSSEAU, L. DOUTRELEAU, *Irénée : Adversus Haereses*, I-II, Paris, 1979. Voir aussi *Irénée de Lyon, Contre les hérésies. Dénonciation et réfutation de la gnose au nom menteur*, traduction française par A. ROUSSEAU, Paris, 1984, p. 28.

[14] I, 1-10. Cf. Hippolytus, *Refutatio omnium haeresium*, herausgegeben von P. WENDLAND, Hildesheim – New York, 1977, p. 1-4.

[15] Par exemple, *La Pensée première*, XIII 41, 27 ; *Deuxième traité du Grand Seth*, VII 69, 20 ; *Première Apocalypse de Jacques*, V 25, 4.

[16] Nous utilisons la traduction de H.-Ch. PUECH, *En quête de la Gnose*, II, *Sur l'Évangile selon Thomas*, Paris, 1978, p. 20.

destinés à peu d'élus. La reprise de la citation de Mt, 6, 3[17] sortie de son contexte d'origine, renforce le caractère ésotérique des μυστήρια.

Le terme « mystère » est encore employé par Jésus dans le premier discours de révélation, prononcé peu avant sa passion, que rapporte la *Première apocalypse de Jacques*, V, 25, 5-9[18] : « Voici, je vais tout te révéler de ce mystère (ⲙⲩⲥⲧⲏⲣⲓⲟⲛ). Car on me saisira après-demain, mais ma rédemption sera proche ». Le mystère annoncé dans ces lignes est dévoilé ultérieurement dans le traité (V, 32, 29-34, 20) : il concerne les périls de la remontée de l'âme, à laquelle les douaniers-archontes font obstacle, et les formules qu'elle devra prononcer pour leur échapper.

C'est en revanche un maître anonyme qui emploie le terme « mystère » au tout début de son enseignement, dans l'écrit du *codex* XI, habituellement appelé *Exposé valentinien*[19]. Le locuteur s'adresse non seulement à sa communauté, mais à ceux qui pourraient l'intégrer dans l'avenir, montrant une largeur d'esprit peu fréquente dans les écrits gnostiques : « Je di[rai] mon mys[tère (ⲙⲩⲥⲧⲏⲣⲓⲟⲛ) à ceux qui] sont miens et [à ceux qui deviendront m]iens. Ceux-là, donc, sont ceux qui [auront reconnu Celui-qui] est » (XI, 22, 16-19). Le mystère consiste dans une instruction sur les divers moments du mythe valentinien, depuis le Père racine du Tout jusqu'à la chute de Sophia, à la création du démiurge et du monde matériel, et enfin au rétablissement de Sophia dans le plérôme. Cette instruction est suivie d'un précis de nature liturgique autour de l'onction, du baptême et de l'action de grâces.

Une terminologie par voie négative

Tout comme le dieu supérieur, que les systèmes gnostiques opposent au dieu créateur, et ses entités, le terme « mystère » est défini, dans les textes de Nag Hammadi, par une terminologie typique de la théologie négative : il assume ainsi les caractéristiques mêmes de

[17] Mt, 6, 3 : « Mais quand tu fais l'aumône, que ta main gauche ne sache pas ce que fait ta droite. »

[18] *La Première apocalypse de Jacques (*NH V, *3). La Seconde apocalypse de Jacques (*NH *V, 4)*, texte établi et présenté par A. VEILLEUX, Québec, 1986. Nous citons la traduction de A. Veilleux, en la modifiant par endroits.

[19] *L'exposé valentinien. Les Fragments sur le baptême et sur l'eucharistie (*NH XI, *2)*, texte établi et présenté par J. É. MÉNARD, Québec, 1985. *Exposé du mythe valentinien* (NH XI, *2)*, texte traduit, présenté et annoté par J.-P. MAHÉ, dans *Écrits gnostiques...*, p. 1503-1533.

son contenu, en s'inscrivant dans la sphère du transcendant et en affirmant son origine céleste.

Le mystère est le plus souvent qualifié d'« ineffable », « indicible », ἄρρητος en grec, adjectif que les anciens traducteurs de la collection ont rendu par le copte ⲁⲧϣⲁϫⲉ[20]. L'usage d'ἄρρητος référé au mystère est courant ; il se retrouve également chez les auteurs chrétiens des premiers siècles[21]. Parmi les quelques attestations de ce terme à Nag Hammadi[22], on retiendra deux exemples tirés de *La Pensée première à la triple forme*[23].

En relatant longuement l'œuvre du Fils-Logos, l'entité révélatrice Protennoia rappelle que celui-ci « manifesta les infinis et tous les inconnaissables furent connus. Et les choses qui sont difficiles à interpréter ainsi que les choses cachées, il les manifesta » (XIII, 37, 8-11). Ce même Logos « à ceux qui sont dans les trésors[24] cachés, il leur dit les mystères ineffables (ⲁⲧϣⲁϫⲉ) et les enseignements qu'on ne peut expliquer, il en instruisit tous ceux qui devinrent fils de la lumière » (XIII, 37, 16-19). Mais les mystères ineffables sont aussi proclamés par Protennoia elle-même aux siens, les « fils de la lumière », dont elle se présente comme le père. L'un de ces mystères concerne la descente qu'elle effectue dans le monde des enfers : « Et je vous dirai un mystère ineffable (ⲁⲧϣⲁϫⲉ) et inexprimable (ⲁⲧⲧⲉⲩⲟϥ)[25] pour toute bouche. Toutes les chaînes, je vous en ai

[20] W. E. CRUM, *A Coptic Dictionary*, Oxford, 1930 (repr. 1972), 614b.

[21] G. W. H. LAMPE, *A Patristic Greek Lexicon*, Oxford, 1961, 230a-b.

[22] *Deuxième traité du Grand Seth*, VII, 60, 10-11 : « Gardant le souvenir du Père dans un mystère ineffable » ; *ibid.*, VII, 65, 31 : « (parole du Christ) Je suis pour vous un mystère ineffable » ; VII, 67, 6-10, au sujet du mariage céleste de l'Église : « c'est un mariage de vérité et un repos incorruptible… et une lumière dans un mystère ineffable ». Ce traité fournit la seule occurrence à Nag Hammadi de « mystère parfait », dans l'épilogue : « mais cela, je vous l'ai transmis, moi, Jésus-Christ, le Fils de l'Homme qui est élevé au-dessus des cieux, ô parfaits et immaculés, au sujet du mystère immaculé et parfait et de l'ineffable » (VII, 69, 20-26).

[23] Ce texte présente douze occurrences du mot « mystère » ; ainsi que le précise Poirier (*La Pensée première*..., p. 208), dans sept cas il s'agit du ou des mystères proclamés par Protennoia, et dans un cas, par le Fils-Logos. L'expression « bain des mystères » pourrait revêtir une signification sacramentelle.

[24] La métaphore du trésor, désignant le Plérôme, apparaît à quelques reprises dans les textes de Nag Hammadi, surtout ceux qui sont d'inspiration valentinienne. Dans les *Livres de Jeu* du *codex* Bruce, elle deviendra une constante, trésors et mystères indiquant le contenu des révélations.

[25] Le second terme traduit ἀνεκδιήγητος : W. E. CRUM, *A Coptic Dictionary*, 541b. Cf. *La Pensée première*..., p. 276.

délivrés et les liens des démons de l'Aménté, je les ai brisés » (XIII 41, 1-6).

Le mystère, au singulier ou au pluriel, est également défini comme étant caché ou secret, le statif copte ϩⲏⲡ[26] traduisant le grec ἀποκεκρυμμένος. L'expression figure dans *La Pensée première à la triple forme*, XIII, 41, 27-28 : « J'ai dit mes mystères à ceux qui sont miens, un mystère caché (ⲙⲩⲥⲧⲏⲣⲓⲟⲛ ⲉϥϩⲏⲡ) ». Ainsi que l'a remarqué Paul-Hubert Poirier dans son commentaire, la formule « mystère caché » apparaît en Col, 1, 26 et en Ép, 3, 9 (μυστήριον ἀποκεκρυμμένον) ; il est en effet possible que l'auteur gnostique l'ait empruntée à Paul[27], compte tenu d'autres emprunts à la terminologie paulinienne qui émaillent ce traité.

Dans au moins deux textes de Nag Hammadi, le mystère caché se réfère à Jésus. Selon l'*Évangile de vérité*, I, 18, 15, le mystère caché[28] est Jésus-Christ qui se révèle aux parfaits. Quant à la *Première Apocalypse de Jacques*, elle fait dire à Jésus : « Il y aura en moi un silence (σιγή) et un mystère caché (ⲟⲩⲙⲩⲥⲧⲏⲣⲓⲟⲛ ⲉϥϩⲏⲡ) » (V, 28, 2-3). Le mystère caché, exprimé dans le silence, dont il est ici question est la nature entièrement spirituelle du Christ, qui échappe au contrôle des archontes. Le *Livre des secrets de Jean* utilise l'expression au pluriel, « mystères cachés ». On y reviendra.

L'expression « mystère caché » acquiert une coloration plus riche dans le *Livre sacré du grand esprit invisible*[29]. Ce traité complexe, qui mériterait une étude approfondie à la lumière des *mystica* juifs, narre les trois descentes[30] que le Grand Seth effectue dans l'histoire pour

[26] De ϩⲱⲡ : CRUM, *A Coptic Dictionary*, 695a-696a.

[27] Au sujet de ce passage, P.-H. Poirier note dans son commentaire (*La Pensée première...*, p. 285) que l'expression paulinienne de Col, 1, 26 et Ép, 3, 9 est également traduite par ⲙⲩⲥⲧⲏⲣⲓⲟⲛ ⲉⲑⲏⲡ dans la version sahidique du Nouveau Testament.

[28] Cf. Rm, 16, 25 : « À celui qui peut vous affermir selon mon Évangile et la prédication de Jésus-Christ, conformément à la révélation du mystère gardé dans le silence (κατὰ ἀποκάλυψιν μυστηρίου σεσιγημένου) pendant des siècles. » Les traducteurs rendent généralement ce terme par « caché ».

[29] Deux versions du traité sont conservées à Nag Hammadi : *codex* III, 2 et IV, 2. Voir « The Holy Book of the Great Invisible Spirit », Introduced by J. TURNER, Translated by M. MEYER, dans *The Nag Hammadi Scriptures*, Edited by M. MEYER, San Francisco, 2007 ; « Livre sacré du Grand Esprit Invisible (NH *III*, 2 ; *IV*, 2) », textes traduits, présentés et annotés par R. CHARRON, dans *Écrits gnostiques...*, p. 511-570.

[30] Au moment du déluge, de la destruction de Sodome et Gomorrhe et du jugement des archontes ; lors de sa dernière descente, le Grand Seth est identifié à Jésus Vivant.

secourir sa semence sainte, sa « race inébranlable et incorruptible[31] ». Complètent ce récit un enseignement sur les Inconnaissables et des sections liturgiques : prières, invocations, prononciation mystique de noms divins et de voyelles. Le traité contient aussi des éléments d'un rituel baptismal[32] – le rituel des cinq sceaux – qui confère la régénération.

Dans un premier passage, qui relate la composition de l'éon Domédon Doxomédon[33] – représenté dans sa majestueuse salle du trône avec ses puissances et ses Gloires –, le « mystère caché » est celui de la nature ésotérique du nom caché du Verbe. Celui-ci « est Un, le Père de la lumière du Tout, celui qui sortit du silence, se reposant dans le silence qui se trouve dans un signe (ⲥⲩⲙⲃⲟⲗⲟⲛ) [invisible], dans un mystère caché in[visible] (ⲟⲩⲙⲩⲥⲧⲏⲣⲓⲟⲛ ⲉϥϩⲏⲡ ⲛ̄ⲁⲧⲛ̣̄[ⲁⲩ ⲉ]ⲣ̣ⲟϥ) » (III, 43, 22-44, 2). Ce nom, inscrit sur une tablette attachée au trône de la Gloire, consiste en une série de sept voyelles, copiée vingt-deux fois[34], dont le Verbe est la plénitude : ⲓⲏⲟⲩⲉⲁⲱ. On y distingue le nom sacré de Dieu, IEOU[35], également présent dans les *Livres de Jeu* (*codex* Bruce) et la littérature magique judéo-hellénistique[36]. Le nom ⲓⲏⲟⲩ est suivi d'un *epsilon*, d'un *alpha* et d'un *omega*[37]. Cet ensemble de voyelles constitue un hymne, qu'une assemblée mystique devait prononcer.

[31] III, 51, 6-9.

[32] Le rituel est consigné en III, 63, 4-66,7 ; il est suivi d'un hymne à forte teneur mystique (66, 8-68,1). Voir TURNER, « The Sethian Baptismal Rite », dans L. PAINCHAUD, P.-H. POIRIER (éds), *Coptica-Gnostica-Manichaica. Mélanges Wolf-Peter Funk*, Québec-Louvain, 2006, p. 941-992.

[33] Sur l'étymologie de ce nom, voir CHARRON, « Livre sacré (Codex III) », dans *Écrits gnostiques…*, p. 524 : μέδων (seigneur), demeure glorieuse (δόμος, δόξα) et bibliographie.

[34] Ce qui constitue le nombre de lettres de l'alphabet hébraïque.

[35] Ce nom évoque également celui de Yao : voir à ce sujet B. LAYTON, *The Gnostic Scriptures*, New York, 1987, p. 107, note d. Voir aussi E. EVANS, *The Books of Jeu and the Pistis Sophia as Handbooks to Eternity. Exploring the Gnostic Mysteries of the Ineffable*, Leyde-Boston, 2015.

[36] Notamment PGM, XIII 734-1077 qui présente, tout comme le *Livre sacré*, des séries vocaliques (H. D. BETZ (éd.) *The Greek Magical Papyri in Translation*, Chicago-Londres, 1985, p. 189-195). Voir H. LECLERCQ, « Alphabet vocalique des gnostiques », dans *Dictionnaire d'archéologie chrétienne et de liturgie*, I, Paris, 1907, p. 1268-1288.

[37] Voir LAYTON, *The Gnostic Scriptures…*, p. 107, note d : *epsilon*, cinquième lettre de l'alphabet grec, signifierait la structure quinaire de la Prépensée divine ; *alpha* et *omega* constituent une acclamation traditionnelle (cf. Ap, 1, 18).

Dans un autre passage, l'expression au pluriel définit le monde des réalités spirituelles : l'hebdomade parfaite, dont l'auteur a décrit la formation et l'achèvement, « se trouve dans des mystères cachés » (III, 51, 25-52, 1). La version du *codex* IV du *Livre sacré* amplifie la formule : « l'[hebdomade] parfaite, celle qui se trouve dans un mystère des mystères [cachés] » (IV, 63, 20-24). On notera ici l'emploi d'un génitif paronomastique d'intensité[38], également employé dans le traité *Zostrien* VIII, 117, 5 (« connaissance des connaissances »).

L'on pourra noter que l'expression « mystère des mystères » est présente en *I Hénoch*, LXV, 6, où elle désigne le lot de connaissances impies apportées aux hommes par les anges déchus[39] : « Leur destruction doit avoir lieu, parce qu'ils ont connu tous les secrets des anges, toute la violence et toute la puissance des Satans, le mystère des mystères, toute la puissance des sorciers, la puissance des sortilèges, la puissance de ceux qui fondent le métal de toute la terre[40]. »

Des mystères admirables

Le mystère est défini comme ϣⲡⲏⲣⲉ[41], traduction du grec θαυμαστός, « admirable », « digne d'étonnement », dans la *Prière de l'Apôtre Paul*[42]. Cette brève prière, conservée au début du *codex* I, porte l'empreinte du courant valentinien, dans lequel Paul, considéré comme une figure d'autorité, jouissait d'un grand prestige[43]. Elle

38 Voir à ce sujet G. SCHÄFER, *« König der Könige » – « Lied der Lieder ». Studien zum paronomastischen Intensitätsgenitiv*, Heidelberg, 1974.

39 *I Hénoch*, LXIV, 2 : « J'ai entendu l'ange dire : "Ce sont les anges qui sont descendus sur la terre, qui ont révélé les mystères aux humains et les ont induits à pécher". » (traduction par A. CAQUOT, dans *La Bible. Écrits intertestamentaires*..., p. 539).

40 *La Bible. Écrits intertestamentaires*..., p. 540.

41 CRUM, *A Coptic Dictionary*, 581a.

42 « Prière de l'Apôtre Paul », texte traduit, présenté et annoté par J.-D. DUBOIS, dans *Écrits gnostiques*..., p. 3-10. Nous citons sa traduction, en la modifiant légèrement. Une étude intéressante de ce traité a été proposée par D. JOUBERT-LECLERC, *La Prière de l'Apôtre Paul (*NH *I, 1), Introduction, édition critique et commentaire*, mémoire présenté à l'Université Laval, Faculté de Théologie et de Sciences Religieuses, 2012.

43 Cf. Clément d'Alexandrie, *Stromates*, VII, XVII, 106, 4 : Valentin se proclame héritier d'un enseignement secret du Christ, parvenu jusqu'à lui par l'intermédiaire de Théodas, disciple de Paul. Sur l'importance de Paul chez les gnostiques, voir

consiste en une invocation au Préexistant, défini comme « trésor », « plénitude » et « repos »[44], par l'intermédiaire du nom de Jésus-Christ, Roi des éons. Le fidèle y demande la rédemption de son âme lumineuse et de son esprit, ainsi que l'accès à la révélation :

> « Gratifie-moi de ce qu'œil d'ange ne verra pas, et de ce qu'oreille d'archonte n'entendra pas, de ce qui ne montera pas au cœur de l'homme. » (A 26-29)

> « Gratifie-moi de ta grandeur bien-aimée, élue, bénie, le Premier-Né, le Premier-Engendré (lacune d'environ 2 lignes) et le mystère admirable de ta maison (ⲙⲩⲥⲧⲏⲣⲓⲟⲛ [ⲛ̄ϣⲡⲏ]ⲣⲉ ⲙ̄[ⲡ]ⲉⲕⲏⲉⲓ). » (A 35-B 4)

On reconnaîtra dans ces lignes un pastiche du passage bien connu de 1 Cor, 2, 9[45] ; l'interprétation gnosticisante[46] de cette citation se fonde sur les versets précédents du même chapitre, qui portent sur la Sagesse de Dieu – une sagesse « qui n'est pas de ce monde ni des princes (ἀρχόντων) de ce monde, voués à la destruction » (1 Cor, 2, 6), et, qui plus est, une « sagesse de Dieu mystérieuse et cachée (σοφίαν ἐν μυστηρίῳ τὴν ἀποκεκρυμμένην) » (1 Cor, 2, 7) ; une sagesse « qu'aucun des princes (ἀρχόντων) de ce monde n'a connue, car s'ils l'avaient connue, ils n'auraient pas crucifié le Seigneur de Gloire » (1 Cor, 2, 8). L'expression μυστήριον θαυμαστόν ne semble pas avoir été retenue dans la littérature grecque chrétienne des trois premiers siècles ; David Joubert-Leclerc, qui a consacré une étude à la *Prière de l'Apôtre Paul*, signale en revanche son emploi par deux auteurs du IVe siècle, Jean Chrysostome[47] et Astérius le Sophiste[48]. On se tournera plutôt vers les textes de Qoumrân pour trouver cette expression, présente dans des contextes ésotériques proches du nôtre. Les « mystères admirables » sont mentionnés avec une certaine fréquence dans les *Hymnes*, où le psalmiste rend grâce à Dieu de lui

E. PAGELS, *The Gnostic Paul. Gnostic Exegesis of Pauline Letters*, Philadelphie, 1975.

44 Ces métaphores sont courantes dans les écrits gnostiques ; celle du trésor, resserre céleste de l'âme à laquelle celle-ci tend de toutes ses forces, apparaît également dans le *Discours véritable* (*codex* VI), dans plusieurs *logia* de l'*Évangile selon Thomas* (*codex* II) et dans l'*Évangile de Marie* (BG, 1).

45 1 Cor, 2, 9 s'inspire de Es, 64, 3 et de Jr, 3, 16. Voir P. PRIGENT, « Ce que l'œil n'a pas vu, I Cor, 2, 9 », *Theologische Zeitschrift*, 14, 1958, p. 416-421.

46 Cf. aussi *Évangile de Judas*, 47, 10-12.

47 *PG*, 51, 246.

48 *Commentaire sur les Psaumes*, 20, 7, 1 ; 20, 8, 2 ; 20, 9, 1 ; 30, 9, 1.

avoir communiqué la connaissance de ses mystères admirables[49], et de l'avoir chargé de les communiquer aux membres de la communauté[50].

Les mystères sont définis comme étant admirables et véridiques dans la *Règle de la communauté*, IX, 18-19[51] :

> « Chacun selon son esprit, selon le moment déterminé du temps, il (l'Instructeur) les guidera dans la connaissance, et pareillement il les instruira des mystères admirables et véridiques au milieu des membres de la communauté[52]. »

1Q27, intitulé par ses éditeurs *Livre des mystères*[53], atteste également cette expression : ces mystères admirables, à la fin des temps, « échapperont au contrôle des impies et « la connaissance remplira le monde, et il n'y aura plus jamais de folie ».

Mais, dans la *Prière de l'Apôtre Paul*, le mystère admirable est davantage spécifié : il s'agit du « mystère de ta maison ». Le terme « maison » nous renvoie encore une fois à la littérature qoumrânienne, où il désigne souvent le temple céleste dans lequel Dieu demeure entouré de sa cour angélique[54]. Ce terme est repris dans quelques écrits gnostiques influencés par les courants mystiques du judaïsme, dont l'*Évangile de Judas*[55].

49 Voir *Hymne* A, I, 21 : « Ces choses-là, je les ai connues grâce à ton intelligence ; car tu as découvert mon oreille pour (entendre) tes mystères merveilleux. » Cf. aussi *Hymne* H, IV, 27-28 ou encore *Hymne* M, VII, 26-27 : « Je te rends grâce, ô Adonai ! car tu m'as donné l'intelligence de ta vérité ; et tes mystères merveilleux tu me les as fait connaître » (textes traduits par DUPONT-SOMMER, *La Bible. Écrits intertestamentaires*, p. 235, 248, 262. Nous reproduisons la numérotation des *Hymnes* de cette édition).

50 *Hymne* B, II, 13 : « Mais tu as fait de moi une bannière pour les élus de justice et un interprète plein de connaissance concernant les mystères merveilleux pour éprouver les hommes de vérité. » (*La Bible. Écrits intertestamentaires*, p. 238).

51 Voir aussi *Règle de la communauté*, XI, 5-6 ; *Écrit de Damas*, III, 18 ; *Règlement de la guerre*, XIV, 14.

52 Traduction légèrement modifiée : ce texte, ainsi que les suivants, adopte l'adjectif « merveilleux », auquel nous préférons « admirable ».

53 Dans *La Bible. Écrits intertestamentaires*, p. 459-460 (traduit par A. CAQUOT).

54 Voir *Règle de la communauté*, VIII, 5, 8.9 ; *Rouleau du temple*, II, 9 ; *Écrit de Damas*, ms. A, III, 19. Cf., dans la Bible, Ps, 64 (65), 5 : « Heureux celui que tu choisis et que tu admets en ta présence, pour qu'il habite dans tes parvis ! Nous nous rassasierons du bonheur de ta maison, de la sainteté de ton temple. »

55 Sur la maison comme synonyme du temple, voir M. SCOPELLO, « Traditions angélologiques et mystique juive dans l'*Évangile de Judas* », dans M. SCOPELLO (éd.), *The Gospel of Judas in Context*, Leyde, 2008, p. 123-134, surtout p. 130-131.

Mystères et vérité

Le terme « mystère » est aussi lié à la vérité dans les écrits de Nag Hammadi. Dans le *Dialogue du Sauveur*, III, 143, 8, Marie (Madeleine), dont la compréhension de la révélation du Sauveur est supérieure à celle des autres disciples[56], emploie l'expression « mystère de la vérité » (ⲙⲩⲥⲧⲏⲣⲓⲟⲛ ⲛ̄ⲧⲙⲏⲉ), en faisant probablement allusion à la nécessité de redécouvrir le lieu de ses propres origines pour obtenir la connaissance, sujet développé en III, 142, 16-19. Le thème de la vérité est repris dans le contexte de la page 143 : le Seigneur rappelle à ses disciples réunis que, en tant que « fils de la vérité », ils revêtiront des vêtements éternels, à la différence des vêtements provisoires des archontes (III 143, 18-23).

La formule « fils de vérité » apparaît à Qoumrân comme synonyme de « fils de la lumière ». La *Règle de la communauté* l'emploie dans des contextes portant sur les mystères de la connaissance qui leur sont réservés (IV, 6), de même que le *Règlement de la guerre* (XVII, 8-9). Les *Hymnes* l'adoptent également à quelques reprises, notamment dans des passages ayant trait à la révélation de la connaissance. Un bon exemple est l'*Hymne* R, X, 27-28 : « Et à tes fils de vérité tu as donné l'intelligence, et ils te connaîtront pour toujours et à jamais ; et à la mesure de leur connaissance, ils seront glorifiés, l'un plus que l'autre[57]. » Mais le parallèle dont la terminologie est la plus proche de celle du *Dialogue du Sauveur* est l'*Hymne* S, XI, 3-12, qui présente à la fois la formule « secrets / mystères de vérité » et celle de « fils de vérité ». On y lit en effet : « Et moi, qui suis-je, que tu m'[aies instruit] de ton secret de vérité et que tu m'aies donné l'intelligence de tes œuvres merveilleuses ? (…) Et ta miséricorde est acquise à tous les fils de ta bienveillance ; car tu leur as fait connaître ton secret de vérité, et de tes mystères admirables tu leur as donné l'intelligence. (…) Et c'est à cause de ta gloire que tu as purifié l'homme du péché (…) afin qu'il soit uni avec tes fils de vérité et dans un même lot avec tes Saints[58]. »

L'expression « mystère de vérité » connaît encore deux attestations à Nag Hammadi. Dans le *Deuxième traité du Grand Seth*[59], VII, 68,

[56] III, 139,11-13 : « Elle a dit cette parole comme une femme qui a compris le Tout. »

[57] Dans *La Bible. Écrits intertestamentaires*, p. 275.

[58] *Ibid.*, p. 277.

[59] *Le Deuxième traité du Grand Seth (*NH *VII, 2)*, Texte établi, introduit et présenté par L. PAINCHAUD, Québec, 1982. Cf. aussi *Nag Hammadi Codex VII*, B. A. PEARSON (Volume Editor), Leyde – New York – Cologne, 1996.

25, elle se réfère à l'enseignement véritable offert par le Christ Vivant, Pensée incorruptible et immaculée du Père (VII, 49, 27-28), aux siens. Or cet enseignement n'a pas été compris par les adversaires du groupe gnostique dont le texte est issu : ceux-ci, qui relèvent de l'Église majoritaire, voient dans le Christ le fils du Dieu biblique, et honorent sa mort sur la croix : « Ô aveugles, que n'avez-vous connu le mystère en vérité ? » (VII, 68, 25-27).

Le mystère de ton bon vouloir

Le mystère est appelé « mystère de ton bon vouloir » dans la *Seconde apocalypse de Jacques*, V, 62, 16-25[60]. Ce traité relate le discours prononcé par Jacques le Juste avant sa mise à mort ; dans les paroles qu'il prononce, assis en haut du cinquième escalier du Temple, s'emboîtent des révélations que Jésus lui a livrées en lui confiant la mission de les transmettre à son tour. Légitimé par son statut de frère, Jacques s'identifie à Jésus, comme Jésus lui-même l'affirme : « Tu es un illuminateur et un sauveur de ceux qui sont à moi, et maintenant de ceux qui sont à toi. Tu donneras la révélation et tu apporteras du bien parmi eux tous. Tu seras admiré par toute puissance. Tu es celui que les cieux bénissent » (V, 55, 17-25). Cette identification est scellée par un baiser de Jésus : « Et il me baisa sur la bouche et m'embrassa, disant : "Mon bien-aimé ! Voici que je te révélerai ce que ni [les ci]eux n'ont connu, ni leurs archontes"[61] » (V, 56, 14-20).

Les révélations offertes à Jacques par Jésus portent principalement sur la nature céleste du Sauveur, descendu des hauteurs pour révéler la connaissance et apporter la liberté aux humains. Le traité se clôt sur l'épisode du martyre de Jacques (V, 61, 15-63, 32), alimenté par des traditions diverses[62] : jeté du pinacle du Temple, saisi, frappé, piétiné par la foule, Jacques est contraint de creuser une fosse et, une fois couvert jusqu'à la hauteur du ventre, il est lapidé. C'est à ce moment que Jacques, étendant ses mains, prononce une prière (V, 62, 16-63,

[60] *La Première apocalypse de Jacques (*NH V, *3). La Seconde apocalypse de Jacques (*NH *V*, *4).*

[61] Encore un rappel de 1 Cor, 2, 9.

[62] On y décèle des éléments provenant du récit d'Hégésippe (Eusèbe, *Histoire ecclésiastique* II, 23) mais aussi des traditions rabbiniques : sur ce point, voir VEILLEUX, *La Première apocalypse de Jacques (*NH V, *3). La Seconde apocalypse de Jacques*..., p. 179-180, et A. BÖHLIG, *Mysterium und Wahrheit*, Leyde, 1968, p. 107 sq.

29)[63] – « pas celle qu'il avait l'habitude de dire » (V, 62, 15), comme précise l'auteur de cet apocryphe :

> « Mon Dieu et mon Père[64], qui m'as sauvé de cet espoir mort et qui m'as rendu vivant par un mystère de ton bon vouloir (ⲟⲩⲙⲩⲥⲧⲏⲣⲓⲟⲛ ⲛ̄ⲧⲉ ⲡⲉⲧⲉ ϩⲛⲁϥ), ne laisse pas prolonger pour moi ces jours de ce monde, mais le jour de ta lum[ière, où ne] reste [aucun reste de n]u[it, fais qu'il bril]le [sur moi ! Amène-moi au lieu de mon] salut. Délivre-moi de ce lieu ! Que ne soit pas abandonnée en moi ta grâce, mais que ta grâce devienne pure ! » (V, 62, 16-25).

La prière se poursuit par une série de demandes pressantes où Jacques implore la délivrance du tombeau du corps, de la chair, et de l'Ennemi, entendons le démiurge – tous thèmes qui eurent une large diffusion dans la littérature gnostique.

L'expression que nous traduisons par « mystère de ton bon vouloir » (ⲟⲩⲙⲩⲥⲧⲏⲣⲓⲟⲛ ⲛ̄ⲧⲉ ⲡⲉⲧⲉ ϩⲛⲁϥ) a été rendue, dans la traduction d'Armand Veilleux, par « mystère de la bienveillance ». Or il nous paraît que cette traduction ne rend pas pleinement le sens du copte ϩⲛⲉ[65], dont la signification est « désir », « volonté ». En effet, le terme grec que sous-tend le vocable copte est sans doute εὐδοκία. Quasi-synonyme de θέλημα, εὐδοκία revêt un sens technique dans les épîtres de Paul et désigne la liberté absolue de la décision divine, souveraine et insondable[66]. À l'arrière-plan de la formule de la *Prière de Paul*, on devine le passage d'Ép, 1, 5, dans lequel l'accent est mis sur le plan de salut divin, révélé dans l'histoire par l'intermédiaire de Jésus-Christ : « (Dieu) nous ayant prédestinés dans son amour à être ses enfants d'adoption par Jésus-Christ, selon le bon plaisir de sa volonté (κατὰ τὴν εὐδοκίαν τοῦ θελήματος αὐτοῦ)[67]. » Notons aussi que, dans la suite du passage, en Ép, 1, 9, le terme « mystère » est également présent[68]. Il est ici question de la grâce que Dieu répand par

[63] Cette prière pourrait constituer une pièce indépendante, tout comme celle du martyre de Jacques : ainsi FUNK, *Die zweite Apocalypsen des Jakobus aus Nag Hammadi-Codex V*, Berlin, 1976.

[64] Sur l'invocation « mon Dieu, mon Père », voir M. PHILONENKO, *Le Notre Père. De la Prière de Jésus à la prière des apôtres*, Paris, 2001, p. 59-61.

[65] CRUM, *A Coptic Dictionary*, 690a.

[66] G. SCHRENK, « Εὐδοκία », *TWNT*, II, 740-748 ; C. SPICK, *Lexique théologique du Nouveau Testament*, Paris, 1991, p. 613-617.

[67] Le terme εὐδοκια est présent dans la version sahidique d'Ép, 1,5.

[68] Le terme « mystère » est utilisé à six reprises dans l'Épître aux Éphésiens ; voir P. T. O'BRIEN, « Mystery », dans G. F. HAWTHORNE, R. P. MARTIN, D. G. REID

toute espèce de sagesse et d'intelligence, « nous faisant connaître le mystère de sa volonté, selon le dessein de son bon vouloir qu'il avait formé en lui-même » (γνωρίσας ἡμῖν τὸ μυστήριον τοῦ θελήματος αὐτοῦ κατὰ τὴν εὐδοκίαν αὐτοῦ ἣν προέθετο ἐν αὐτῷ).

Par ailleurs, Irénée rapporte que les gens de l'entourage de Ptolémée se querellent beaucoup aussi au sujet du Sauveur :

> « Les uns disent qu'il est issu de tous les éons : aussi est-il appelé « Bon plaisir » (Εὐδοκητός), parce qu'il plut (ηὐδόκησεν) à tout le Plérôme d'honorer par lui le Père. (...) D'autres encore disent que c'est le pro-Père de toutes choses lui-même, le Pro-principe, le Pro-Inintelligible, qui s'appelle Homme : ce serait même là le grand mystère caché (Ép, 3, 9 ; Col, 1, 26), à savoir que la Puissance qui est au-dessus de toi et qui enveloppe tout s'appelle Homme, et telle serait la raison pour laquelle le Sauveur s'est dit "Fils de l'Homme". » (I, 12, 4)

Mystère, secret et silence

Dans le *Livre des secrets de Jean*[69], le terme « mystère » est enchâssé dans un champ sémantique plus large, qui convoque à la fois celui du secret et du silence – silence qui fait partie de l'essence même du mystère et silence imposé aux initiés dans sa transmission. C'est ici que le terme « mystère » est le plus proche de son étymologie, μύω, « fermer », le μύστης « étant celui qui ferme les yeux, mais aussi celui qui ne répète rien, qui tient les lèvres closes[70] ». Dans ce traité gnostique, le contenu ésotérique est renforcé par le titre qu'il porte, et qui est placé à la fin du traité – ⲕⲁⲧⲁ ⲓⲱϩⲁⲛⲛⲏⲛ ⲁⲡⲟⲕⲣⲩⲫⲟⲛ.

(eds.), *Dictionary of Paul and his Letters*, Downers Grove-Leicester, 1993, p. 621-623 ; C. C. CARAGOUNIS, *The Ephesians Mysterion: Meaning and Content*, Lund, 1977.

[69] Nous suivons la recension du Codex II, 1 de Nag Hammadi. Le traité a été traduit et commenté par M. TARDIEU, *Codex de Berlin*, Paris, 1984. Voir aussi dans M. WALDSTEIN, F. WISSE (éds), *The Apocryphon of John. Synopsis of Nag Hammadi Codices II,1 ; III,1; and IV,1 with BG 8502,*2, Leyde, 1995. Rappelons également la traduction de B. BARC, *Livre des secrets de Jean*, dans *Écrits gnostiques*..., p. 217-295.

[70] Aristophane, *Grenouilles*, 456. Voir P. CHANTRAINE, *Dictionnaire étymologique de la langue grecque*, nouvelle édition mise à jour, Paris, 1999, p. 728-729. Cf. É. DES PLACES, « Platon et la langue des mystères », *Annales de la Faculté des Lettres d'Aix*, XXXVIII, 1964, p. 11-17. Voir aussi G BORNKAMM, « μυστήριον, μυέω », dans *TWNT* IV, p. 809-834, surtout p. 810.

Il s'agit d'un discours de révélation délivré à Jean, frère de Jacques et fils de Zébédée, par Jésus ressuscité. Son point de départ est le récit de la Genèse, revisité à la lumière du mythe gnostique par un auteur anonyme qui s'efforce d'apporter une réponse à la question de l'origine du mal et à celle de la destinée humaine. Le personnage central du traité est le créateur malfaisant, l'archonte Yaldabaoth, représenté sous les traits d'un être bestial, qui tente par tous les moyens de garder le premier homme sous sa coupe. S'opposent à lui des entités du monde céleste, envoyées à Adam pour le soustraire à l'emprise du créateur et lui remémorer ses origines. Par les thèmes abordés, la présence de spéculations sur Sophia / Sagesse, la mise en valeur de Seth et une attitude très négative envers la création, le traité s'inscrit pleinement dans le courant gnostique dit séthien. Écrit en grec dans la seconde moitié du IIᵉ siècle – l'original est perdu –, le *Livre des secrets de Jean* a été préservé par quatre traductions en copte[71] qui datent du milieu ou de la fin du IVᵉ siècle : elles attestent du succès de cet écrit, notamment auprès des gnostiques d'Égypte. Irénée de Lyon utilisa probablement une des moutures du traité pour rédiger la notice sur les barbéliotes dans *Contre la gnose au nom menteur*[72].

Le prologue de la recension longue de l'apocryphe (*codex* II, 1) utilise pleinement le lexique du mystère :

> « (Ceci est) l'enseignement (ⲥⲃⲱ) [du Sau]veur et la ré[véla]tion (ϭⲱⲗⲡ ⲉⲃⲟⲗ) des m[ystères (ⲙⲩⲥⲧⲏⲣⲓⲟⲛ)[73] qui sont] cachés (ϩⲏⲡ) dans le silence (ⲙⲛ̄ⲧⲕⲁⲣⲱϥ) [et de ceux qu']il avait enseignés à Jean [son disc]iple. » (II, 1, 1-5)

L'on notera que le seul terme que le traducteur copte ait gardé en grec est μυστήριον – une constante que nous avons déjà remarquée dans les autres traités de Nag Hammadi. La révélation est rendue par le copte ϭⲱⲗⲡ ⲉⲃⲟⲗ[74], traduisant sans doute le grec ἀποκάλυψις ; l'adjectif

[71] De ces quatre recensions, deux sont longues (*codex* II, 1 et *codex* IV, 1 de Nag Hammadi) et deux sont brèves (NH III, 1 et *codex* de Berlin, BG 2). Les recensions brèves sont probablement les plus anciennes.

[72] Dans *Adv. Haer.*, I, 29, 1-4, Irénée résume le contenu de la première partie du *Livre des secrets de Jean*, sans que l'on puisse détecter de parallèles précis avec l'une ou l'autre version conservée.

[73] Le terme μυστήριον est clairement lisible dans la version parallèle du *codex* IV.

[74] CRUM, *A Coptic Dictionary*, 812a-b.

« caché » désignant les mystères est rendu par ϩⲏⲡ, équivalent d'ἀποκεκρυμμένος. ⲙⲛ̄ⲧⲕⲁⲣⲱϥ[75] est la traduction de σιγή.

L'épilogue du traité, dans cette même recension longue, reprend ce lexique en y ajoutant un nouvel élément : celui de la transmission que Jean, désormais pleinement instruit, doit effectuer à l'intention de ceux qui sont dignes de recevoir le mystère et qui sont identifiés par l'expression de « génération inébranlable ». Le Sauveur lui dit en effet :

> « J'ai achevé de faire entendre toutes ces choses. Mais je t'ai aussi dit tout cela pour que tu le mettes par écrit et le transmettes en secret (ϩⲛ ⲟⲩϩⲱⲡ) à tes compagnons en esprit, car ce mystère (ⲙⲩⲥⲧⲏⲣⲓⲟⲛ) est celui de la génération (γενεά) inébranlable. » (II, 31, 27-31)

L'auteur gnostique commente cette déclaration du Sauveur en rapportant la malédiction qu'il prononce contre ceux qui dévoileraient les mystères en échange d'une quelconque récompense. À l'arrière-plan de cette malédiction résonnent encore l'obligation du silence exigée par les adeptes des mystères cultuels et les lourdes peines qui frappaient les transgresseurs[76] :

> « Et le Sauveur lui a transmis cela pour qu'il le mît par écrit et le conservât en sécurité. Alors il lui dit : "Maudit soit quiconque échangera ces paroles ou contre de la nourriture ou des boissons ou un vêtement ou quelque chose d'autre du même genre". » (II, 31, 32-37)

L'auteur conclut ainsi son traité :

> « Cela a été confié à Jean secrètement (ϩⲛ ⲟⲩⲙⲩⲥⲧⲏⲣⲓⲟⲛ). Alors le Sauveur devint aussitôt invisible pour lui. Jean vint vers ses condisciples et leur rapporta ce que le Seigneur lui avait dit. » (II, 32, 1-5)

L'expression ϩⲛ ⲟⲩⲙⲩⲥⲧⲏⲣⲓⲟⲛ paraît être adverbiale, et dans ce cas elle calque le grec μυστηριωδῶς[77], « secrètement ». Dans le corps du traité, les termes d'« instruction » et d'« enseignement » remplacent celui de « mystère » : l'instruction porte sur l'harmonieuse constitution du plérôme, puis sur la chute de Sophia hors de celui-ci,

[75] De ⲣⲟ, bouche : CRUM, *A Coptic Dictionary*, 288b.

[76] Voir O. CASEL, *De philosophorum Graecorum silentio mystico*, Giessen, 1919.

[77] Sur cette expression, voir aussi E. THOMASSEN, « Gos. Philip 67:27-30 : Not in a Mystery », dans *Coptica-Gnostica-Manichaica*..., p. 925-939.

suivie de l'enfantement de Yaldabaoth, qui se proclame Seigneur et Dieu. Dans la narration sur la captivité d'Adam et Ève au paradis, le terme « mystère » est chargé d'un sens négatif : il indique le projet pervers de l'archonte et de ses acolytes qui plantent un arbre mauvais, « l'arbre de leur vie », à la ressemblance de leur esprit, et incitent le premier homme à en manger (II, 21, 24-29). Ce mystère « contrefait », à l'image de la contrefaçon qui marque la totalité des actions d'un créateur qui se prend pour le Dieu véritable, dévoile que :

> « les racines de cet arbre sont amères, ses branches sont la mort, son ombre est la haine et ses feuilles, tromperies (...). Ceux qui y goûtent, leur lieu de séjour est l'Hadès et les ténèbres leur lieu de repos ». (II, 21, 29-22, 3)

Les mystères des autres

Le terme μυστήριον revêt une connotation négative lorsqu'il vise les « mystères » des adversaires en religion. Dans l'*Apocalypse de Pierre*, l'expression s'insère dans un contexte polémique à l'encontre de ceux qui « se mettent à l'écart à partir de doctrines erronées et de mystères » – allusion aux théories et pratiques rituelles – et qui, « quoique ne connaissant pas les mystères, parlent de ce qu'ils ne connaissent pas ». Ces gens, ajoute l'auteur, se vantent de posséder seuls « le mystère de la vérité », « font trafic de la parole (du Sauveur) » et pensent que « les choses bonnes et mauvaises proviennent du même » (VII, 77, 24-32)[78]. C'est là le point essentiel de la controverse : ils ne distinguent pas le dieu transcendant du créateur – distinction sur laquelle se fonde la théologie gnostique, dans le but de résoudre la question du mal. Sont pris à partie les membres de l'Église majoritaire, l'« institution mensongère » (VII, 74, 11-12), qui partagent la croyance que Jésus est mort sur la croix. Dominée par une hiérarchie illégitime – des « canaux sans eau » (VII, 79, 30-31) –, cette Église est la « réplique contrefaite » (VII, 79, 10) de l'Église véritable et céleste dont les gnostiques constituent le pendant terrestre. C'est à ces derniers que s'adressent les paroles du Sauveur, confiées à Pierre : « Je t'ai dit : ce sont des aveugles et des sourds. Écoute maintenant ce qui t'est dit secrètement (ϩⲛ

[78] Notons par ailleurs que la formule « mystère de vérité » trouve une attestation chez Lactance, *De ira*, I : *Lumen autem mentis humanae Deus est, quem qui cognoverit, et in pectus admiserit, illuminato corde mysterium veritatis agnoscet : remoto autem Deo coelestique doctrina, omnia erroribus plena sunt*.

ⲟⲩⲙⲩⲥⲧⲏⲣⲓⲟⲛ), et garde-toi de le dire aux fils de cet éon ! » (VII, 73, 14-19).

Nous espérons avoir montré dans cette enquête l'importance que revêtent le vocabulaire et le thème du « mystère » dans les textes de Nag Hammadi. Elle pourrait être élargie à l'ensemble de la littérature gnostique, où nous relevons de nombreuses reprises de ce même vocabulaire, comme, par exemple, dans le psaume des Naassènes ou dans les ouvrages contenus dans les *codices* Bruce et Askew.

Madeleine SCOPELLO
Correspondant de l'Institut
Centre national de la recherché scientifique
École pratique des hautes études

BIBLIOGRAPHIE

BETZ (H. D), *The Greek Magical Papyri in Translation*, Chicago-Londres, 1985.

BÖHLIG (A.), *Mysterium und Wahrheit*, Leyde, 1968.

BORNKAMM (G.), « μυστήριον, μυέω », *TWNT*, IV, 809-834.

BULL (C.H.), INGEBORG LIED (L.) and TURNER (J. D.) (éds), *Mystery and Secrecy in the Nag Hammadi Collection and Other Ancient Literature: Ideas and Practices. Studies for Einar Thomassen at Sixty*, Leyde, 2012.

CARAGOUNIS (C. C.), *The Ephesians Mysterion: Meaning and Content*, Lund, 1977.

CASEL (O.), *De philosophorum graecorum silentio mystico*, Giessen, 1919.

CHANTRAINE (P.), *Dictionnaire étymologique de la langue grecque*, nouvelle édition mise à jour, Paris, 1999.

CRUM (W.E.), *A Coptic Dictionary*, Oxford, 1930 (Reprinted, 1972).

DES PLACES (É.), « Platon et la langue des mystères », *Annales de la Faculté des Lettres d'Aix*, 38, 1964, p. 11-17.

DUPONT-SOMMER (A.) et PHILONENKO (M.) (éds), *La Bible. Écrits intertestamentaires*, « Bibliothèque de la Pléiade », Paris, 1987.

EVANS (E.), *The Books of Jeu and the Pistis Sophia as Handbooks to Eternity. Exploring the Gnostic Mysteries of the Ineffable* (« Nag Hammadi and Manichaean Studies », 89), Leyde-Boston, 2015.

FUNK (W.-P.), *Die zweite Apocalypsen des Jakobus aus Nag Hammadi-Codex V* (TU 119), Berlin, 1976.

FUNK (W.-P.), POIRIER (P.-H.), TURNER (J. D), *Marsanès* (NH X, 1) (« Bibliothèque copte de Nag Hammadi », Section « Textes », 27), Québec-Louvain, 2000.

JOUBERT-LECLERC (D.), *La Prière de l'Apôtre Paul (*NH I, *1), Introduction, édition critique et commentaire*, mémoire présenté à l'Université Laval, Faculté de Théologie et de Sciences Religieuses, 2012.

LAMPE (G.W.H), *A Patristic Greek Lexicon*, Oxford, 1961.

LAYTON (B.), *The Gnostic Scriptures*, New York, 1987.

LECLERCQ (H.), « Alphabet vocalique des gnostiques », dans *Dictionnaire d'archéologie chrétienne et de liturgie*, I, Paris, 1907, p. 1268-1288.

MAHÉ (J.-P.) et POIRIER (P.-H.) (éd.), *Écrits gnostiques*, *La Bibliothèque de Nag Hammadi*, « Bibliothèque de la Pléiade », Paris, 2007.

MÉNARD (J. M.), *L'exposé valentinien. Les Fragments sur le baptême et sur l'eucharistie (*NH *XI, 2)* (« Bibliothèque copte de Nag Hammadi », Section « Textes », 14), Québec, 1985.

MEYER (M.) (éd.), *The Nag Hammadi Scriptures*, San Francisco, 2007.

O'BRIEN (P.T.), « Mystery », dans G. F. HAWTHORNE, R. P. MARTIN, D. G. REID (eds.), *Dictionary of Paul and his Letters*, Downers Grove-Leicester, 1993, p. 621-623.

PAGELS (E.), *The Gnostic Paul. Gnostic Exegesis of Pauline Letters*, Philadelphie, 1975.

PAINCHAUD (L.), *Le Deuxième traité du Grand Seth (*NH *VII, 2)* (« Bibliothèque copte de Nag Hammadi », Section « Textes », 6), Québec, 1982.

PEARSON (B. A.) (Volume Editor), *Nag Hammadi Codex VII* (« Nag Hammadi and Manichaean Studies », 30), Leyde – New York – Köln, 1996.

PHILONENKO (M.), « Un mystère juif ? », dans *Mystères et syncrétismes*, Paris, 1975, p. 65-70.

__, *Le Notre Père. De la Prière de Jésus à la prière des apôtres*, Paris, 2001.

POIRIER (P.-H.), *La Pensée première à la triple forme (*NH *XIII, 1)* (« Bibliothèque copte de Nag Hammadi », Section « Textes », 32), Québec-Louvain, 2006.

PRIGENT (P.), « Ce que l'œil n'a pas vu, I Cor, 2, 9 », *Theologische Zeitschrift*, 14, 1958, p. 416-421.

PUECH (H.-Ch.), *En quête de la Gnose*, II, *Sur l'Évangile selon Thomas*, Paris, 1978.

ROUSSEAU (A.), *Irénée de Lyon, Contre les hérésies. Dénonciation et réfutation de la gnose au nom menteur*, Paris, 1984.

ROUSSEAU (A.), DOUTRELEAU (L.), *Irénée : Adversus Haereses*, I-II (« Sources Chrétiennes », 263, 264), Paris, 1979.

SCHÄFER (G.), *«König der Könige» – «Lied der Lieder». Studien zum paronomastischen Intensitätsgenitiv* (*Abhandlungen der Heidelberger Akademie der Wissenschaften, philosophisch-historische Klasse*, Jahrgang 1973, 2. Abhandlung), Heidelberg, 1974.

SCHOLER (D. M.), *Nag Hammadi Bibliography 1948-1969* (« Nag Hammadi Studies », 1), Leyde, 1971.

__, *Nag Hammadi Bibliography 1970-1994* (« Nag Hammadi and Manichaean Studies », 32), Leyde, 1997.

SCHRENK (G.), « Εὐδοκία », *TWNT*, II, 740-748.

SCOPELLO (M.), « Traditions angélologiques et mystique juive dans l'*Évangile de Judas* », dans M. SCOPELLO (éd.), *The Gospel of Judas in Context, Proceedings of the First Conference on the Gospel of Judas held in Paris Sorbonne, 27th-28th October 2006* (« Nag Hammadi and Manichaean Studies », 62), Leyde, 2008, p. 123-134.

SPICK (C.), *Lexique théologique du Nouveau Testament*, Paris, 1991, p. 613-617.

TARDIEU (M.), *Codex de Berlin* (« Sources gnostiques et manichéennes », 1), Paris, 1984.

THOMASSEN (E.), « Gos. Philip 67: 27-30: Not in a Mystery », dans L. PAINCHAUD, P.-H. POIRIER (éds), *Coptica-Gnostica-Manichaica. Mélanges Wolf-Peter Funk* (« Bibliothèque copte de Nag Hammadi », section « Études », 7), Québec-Louvain, 2006, p. 925-939.

TURNER (J. D.), « The Sethian Baptismal Rite », dans L. PAINCHAUD, P.-H. POIRIER (éds), *Coptica-Gnostica-Manichaica. Mélanges Wolf-Peter Funk* (« Bibliothèque copte de Nag Hammadi », Section « Études », 7), Québec-Louvain, 2006, p. 941-992.

VEILLEUX (A.), *La Première apocalypse de Jacques (*NH *V, 3). La Seconde apocalypse de Jacques (*NH V, *4)* (« Bibliothèque copte de Nag Hammadi », Section « Textes », 17), Québec, 1986.

WALDSTEIN (M.), WISSE (F.) (éds), *The Apocryphon of John. Synopsis of Nag Hammadi Codices II,1; III,1; and IV,1 with BG 8502,*2 (« Nag Hammadi and Manichaean Studies », 33), Leyde, 1995.

WENDLAND (P.) (éd.), *Hippolytus*, *Refutatio omnium haeresium*, Hildesheim – New York, 1977.

WILLIAMS (M. A.), *The Immovable Race. A Gnostic Designation and the Theme of Stability in Late Antiquity* (« Nag Hammadi Studies », 29), Leyde, 1985.

«MISTERI» (*MYSTERIA, ORGIA, TELETAI*) TRA ELEUSI, DIONISO E ORFEO: AVVENTURE DEL LINGUAGGIO E CREAZIONE RELIGIOSA

Le coordinate del problema

Una riflessione su quei fenomeni peculiari della tradizione religiosa greca riconducibili a vario titolo alla categoria dei misteri deve innanzitutto affrontare la questione del significato e della legittimità storica di una categoria storiografica che senza dubbio si fonda sul terreno di quella tradizione ma spesso tende ad assumere valenze definitorie più o meno generali e generalizzanti. A evitare questo rischio è necessario ritornare "sul campo" e procedere ad un esame della documentazione che, nell'intreccio fra espressione linguistica e contenuto dei fenomeni rappresentati, permetta di cogliere la trama dei rapporti che collegano l'una all'altro e di percepire le motivazioni storico-religiose di tale connessione. In altri termini, si tratta di individuare, per quanto è possibile, i nessi decisivi tra significante e significato in quella vasta area semantica che i Greci evocavano con il sostantivo plurale *mysteria*, il connesso verbo *myo* / *myein*, il sostantivo *mystes* e l'aggettivo *mystikós*. Tale area peraltro nel linguaggio religioso dei Greci appare connessa con quelle relative ai sostantivi *orgia* e *teleté* / *teletai* con le corrispettive forme verbali e nominali ovvero si allarga a comprendere queste ultime.

Un avvio in questo itinerario è costituito dall'esame di tre fenomeni per i quali più antico e decisivo è il radicamento in quelle sfere semantiche, con caratteristiche oscillazioni nella attribuzione all'una o all'altra di esse nelle fonti antiche, e tra i quali sussistono indubbie connessioni storiche anche se molteplici e per alcuni versi irrisolti rimangono ancora, dopo un intenso scandaglio ermeneutico, i problemi delle modalità e del significato di tali connessioni. Mi riferisco al culto celebrato a Eleusi in onore della coppia della Madre e della Fanciulla, Demetra e Kore, che il più antico documento – l'Inno omerico a Demetra (c. 600 a.C.) – denomina *orgia* e che, a partire dal V sec. a.C. e per tutto il corso della sua vicenda storica, è designato come *mysteria*, al panorama mobile e variegato dei culti rivolti a Dioniso, di cui il termine *orgia* con le connesse forme verbali risulta designazione privilegiata, e infine alle molteplici tradizioni a prevalente carattere letterario ma pure a forte densità rituale, che

Les Mystères: nouvelles perspectives. Entretiens de Strasbourg, éd. par Marc Philonenko, Yves Lehmann et Laurent Pernot, Turnhout, Brepols 2017 (*RRR* 24), p. 85-124

BREPOLS PUBLISHERS DOI: 10.1484/M.RRR-EB.5.113986

ruotavano attorno alla figura di Orfeo, per le quali ricorrente risulta la denominazione di *teletai*.

Nonostante la circostanza, apparentemente singolare, della possibilità di denominazioni alternative e concomitanti insieme dei tre contesti in questione, con tutta la fitta trama dei rispettivi quadri mitico-rituali, non viene meno anzi si impone con particolare urgenza la necessità di individuare e definire la specificità di quelle tre aree semantiche che, per quanto spesso tangenti ovvero interferenti, tuttavia all'analisi critica rivelano ciascuna caratteri distintivi, pertinenti ad alcuni aspetti e a singole caratteristiche dei fenomeni in questione, nella loro diversa e peculiare consistenza storica.

Mysteria *di Eleusi:* orgia – hierà – heorté *di Demetra e Persefone*

Un passo ben noto di Erodoto ci introduce efficacemente nel cuore del problema, nel presentare la percezione da parte di due Greci di V sec. a.C., un ateniese – Diceo – e uno spartano – Demarato –, dell'identità religiosa di Eleusi. I personaggi, entrambi esuli al seguito dell'esercito di Serse invasore dell'Attica, si trovano nella pianura Triasia nella drammatica attesa dello scontro decisivo presso la vicina isola di Salamina e assistono ad uno straordinario evento: vedono infatti «un polverone venire da Eleusi come di circa trentamila uomini… e improvvisamente udirono una voce (*phoné*) e gli parve che questa voce fosse il grido dei misteri (*tòn mystikòn iakchon*)». Demarato interroga il compagno sulla natura della *phoné* e lo storico ha cura di sottolineare che egli era «ignaro dei sacri riti che si compivano ad Eleusi (*adaemona tôn hirôn tôn en Eleusîni ginoménôn*)». L'ateniese Diceo, che evidentemente ne aveva esperienza, percepisce subito il carattere sacro dell'evento e il suo valore premonitore: «divina (ovvero «proveniente dagli dei») è la voce» (*theion to phtheggomenon*) – esclama – e viene da Eleusi, in aiuto degli Ateniesi e dei loro alleati, preannunciando la sconfitta dell'invasore. «Questa festa (*hortén*) – continua infatti – gli ateniesi celebrano ogni anno in onore della Madre e della Figlia e chi lo vuole di loro e degli altri Elleni viene iniziato (*myeîtai*)». E conclude: «La voce che ascolti è il grido che levano in questa festa»[1].

[1] *Hist.* VIII, 65,1-4; trad. A. MASARACCHIA (ed.), *Erodoto. La battaglia di Salamina. Libro VIII delle Storie*, Milano, 1990^{2}, p. 60-61 con modifiche.

In questa vivida scena epifanica emergono alcuni tratti distintivi e del tutto peculiari del fenomeno in questione: esso ha una precisa sede cultuale, la cittadina attica di Eleusi, e consiste in una *heorté*, una festività a cadenza annuale, dedicata a quella coppia divina della Madre e della Fanciulla che, per i Greci tutti, era immediatamente identificabile nelle due grandi dee del comune pantheon, Demetra, la signora della cerealicoltura, e Kore-Persefone, sovrana degli Inferi insieme allo sposo Hades. Tale culto ha carattere ufficiale e "politico", patrocinato com'è dalla città di Atene che, come indirettamente si evince proprio da questo evento straordinario, gode per esso del favore e della protezione divini.

Tuttavia un elemento essenziale connota questo culto e lo distingue da tutti gli altri: esso impegna infatti l'uomo non come cittadino, membro della *polis*, ma come individuo che "sceglie" di parteciparvi e in pari tempo si apre a «tutti i Greci» che, al di là della loro appartenenza a stirpi e città diverse, vogliano accedervi. Infine, l'ultimo e decisivo marchio distintivo di questa prassi cultuale è espresso da quel verbo – *myein* – usato nella forma passiva a definire un'azione compiuta sul fedele e per il fedele che, proprio in virtù di essa –come ci dice il complesso della documentazione – diviene *mystes*, assumendo una precisa identità religiosa.

Proprio questo dato rituale, designato nelle fonti con il termine *myesis*, traducibile con «iniziazione» nel senso tecnico di una abilitazione del fedele a partecipare ad un culto altrimenti precluso e segreto nei confronti di quanti non abbiano sperimentato la *myesis*, costituisce l'aspetto distintivo dei *mysteria* eleusini, fin dalla fonte più antica, l'*Inno a Demetra* ps. omerico e per tutto il corso della loro storia. E ciò sebbene – come già detto – in questo testo il deposito rituale consegnato dalla dea sia designato dal termine *orgia* e spesso il culto di Eleusi sia annoverato nella categoria delle *teletai*[2].

[2] Tra i numerosi esempi, alcuni dei quali offerti da Platone, si può ricordare un passo della *Retorica* aristotelica (1401 a, 12-15) che, affrontando la questione dell'omonimia, nota che paradossalmente si potrebbe accostare il termine *mûn* («topo») alla «*teleté* fra tutte la più onorata; i *mysteria* sono infatti la *teleté* più onorata di tutte» (*Rhet.* 1401 a, 12-15 ed. F. MONTANARI-M. DORATI, *Aristotele Retorica*, Milano, 1996, p. 264-267: «L'altra forma consiste nell'uso dell'omonimia: come, ad esempio, se si dicesse che il topo è un animale importante, poiché da esso proviene il più onorato di tutti i riti religiosi - i misteri sono infatti i più onorati di tutti i riti religiosi». Colgo l'occasione per correggere la lettura del testo proposta nel mio saggio, G. SFAMENI GASPARRO, «Ancora sul termine τελετή. Osservazioni storico-religiose» in C. QUESTA (ed.), *Filologia e forme letterarie. Studi offerti a Francesco della Corte*, Urbino, 1987, vol. V, p. 137-152; rist. in G. SFAMENI

Come credo di aver dimostrato in altra sede[3], i *mysteria* si configurano pertanto come una "specie" assai peculiare di quell'ampio *genus* che, nell'orizzonte religioso greco di età classica, sono le *teletai* la cui denominazione, dall'originario significato generale di «riti religiosi», si specializza a definire pratiche rituali riservate ad ambienti particolari, con prevalenti valenze catartiche e comportamenti entusiastico-orgiastici.

Una componente essenziale della *facies* specifica dei *mysteria* di Eleusi consiste proprio nella prassi iniziatica come atto indispensabile e unico di ammissione alla pratica del culto, espressa dalla sfera semantica di *myo / myein*, *mystes* e *mystikós*. Il termine *teleté*, invece, che pure viene molto spesso reso negli studi sul tema con «iniziazione», nelle fonti più antiche non presenta tale valenza – dato anche il carattere ripetitivo solitamente proprio dei riti da esso designati – e solo a partire dall'età ellenistica subisce un'evoluzione semantica per cui in alcuni casi è utilizzato in senso analogo a quello di *myesis*.

Sotto il profilo storico-religioso è importante verificare se e a quale titolo tale evoluzione semantica implichi un'assunzione di connotazioni iniziatiche ed esoteriche da parte dei fenomeni designati come *teleté / teletai* che pertanto, in contesti e circostanze storiche particolari, sperimentano una trasformazione in senso misterico, nell'accezione

GASPARRO, *Misteri e Teologie. Per la storia dei culti mistici e misterici nel mondo antico*, Cosenza, 2003, p. 99-117, a cui rimando per una più ampia documentazione e discussione del tema. Senza dubbio segno di una precisa scelta semantica in Pausania è l'uso costante di *teleté/ teletai* e delle relative forme verbali, insieme con *orgia* e *myein*, ma non di *mysteria* per designare il culto esoterico di Eleusi. Si veda la documentata analisi di V. PIRENNE-DELFORGE, *Retour à la source. Pausanias et la religion grecque*, Kernos Supplément 20, Liège, 2008, p. 291-346.

[3] Cfr. nota precedente. Le sillogi di fonti relative all'uso di *teleté-teletai* e di *orgia*, curate rispettivamente da C. ZIJDERVELD, *Τελετή*, Diss. Utrecht, Purmerend, 1934 e da N. M. H. VAN DEN BURG, *Ἀπόρρητα Δρώμενα Ὄργια*, Diss. Utrecht, Amsterdam, 1939, sono state utilmente riedite e ampliate nel volume di F. L. SCHUDDEBOOM, *Greek Religious Terminology- Telete & Orgia. A Revised and Expanded English Edition of the Studies by Zijderweld and Van der Burg*, Leiden-Boston, 2009. Si veda anche R. SIMMS, «*Myesis*, *Telete*, and *Mysteria*», *Greek Roman and Byzantine Studies*, 31, 1990, p. 183-195. Esoterismo e iniziazione quali connotazioni distintive dei misteri eleusini sono egualmente peculiari del culto degli dèi di Samotracia, dal nome ineffabile. Cfr. G. SFAMENI GASPARRO, «Misteri a Samotracia: un problema storico-religioso», *Sicilia Antiqua* 13, 2016, p. 181-186. Una disamina del tema della "regola del silenzio" come tratto caratteristico dei culti di mistero, dall'età classica al periodo tardo-antico, in S. RIBICHINI, «Covered by Silence: Hidden Texts and Secret Rites in the Ancient Mystery Cults», in G. COLESANTI- L. LULLI (eds.), *Submerged Literature in Ancient Greek Culture*. Volume 2. *Case Studies*, Berlin-Boston, 2016, p. 161-176.

specifica di tale definizione. In altri termini, si tratta di verificare se e in quali condizioni, fenomeni quali il dionisismo e l'orfismo, che nella denominazione più antica di *teletai* e *orgia* manifestano la propria identità, distinta ma pure per alcuni versi tipologicamente e storicamente comparabile fra di loro e con gli stessi *mysteria* eleusini (e di altri contesti analoghi che siano designati con tale termine come – caso fra tutti significativo – i *mysteria* di Samotracia così denominati in Erodoto II, 51), abbiano conosciuto anche esperienze iniziatico-esoteriche *strictu sensu*, con trasformazioni più o meno profonde della propria dimensione religiosa.

Soltanto un'esplorazione attenta e puntuale della documentazione storica, eccezionalmente arricchita da recenti scoperte per quanto riguarda i culti dionisiaci e il mobile panorama delle «cose orfiche» (*ta Orphikà*), può permettere di dare risposta a questi interrogativi. Al fine di procedere correttamente in questa direzione, peraltro, è necessario allargare l'indagine ad altri aspetti costitutivi dei *mysteria* di Eleusi, assunti qui a parametro di riferimento storico oltre e prima che tipologico, nel tentativo di percepire il loro ruolo nell'esperienza religiosa dei Greci e le analogie con gli altri fenomeni chiamati in causa, che esprimono forme egualmente importanti di tale esperienza e che hanno fortemente inciso nell'intera storia religiosa del mondo mediterraneo antico e della stessa cultura occidentale.

Mi riferisco per un verso al ruolo del "modello greco" nella formazione di misteri in età ellenistica e imperiale romana in ambiti culturali e religiosi diversi, tra cui quelli dei cosiddetti "culti orientali" (misteri di Cibele, di Iside e di Mithra) e per l'altro alla complessa evoluzione semantica e concettuale che i termini e la nozione di «misterico» e «mistico» conoscono nel loro trasmigrare sul versante del giudaismo ellenistico e quindi su quello cristiano, fino a designare un vero e proprio tipo di esperienza religiosa, anche se declinata diversamente nelle varie culture, che si compendia sotto la denominazione di «mistica»[4].

[4] Si vedano le argomentazioni proposte in G. SFAMENI GASPARRO, «Dai misteri alla mistica: semantica di una parola», in E. ANCILLI-M. PAPAROZZI (eds.), *La mistica. Fenomenologia e riflessione teologica*, vol. I, Roma 1984, p. 73-113, rist. in SFAMENI GASPARRO, *Misteri e Teologie*..., p. 49-98. Per le "radici" greche, a forte densità platonica, di tale sviluppo semantico e concettuale, si veda ora F. CASADESÚS, «The Transformation of the Initiation Language of Mystery religions into Philosophical Terminology», in M. J. MARTÍN-VELASCO-M. J. GARCÍA BLANCO (eds.), *Greek Philosophy and Mystery Cults,* Cambridge, 2016, p. 1-26. Importanti contributi sul tema anche negli altri saggi che compongono il volume.

Senza poter riproporre in questa sede un'analisi dettagliata atta a illustrare le componenti distintive del quadro mitico-rituale eleusino[5], basti evocarne le principali, tenendo conto delle difficoltà inerenti a una documentazione vasta ma frammentaria e, per quanto attiene al nodo centrale della prassi cultuale, custodita dalla legge infrangibile dell'esoterismo violata soltanto in chiave polemica da autori cristiani. Tali difficoltà non permettono in molti casi di percepire l'indubbia evoluzione storica di un fenomeno che, pur caratterizzato dalla fedeltà alla tradizione, non ha certo ignorato trasformazioni nel corso dei secoli. Esse sono soprattutto ipotizzabili e in alcuni casi percepibili su base documentaria a livello archeologico, per quanto riguarda le strutture del santuario che – a partire dall'epoca di Pisistrato (VII sec. a.C.) – conoscono una monumentalizzazione sempre più complessa[6], e

[5] Per una più ampia informazione mi sia permesso di rimandare al mio volume (SFAMENI GASPARRO, *Misteri e culti mistici di Demetra*, Roma, 1986), con la relativa documentazione e la principale bibliografia. Per le successive ricerche, oltre la nota monografia generale sul fenomeno dei misteri di W. BURKERT, *Ancient Mystery Cults*, Cambridge (Mass.)-London, 1987, segnalo soltanto alcuni tra i numerosi contributi di K. CLINTON (*Myth and Cult. The Iconography of the Eleusinian Mysteries*, Stockholm, 1992; «The Sanctuary of Demeter and Kore at Eleusis», in N. MARINATOS-R. HÄGG (eds.), *Greek Sanctuaries. New Approaches*, London – New York, 1993, p. 110-124; «Eleusis and the Romans: Late Republic to Marcus Aurelius», in M. D. HOFF-S. I. ROTROFF (eds.), *The Romanisation of Athens*, Oxford, 1997, p. 161-181; «Stages of Initiation in the Eleusinian and Samothracian Mysteries», in M. B. COSMOPOULOS (ed.), *Greek Mysteries. The Archaeology and Ritual of Ancient Greek Secret Cults*, London – New York, 2003, p. 50-78; «Epiphany in the Eleusinian Mysteries», *Illinois Classical Studies*, 29, 2004, p. 85-109; *Eleusis: The Inscriptions on Stone, Documents of the Sanctuary of the Two Goddesses and Public Documents of the Deme*, Athens: Archaeological Society at Athens, 2005-2008), N. A. EVANS, «Sanctuaires, Sacrifices, and the Eleusinian Mysteries», *Numen*, 49, 2002, p. 227-254, C. SOURVINOU-INWOOD, «Festival and Mysteries: Aspects of the Eleusinian Cult», in COSMOPOULOS, *Greek Mysteries...*, p. 25-49 e J. N. BREMMER, *Initiation into the Mysteries of the Ancient World*, Berlin-Boston, 2014, p. 1-20. Argomentazioni metodologiche interessanti nel saggio di T. J. WELLMAN, «Ancient Mystēria and Modern Mystery Cults», *Religion and Theology* 12, 2005, p. 308-348, che non è possibile qui discutere. La tematica affrontata in questa sede vuole essere un approccio al problema della definizione di una "categoria" storico-religiosa quale è quella dei "misteri" antichi. In proposito si veda il recente N. BELAYCHE-F. MASSA (eds.), «Dossier : "Les Mystères": questionner une catégorie», *Metis*, NS 14, 2016, p. 7-32.

[6] Cfr. E. LIPPOLIS, *Mysteria. Archeologia e culto del santuario di Demetra a Eleusi*, Torino, 2006. Sull'"origine" del culto eleusino e le testimonianze archeologiche *in situ* risalenti all'età del bronzo si veda M.B. COSMOPOULOS, *Bronze Age Eleusis and the Origins of the Eleusinian Mysteries*, New York – Cambridge 2015. Analisi delle fonti che a vario titolo testimoniano mutamenti e innovazioni sotto il profilo rituale e

a livello istituzionale, una volta che l'azione di Atene nel controllare la prassi cultuale è stata determinante nel configurare la fisionomia dei *Mysteria*. Si pensi alla loro articolazione in due cicli festivi, quello dei «Piccoli Misteri» celebrati presso l'Ilisso nella contrada di Agrai nel mese primaverile di Antesterione (marzo-aprile) e quello dei «Grandi Misteri» del mese autunnale di Boedromione (settembre-ottobre).

Dei primi possediamo solo notizie di autori del II-III sec. d.C. e di scoliasti e lessicografi ancora più tardi. Tuttavia un'espressione aristofanea che evoca «i Grandi Misteri»[7] induce a ritenere che tale distinzione fosse già presente in età classica. Caratterizzati da preminenti riti catartici, a partire dal IV sec. a.C. sono collegati alle figure di alcuni "primi iniziati" stranieri per i quali era necessaria una previa "adozione" da parte di un Ateniese, come nel caso dei Dioscuri, ovvero una specifica purificazione per eliminare la contaminazione del sangue versato, come nel caso di Eracle. Una fonte tarda – Stefano di Bisanzio – definisce i Piccoli Misteri celebrati ad Agrai come *mimema tôn perì ton Dionyson*, «imitazione di quelli (sc. misteri) riguardo Dioniso» ovvero «imitazione delle cose (che si raccontano) riguardo Dioniso»[8].

Tale notizia, che ha dato luogo a contrastanti interpretazioni, chiama in causa la questione dei rapporti tra i diversi contesti in esame, di cui discuterò oltre. Ora ricordo che i Grandi Misteri si svolgevano secondo un ritmo calendariale ben preciso tra Eleusi, da cui provenivano i sacri oggetti, ed Atene, dove essi erano accolti e riposti nell'*Eleusinion* locale, per essere poi ricondotti solennemente nel santuario eleusino con la processione del 19 Boedromione, dopo che ad Atene si erano svolti alcuni riti preliminari: il 15 l'adunanza dei

istituzionale nel corso dei secoli in I. PATERA, «Changes and Arrangements in a Traditional Cult. The Case of the Eleusinian Rituals», in A. CHANIOTIS (ed.), *Ritual Dynamics in the Ancient Mediterranean: Agency, Emotion, Gender, Representation. Heidelberger althistorische Beiträge und epigraphische Studien (HABES), 49.* Stuttgart, 2011, p. 119-137.

[7] *Pluto* 845: «Ti sei dunque fatto iniziare ai Grandi Misteri» (*...emyethes ...ta megàla*), espressione che lo scoliaste glosa: «I Grandi Misteri, in contrapposizione ai Piccoli» e precisa: «I Grandi Misteri erano in onore di Demetra, i piccoli di sua figlia Persefone». Cfr. P. SCARPI (ed.), *Le religioni dei misteri*, I *Eleusi, Dionisismo, Orfismo*, Milano, 2002, Eleusi B2 e B4-5.

[8] Stefano di Bisanzio *s.v*, *Agra* e *Agre*, in SCARPI, *Le religioni dei misteri*..., Eleusi B7. A parere di R. SIMMS, «Agra and Agrai», *Greek Roman and Byzantine Studies* 43, 2002/2003, p. 219-229, la denominazione *en Agras* non indicherebbe una località ma piuttosto una dea dal nome *Agra*, con il significato: «nel santuario di Agra». I «Piccoli Misteri» di Demetra e Kore che si celebravano in questa sede avrebbero mantenuto aspetti dell'antico culto locale, con processioni e purificazioni.

fedeli con la *prorrhesis* del daduco, il 16 il rito catartico dei «misti al mare» (*alade mystai*) con il sacrificio dei porcellini, il 17 forse altri riti poco noti e il 18 la pausa degli *Epidauria*, che intendeva commemorare l'arrivo di Asclepio in Atene. Dopo la *pompé* del 19 da Atene ad Eleusi, il 20 e il 21 si compivano i riti segreti della *myesis* e della *epopteia* all'interno del *telesterion* e il ciclo festivo si concludeva il 22 con la cerimonia delle *Plemochoai*, particolari vasi per libagioni. Il 23 avveniva il ritorno degli iniziati ad Atene dove il giorno successivo si riuniva la *Boulé*, il Consiglio dei Cinquecento, per ricevere dal *Basileus* il resoconto del corretto svolgimento del ciclo festivo[9].

La sovrintendenza delle cerimonie era affidata all'arconte-re ateniese, insieme con quattro epimeleti, due ateniesi e due eletti dalle famiglie eleusine degli Eumolpidi e dei *Kerykes*[10], alle quali spettava la celebrazione dei riti[11] e da cui erano nominati i membri della gerarchia sacerdotale, ierofante, daduco, araldo (*keryx*), cui si affiancava un ricco personale femminile (ierofantidi e sacerdotesse).

Più difficile è percepire contenuti e modalità dello svolgimento dei riti esoterici celebrati nel santuario eleusino, per i quali sono state proposte ricostruzioni diverse. Ora interessa sottolineare il loro carattere fortemente coinvolgente anche sotto il profilo emozionale da parte dei fedeli[12], in un contesto a quanto pare segnato anche da turbamento e paura[13], ma culminante in un'esperienza di luce e di

[9] Cfr. G. E. MYLONAS, *Eleusis and the Eleusinian Mysteries*, Princeton, 1961, p. 243-285. Per una recente "ricostruzione" del ciclo festivo dei *Mysteria*, su cui sono state avanzate varie proposte, si veda BREMMER, *Initiation into the Mysteries...*, p. 1-20. Cfr. anche N. ROBERTSON, «The two processions in Eleusis and the program of the Mysteries», *American Journal of Philology*, 119, 1998, p. 547-575. Pertinenti riflessioni sull'aspetto festivo dei rituali misterici in R. TURCAN, « La fête dans les rituels initiatiques », in A. MOTTE-Ch. M. TERNES (éds), *Dieux, fêtes, sacré dans la Grèce et la Rome antiques*, Turnhout, 2003, p. 7-21.

[10] Aristotele, *Costituzione degli Ateniesi* 57,1 in SCARPI, *Le religioni dei misteri ...*, Eleusi C5.

[11] IG I^2 6, 113-4 in SCARPI, *Le religioni dei misteri...*, Eleusi C6.

[12] Cfr. P. BORGEAUD, « Rites et émotions. Considérations sur les mystères », in *Rites et croyances dans les religions du monde romain*, Entretiens sur l'Antiquité classique, t. LIII, Fondation Hardt, Genève 2007, p. 189-222 e « Les mystères », in L. BRICAULT-C. BONNET (eds.), *Panthée: Religious Transformations in the Graeco-Roman Empire*, Leiden-Boston 2013, p. 131-144.

[13] Plutarco, *de anima* II, 6 fr.178 Sandbach in SCARPI, *Le religioni dei misteri...*, Eleusi E32.

gioiosa beatitudine[14]. Fin dalle fonti di V sec. a.C. si fa riferimento a due livelli di esperienza, ossia quelli della *myesis* e della *epopteia*, con due connesse acquisizioni di statuto religioso da parte dei fedeli, di *mystai* e di *epoptai* che, a quanto risulta da una nota testimonianza di Plutarco[15], erano perseguibili a distanza di un anno, sicchè gli iniziati dovevano partecipare ad una seconda cerimonia per ottenere, con la «visione», il compimento dell'*iter* iniziatico.

Tale articolata complessità rituale, peraltro, non emerge dal quadro vivido e denso dell'*Inno a Demetra* che pure conferma la primaria importanza del dato esperienziale e visivo di una prassi rituale di cui illustra ampiamente il fondamento mitico, con i suoi strutturali riflessi nel rapporto fra le divinità e gli uomini e i benefici da questi ottenuti[16]. Di fatto, la drammatica vicenda delle due dee, con il ratto della Kore e il suo *descensus* infero, l'angoscia della madre e il suo distacco dal mondo degli dei per discendere sulla terra fra gli uomini con i quali solidarizza, prima attraverso la funzione di nutrice del bambino regale Demofonte e poi, dopo la fallita immortalizzazione di lui, con la dimora in una sacra sede a lei consacrata, si intreccia con il destino umano. Se il lutto e il nascondimento della dea procurano l'interruzione dei ritmi agrari e la scomparsa del grano con il rischio di estinzione della stirpe degli uomini, la sua gioia per il ritorno nell'Olimpo della figlia, sia pure con un ritmo alternante di dimora negli Inferi di cui ormai è sovrana con lo sposo Hades, apre una duplice prospettiva. Infatti, in virtù di quella vicenda divina non soltanto si offre una garanzia di benessere agli uomini attraverso i frutti della terra ma si instaura per essi un nuovo tipo di rapporto

[14] Tema peculiare della trasposizione del dato misterico sul piano gnoseologico operata da Platone, l'esperienza della visione in un contesto di luminosità è evocata in maniera significatica nel complesso della documentazione. Come è noto, (ps.) Ippolito rivela l'oggetto di tale contemplazione: «Gli Ateniesi, quando celebrano l'iniziazione eleusina e mostrano agli iniziati del grado della contemplazione, in silenzio, quello che è il grande e straordinario e perfettissimo mistero dell'Aldilà, oggetto di contemplazione, la spiga mietuta...» (*Ref.* V, 8, 39-40 in SCARPI, *Le religioni dei misteri...*, Eleusi D61).

[15] *Vita di Demetrio* 26 in SCARPI, *Le religioni dei misteri...*, Eleusi B6.

[16] Dettagliato commento nell'ed. del testo di N. J. RICHARDSON, *The Homeric Hymn to Demeter*, Oxford, 1974, con osservazioni ulteriori in ID., «The Homeric *Hymn to Demeter*. Some Central Questions Revisited», in A. FAULKNER (ed.), *The Homeric Hymns: Interpretative Essays*, Oxford – New York, 2011, p. 44-58. Si veda anche H. P. FOLEY, *The Homeric Hymn to Demeter. Translation, Commentary, and Interpretative Essays*, Princeton, 1993, 1999[3].

religioso con le due dèe, fonte di beatitudine in questa vita e di prospettive positive oltre la morte.

E' ben noto il *makarismós* che conclude l'*Inno* compendiando in poche espressive formule tutta la novità di un'esperienza religiosa scaturente dall'intreccio fra una patetica avventura divina e un culto che permette all'uomo di partecipare ad essa in *sympatheia* profonda, evocandone ritualmente i momenti forti: «Ella mostrò ai re giustizieri, a Trittolemo, a Diocle signore del cocchio, al potente Eumolpo e a Celeo, capo del popolo, il compimento delle cerimonie sacre (*dresmosyne hierôn*) e svelò i bei riti (*orgia*)[17]... venerabili, che non è lecito trasgredire né penetrare né divulgare; il grande rispetto delle dee trattiene infatti la voce. Felice e fortunato (*olbios*) colui fra gli uomini mortali che ha visto queste cose (*tad'opôpen*); colui che non ha avuto parte ai sacri riti (oppure «non ha ottenuto il compimento (procurato) dai riti», *atelès hierôn*), che non vi ha avuto parte (*ammoros*), non parteciperà agli stessi beni quando se ne andrà sottoterra nella tenebra oscura» (vv. 474-482).

All'elargizione di «ricchezza» (*ploutos*) da parte delle due dee «a colui che esse amano», di cui si parla più avanti (vv. 485-488), si accompagna una beatitudine che, sperimentata nel rito, si proietta oltre la soglia della morte, in un contesto infero conformemente alla qualità del regno di Persefone[18]. Essa costituisce uno degli aspetti caratterizzanti quella specifica creazione religiosa che erano i *mysteria* di Eleusi, quali genere particolare di «sacri riti» (*orgia*) rivolti a due grandi divinità del pantheon greco, qui configurate alla luce di un *pathos* e di una vicenda drammatica di presenza-assenza felicemente

[17] Ritengo che tale sia l'accezione del termine in questo contesto, piuttosto che quella di «oggetti sacri», come vogliono A. MOTTE-V. PIRENNE-DELFORGE, « Le mot et les rites. Aperçu des significations de ὄργια et de quelques dérivés », *Kernos*, 5, 1992, p. 119-140. Non vedo infatti come si possano «trasgredire» degli oggetti ricevuti in deposito. Dalla documentata analisi del termine proposta dagli studiosi, di fatto, non mi pare emerga il carattere originario né prevalente dell'accezione "concreta" di *orgia* – che pure interviene in alcuni casi – a fronte di quella più antica e diffusa di «azioni sacre, riti» con forti connotazioni entusiastiche e aspetti catartici.

[18] La nota testimonianza aristofanea, nelle *Rane* 154-164, illustra le modalità di una felicità infera, consistente nella lieta celebrazione di danze e canti, quale gioiosa ripetizione della prassi rituale misterica. Essa si coniuga a quella nozione di acquisita purità che costituisce un'altra nota dominante dell'identità dell'iniziato. Sulla nozione eleusina di "felicità" dell'iniziato rimangono valide le osservazioni di P. LÉVÊQUE, « Ὄλβιος et la félicité des initiés », in L. HADERMANN-MISGUICH-G. RAEPSAET-G. CAMBIER (eds.), *Rayonnement grec. Hommages à Charles Delvoye*, Bruxelles, 1982, p. 113-126.

conclusa nel tempo fondante delle origini ma attualizzata nell'esperienza rituale, continuamente rinnovata. In tale contesto si intrecciano interessi mondani, di benessere a carattere collettivo, politico, e individuale, e prospettive escatologiche per il singolo fedele che sperimenta – secondo la definizione ciceroniana – in pari tempo la *laetitia vivendi* e una *spes melior moriendi*[19].

Orfismo e dionisismo: tra distinzione, tangenze e convergenze

A fronte di questo scenario variegato ma compatto nel suo radicamento in un preciso contesto geografico e storico-culturale, ossia quello della traiettoria Eleusi-Atene che appare in tutta evidenza nel V sec. a.C., ma che verisimilmente risale almeno all'VIII-VII sec. a.C. in considerazione della documentazione archeologica eleusina, e non conosce fratture nel corso lungo di secoli della sua storia, i due fenomeni del dionisismo e dell'orfismo si pongono per contrasto in tutta la loro mobilità nello spazio e differenziazione nel tempo, con intersezioni reciproche profonde, mutazioni spesso radicali, rapporti incrociati anche con lo stesso parametro eleusino. Si tratta di relazioni a corrente alternata, in cui è difficile individuare la direzione e l'efficacia delle "influenze", quali erano possibili in un quadro culturale e religioso come quello della Grecia, fin da età arcaica, in cui tradizioni locali coesistevano insieme con direttrici panelleniche, sotto il profilo mitico e cultuale, e al quale erano estranee gerarchie, "autorità" religiose e testi normativi, fuori dalle "norme"[20] e dai *nomoi* tradizionali ovvero dal carattere prescrittivo in materia di culto della parola oracolare dell'Apollo delfico.

La questione delle "presenze" dionisiache e orfiche ad Eleusi è oggetto di un dibattito ancora aperto, su cui in questa sede non è possibile intervenire in dettaglio. Basti soltanto sottolineare la necessità di distinguere il piano della realtà cultuale da quello del discorso mitico, aperto a molteplici variazioni, e dalle varie tradizioni

[19] *De legibus* II, 14,36. Cfr. Isocrate, *Panatenaico* 28: la *teleté* donata da Demetra agli uomini insieme con l'agricoltura conferisce loro «dolci speranze per la fine della vita e per tutto intero l'arco dell'esistenza». Un'esegesi perspicua di questa fonte in U. Bianchi, «Ὁ σύμπας αἰών», in *Ex orbe religionum. Studia Geo Widengren oblata*, Leiden, 1972, vol. I, p. 277-286.

[20] Interventi sul tema in P. Brulé (ed.), *La norme en matière religieuse en Grèce ancienne*, Actes du XIe Colloque du CIERGA, *Kernos*, Supplément 21, Liège, 2009. Cfr. anche B. Cabouret-M.-O. Charles-Laforge (éds), *La norme religieuse dans l'Antiquité*, Paris, 2011.

letterarie. La prima, di fatto, non sembra segnata da elementi orfici – come ha dimostrato F. Graf[21] – sebbene a Orfeo si attribuiscano alcune versioni del mito demetriaco eleusino[22], tra cui una dalla singolare ambientazione agreste[23] piuttosto che palazziale e "regale" come nell'*Inno*, e le figure di Demetra e soprattutto di Persefone intervengano a vario titolo nell'orizzonte orfico. Inoltre, in una lunga tradizione letteraria, il personaggio appare quale fondatore delle *teletai* e dei *mysteria* greci, talora presentati come di origine egiziana[24], tra cui in maniera esplicita o implicita si fanno rientrare anche quelli eleusini (OF 510-523 Bernabé).

Quanto a Dioniso, se numerosi sono i suoi legami mitici e iconografici con il contesto eleusino, egli fin da Sofocle può essere presentato come attivo «nelle valli di Demetra eleusina»[25] in virtù di un'assimilazione a Iakchos, l'«archegeta dei misteri»[26], a ragione del carattere entusiastico del rituale connesso a tale figura, ossia la processione dei fedeli con danze e canti, al lume delle fiaccole, e soprattutto il «grido mistico» di cui egli è una sorta di personificazione. Non pare tuttavia che il dio assolva alcun ruolo a livello cultuale nei Grandi Misteri mentre è difficile decidere sul significato della tarda testimonianza di Stefano di Bisanzio, sopra ricordata, che definisce i Piccoli Misteri di Agrai come *mimema tôn perì tòn Dionyson*. Ad una esegesi massimalista che attribuisce a tale contesto un'evocazione del mito orfico dello smembramento di Dioniso da parte dei Titani[27], si può opporre la conclusione che l'autore abbia adottato quella definizione ritenendo che le cerimonie

21 F. GRAF, *Eleusis und die orphische Dichtung Athens in Vorhellenistischer Zeit*, Berlin – New York, 1974. Si veda ora A. BERNABÉ, «Orpheus and Eleusis», *Thracia*, 18, 2009, 89-98.

22 Cfr. *Marmor Parium* fr. 14, in G. COLLI, *La sapienza greca*, vol. I, Milano 1977, 1990^2, 4 [B 17]; *Pap. Berol.* 44 in COLLI 4 [B 21]; SCARPI, *Le religioni dei misteri...*, Orfismo A17. Cfr. A. I. JIMÉNEZ SAN CRISTÓBAL, «The Rape of Persephone in a Berlin Papyrus», *Les Études classiques* 83, 2015, p. 237-260.

23 *Apud* Clemente Alessandrino, *Protrettico* II, 20, 1-21, 1; cfr. Arnobio, *Adversus Nationes* V, 12-26.

24 Diodoro, *Biblioteca storica* I, 23, 2 e 6-7 in SCARPI, *Le religioni dei misteri...*, Eleusi D2. Lo storico distingue *teletai* e *mysteria* e in I, 23,7 parla dell'istituzione da parte di Orfeo, sul modello egiziano di Osiride, di una «nuova *teleté*» «secondo la quale trasmise agli iniziati (*toîs myouménois*) il Dioniso nato da Semele e Zeus».

25 Sofocle, *Antigone* 1119-1121 in COLLI, *La sapienza greca...*, 3 [A 15].

26 Strabone, *Geografia* X, 3,10.

27 M. VALDÈS GUIA-R. MARTÍNEZ NIETO, «Los Pequeños Misterios de Agras: unos misterios órficos en época de Pisístrato», *Kernos*, 18, 2005, p. 43-68.

di Agrai presentassero delle analogie con vicende mitiche o azioni sacre pertinenti al dio.

In ogni modo, proprio questo complesso intreccio di tradizioni conferma l'interferenza di figure divine e delle rispettive funzioni e competenze con i relativi referenti cultuali tipica di un contesto religioso come quello greco, a struttura politeistica. Tale interferenza è attiva soprattutto in fenomeni che rientrano in una rubrica articolata ma per molti versi omogenea, per rapporti storici e caratteri tipologici oltre che sotto il profilo semantico, come quella in esame.

In tale orizzonte, peraltro, le due grandi correnti definite convenzionalmente come dionisiaca e orfica sono quelle in cui quella interferenza è più profonda e per alcuni aspetti addirittura strutturale se si guarda al nodo centrale di essa, sul quale peraltro il dibattito attuale è quanto mai acceso, ossia la definizione dell'antichità e del significato antropologico del mito dell'uccisione e dello smembramento di Dioniso, con tutte le sue valenze cultuali e le proiezioni escatologiche. In pari tempo, per entrambe queste tradizioni, sia nella loro distinta storia sia nelle reciproche connessioni, si impone la questione della pertinenza alle sfere semantiche in esame e alle relative tipologie storiche, in rapporto ai tempi e agli ambienti in cui sono maturate esperienze diverse anche se per molti versi affini.

Ai fini del nostro discorso è necessario formulare una questione previa all'analisi della documentazione, anche se in molti casi è difficile proporre una soluzione sicura. Si tratta infatti di individuare modi e tempi dei rapporti fra i due fenomeni e stabilire se sia possibile tracciare una storia autonoma e distinta di ciascuno di essi ovvero se quei rapporti abbiano condizionato in varia misura i rispettivi processi di formazione e di sviluppo. In altri termini, è possibile ricostruire una storia del dionisismo prescindendo da convergenze più o meno profonde con l'orfismo e, di contro, definire l'identità di quest'ultimo senza il riferimento a Dioniso e al suo culto?

Naturalmente nell'uno e nell'altro caso premessa indispensabile a ogni valutazione critica è la presa d'atto della strutturale mobilità e varietà dei fenomeni in esame, sicchè, a fronte dell'istanza sistematizzante e definitoria della ricerca critica, deve sempre essere tenuta viva l'attenzione alla varietà e diversità delle singole realtà storiche e della relativa documentazione. E ciò senza negare che sussistono alcuni elementi peculiari di un' "identità dionisiaca", con i relativi fondamenti mitici, le prassi rituali e le modalità dell'esperienza religiosa che in essi si realizza, la quale soggiace alle diverse e molteplici manifestazioni religiose connesse a questa figura divina.

Allo stesso modo, al di là di tesi estreme massimaliste o decostruzioniste, è possibile identificare nel vasto panorama della vicenda culturale e religiosa dei Greci, allargata a coinvolgere l'intera *oikoumene* mediterranea nel primo e nel secondo ellenismo fino a quegli "ultimi Elleni" che furono i neo-platonici di V-VI sec.d.C., una *facies* orfica *sui generis*, che nel referente al mitico cantore trace e soprattutto in un nodo ideologico e rituale trova le basi di una sua peculiare "identità"[28]. Essa presenta forti connotazioni astensionistiche (rifiuto del sacrificio cruento e dei cibi carnei)[29], interessi antropologici ed escatologici e preoccupazioni catartiche collegate a un ritualismo di cui erano protagoniste figure di purificatori itineranti, operatori di *teletai* che un noto passo di Teofrasto definisce Orfeotelesti[30].

Ciò trova conferma nei dati offerti dall'ormai famoso Papiro rinvenuto a Derveni tra i resti di un rogo funebre[31], datato nella

[28] Un'utile panoramica sullo stato degli studi e sui principali problemi interpretativi nella densa raccolta di saggi edita da A. BERNABÉ-F. CASADESÚS (eds.), *Orfeo y la tradición órfica. Un reencuentro*, voll. I-II, Madrid, 2008. Le rassegne bibliografiche di M. A. SANTAMARÍA ÁLVAREZ, «Orfeo y el orfismo. Actualización bibliográfica (1992-2003)», *'Ilu. Revista de ciencias de las religiones*, 8, 2003, p. 225-264 e «Orfeo y el orfismo. Actualización bibliográfica (2004-2012)», *'Ilu. Revista de ciencias de las religiones*, 17, 2012, p. 211-252 (per il periodo dal 1992 al 2012), danno la misura della varietà e ampiezza delle ricerche sul tema. Si veda anche A. BERNABÉ-F. CASADESÚS-M. A. SANTAMARÍA (eds.), *Orfeo y Orfismo. Nuevas perspectivas*, Edición digital, Alicante, 2010. http://wwwcervantesvirtual.com/FischaeObra.html?Fef=35069. Un'equilibrata trattazione del tema «Orpheus, Orphism and Orphic Bacchic Mysteries» in BREMMER, *Initiation into the Mysteries*..., p. 55-80.

[29] Un'analisi del tema in G. SFAMENI GASPARRO, «Critica del sacrificio cruento e antropologia in Grecia: da Pitagora a Porfirio. I. La tradizione pitagorica, Empedocle e l'Orfismo», in F. VATTIONI (ed.), *Sangue e antropologia nella liturgia*, Atti della quinta Settimana di studio, Roma 1987, p. 107-155; rist. con modifiche in EAD., *Problemi di religione greca ed ellenistica. Dèi, dèmoni, uomini: tra antiche e nuove identità religiose*, Cosenza, 2009, p. 21-70.

[30] Teofrasto, *I caratteri* 16, 11-12 in SCARPI, *Le religioni dei misteri*..., Orfismo B2. L'aspetto ripetitivo dell'azione del *telein* a cui «ogni mese» si sottopone il «superstizioso» (*telesthesómenos*) esclude il carattere iniziatico del rituale che assumeva piuttosto una forte efficacia catartica. Menzione di Orfeotelesti in Filodemo, *De Poem.* Pap. Herc. 1074 fr. 30 ed. JANKO 181, 1 ss. = OF 655 T e Plutarco, *Apoph. Lac.* p. 224 d = OF 653e ed. A. BERNABÉ, *Poetae Epici Graeci. Testimonia et fragmenta*, Pars II *Orphicorum et Orphicis similium Testimonia et fragmenta*, Fasciculus 2, Monachii et Lipsiae, 2005, p. 225-226. Cfr. ID., Pars II, Fasciculus 1, Monachii et Lipsiae, 2004. I frammenti orfici sono citati da questa raccolta con la sigla OF BERNABÉ.

[31] Oggetto ormai di una bibliografia amplissima, il documento è accessibile – dopo l'*interim Text* fornito da R. JANKO («The Derveni Papyrus: an Interim Text», *Zeitschrift für Papyrologie und Epigraphik*, 141, 2002, p. 1-62) – in edizione critica

seconda metà del IV sec. a.C., contenente un commento attribuibile ad anni intorno al 400 a.C. di una teogonia più antica (V VI sec. a.C.) posta sotto l'autorità di Orfeo[32]. L'autore di questo commento menziona pratiche rituali intese a neutralizzare l'attività di *daimones* che fanno ostacolo / resistenza, con offerte di focacce e libagioni di acqua e miele alle Eumenidi, identificate alle anime dei defunti, e con riferimenti a *magoi* e a *mystai* (col. VI). Nella parte residua del testo non c'è menzione di Dioniso e, sebbene non si possa inferire alcuna conclusione *ex silentio*, risulta comunque confermata una *facies* orfica fortemente ritualistica. Sembra ragionevole concludere che l'autore del commento, pur ispirato da interessi filosofici nella definizione dei principi della realtà cosmica e divina, sia stato egli stesso un "seguace di Orfeo" praticante tali cerimonie con finalità catartiche, rivendicando una privilegiata conoscenza del significato nascosto della rivelazione teo-cosmogonica del poeta e insieme un'abilità cultuale superiore a quella dei *magoi* di cui parla[33]. E' peraltro difficile decidere se «gli

pressoché definitiva in T. KOUREMENOS-G. M. PARÁSSOGLOU-K. TSANTSANOGLOU (eds.), *The Derveni Papyrus*, Firenze, 2006, anche se si aggiungono sempre nuove proposte di lettura per singoli termini e contesti. Fra le edizioni con traduzione si segnalano ancora quelle di F. JOURDAN, *Le papyrus de Derveni*, Paris, 2003 e di G. BETEGH, *The Derveni Papyrus. Cosmology, Theology and Interpretation*, Cambridge, 2004, su cui si veda la puntuale recensione di JANKO in *Bryn Mawr Classical Review* 2005.01.27. Cfr. anche P. CURD in *Bryn Mawr Classical Review* 2006.9.16. Il testo del papiro è stato edito anche in OF BERNABÉ II fasc. 3, *Musaeus · Linus · Epimenides · Papyrus Derveni · Indices*, Berolini – Novi Eboraci, 2007. I saggi raccolti in A. LAKS-G. W. MOST (eds.), *Studies on the Derveni Papyrus*, Oxford, 1997 hanno dato l'avvio ad una ricca corrente esegetica. Una illustrazione del contesto storico-archeologico e una rassegna aggiornata delle principali tesi interpretative in V. PIANO, « Le papyrus de Derveni et son contexte de découverte: parole écrite et rituels funéraires dans la Macédoine grecque antique », *Revue de l'histoire des religions*, 230, 2, 2013 (*Écrire dans les pratiques rituelles de la Méditerranée antique. Identités et autorités*), p. 233-252. Sul significato della deposizione del papiro su un rogo funebre cfr. anche G. BETEGH, «Papyrus on the Pyre. The Derveni Papyrus and its Archeological Context», *Acta Antiqua Academiae Scientiarum Hungaricae*, 42, 2002, p. 51-66.

[32] BERNABÉ, « La théogonie orphique du papyrus de Derveni », *Kernos*, 15, 2002, p. 91-129; ID., «The Derveni Theogony: Many Questions and Some Answers», *Harvard Studies in Classical Philology*, 103, 2007, p. 99-133. Sul tema complesso delle teogonie orfiche si veda già L. BRISSON, « Les théogonies orphiques et le Papyrus de Derveni. Notes critiques », *Revue de l'histoire des religions*, 202, 1985, p. 389-420 che discute criticamente i risultati di M. L. WEST, *The Orphic Poems*, Oxford, 1983; trad. it. a cura di M. TORTORELLI GHIDINI, *I poemi orfici*, Napoli, 1993.

[33] Tra i numerosi interventi intesi a individuare l'identità di questi *magoi* definibili secondo tre possibilità – con le parole di A. BERNABÉ («Μάγοι en el Papiro de

iniziati» menzionati nel testo siano i membri di una comunità orfica cui appartiene l'autore del commento ovvero se egli si riferisca ad altri ambienti, eventualmente al contesto eleusino.

Una risposta positiva alla questione della possibilità di ricostruire una storia del dionisismo quale vicenda autonoma, svincolata da connessioni orfiche, sembra possibile, data la posizione di Dioniso come una delle grandi figure del comune patrimonio religioso dei Greci, titolare di sedi sacre e di culti ufficiali nelle varie *poleis*[34]. Anche i riti tipici dei *bakcheia* di età classica, a prevalente sebbene non esclusiva partecipazione femminile, nel loro distintivo carattere fortemente emozionale, con *enthousiasmòs* e possessione divina espressa anche nell'identità del nome del dio e del fedele (*Bakchos-bakchos*)[35], conoscono una storia indipendente da tangenze orfiche, per la quale si pone il problema di una definizione storico-religiosa differenziata nel tempo e nello spazio. Sembra infatti corretto distinguere forme più antiche di *orgia* dionisiaci che, pur praticati da gruppi specializzati e in un contesto di riservatezza e separatezza (fuori dai centri cittadini, spesso in luoghi boscosi e montani), non assumono la forma specifica dei *mysteria*, con iniziazione e rigido esoterismo. Questi riti sono percepiti come forme di culto rivolte a Dioniso, a forte carica catartica, espresse con il termine *teleté teletai* e con il verbo *telein* / *teleisthai* seguito dal dativo del nome del dio che esprime una

Derveni: ¿Magos persas, charlatanes u oficiantes órficos?», in E. CALDERÓN-A. MORALES-M. VALVERDE (eds.), *Koinos Logos. Homenaje al profesor José García López*, Murcia 2006, p. 99-109) – quali «magi persiani, ciarlatani o officianti orfici», si vedano le diverse posizioni di J. R. RUSSEL, «The Magi in the Derveni Papyrus», *Name-ye Iran-e Bastan* 1, 1, 2001, p. 49-59; F. FERRARI, «Rites without Frontiers: Magi and Mystae in the Derveni Papyrus», *Zeitschrift für Papyrologie und Epigraphik*, 179, 2011, p. 71-83, R. MARTÍN HERNÁNDEZ, *Orfeo y los magos. La literatura órfica, la magia y los mysterios*, Madrid, 2010 e R. G. EDMONDS III, «Extra-Ordinary People: Mystai and Magoi, Magicians and Orphics in the Derveni Papyrus», *Classical Philology*, 103, 2008, p. 16-39.

[34] Tra i più recenti interventi su un tema centrale nella storia religiosa dei Greci, segnalo soltanto i saggi editi da Th. H. CARPENTER-Chr. A. FARAONE (eds.), *Masks of Dionysos*, Ithaca-London 1993, da R. SCHLESIER (ed.), *A Different God? Dionysos and Ancient Polytheism*, Berlin and New York, 2011 e da A. BERNABÉ-M. HERRERO DE JÁUREGUI-A. I. JIMÉNEZ SAN CRISTÓBAL-R. MARTÍN HERNÁNDEZ (eds.), *Redefining Dionysos*, Berlin and Boston, 2013. Una sintesi perspicua del vasto panorama delle feste dionisiache cittadine in A. I. JIMÉNEZ SAN CRISTÓBAL, «Fiestas dionisíacas», in E. CALDERÓN DORDA-A. MORALES ORTIZ (eds.), *Eusébeias. Estudios de religión griega*, Madrid, 2011, p. 169-196.

[35] Cfr. M. A. SANTAMARÍA, «The Term *bakchos* and Dionysos *Bakchios*», in A. BERNABÉ ET AL. (eds.), *Redefining Dionysos*..., p. 38-57.

forma di dedizione fortemente partecipativa che tuttavia, rinnovata periodicamente con cadenze calendariali variamente definite, non sembra implicare l'accezione di unica e definitiva assunzione di un nuovo statuto religioso, quale è quella della *myesis* del tipo eleusino.

In questa tipologia rientrano le pratiche dionisiache evocate nel vivido scenario euripideo delle *Baccanti*, documento quanti altri mai sottoposto ad esegesi dotte e raffinate, delle cui conclusioni ritengo di poter condividere quelle che non vi trovano l'attestazione di un culto misterico, ma piuttosto l'espressione di una religiosità mistico-orgiastica per alcuni versi affine all'esperienza dei *mysteria* di Eleusi, ma fuori da uno schema iniziatico *strictu sensu*[36]. Non si può escludere che un carattere iniziatico sia stato assunto dai *bakcheia* in particolari situazioni e contesti storici che sfuggono ad una chiara conoscenza[37], come sembra potersi desumere dal caso ben noto di Cuma (Magna Grecia)[38] dove nel V sec. a.C. si poteva riservare un luogo di sepoltura

[36] R. TURCAN, « L'élaboration des mystères dionysiaques à l'époque hellénistique et romaine : de l'orgiasme à l'initiation », in A. MOREAU (éd.), *L'initiation. Actes du colloque international de Montpellier*, vol. II, *Les rites d'adolescence et les mystères*, Montpellier, 1992, p. 215-233 e già A.-J. FESTUGIÈRE, « Les mystères de Dionysos », *Revue biblique*, 44, 1935, p. 192-211; 367-396; rist. con *Addenda* in ID., *Études de religion grecque et hellénistique*, Paris, 1972, p. 13-63 e « La signification religieuse de la Parodos des *Bacchantes* », *Eranos Jahrbuch*, 54, 1956, p. 72-86; rist. in ID., *Études...*, p. 66-80; M. P. NILSSON, *The Dionysiac Mysteries of the Hellenistic and Roman Age*, Lund, 1957; É. COCHE DE LA FERTÉ, «Penthée et Dionysos. Nouvel essai d'interprétation des *Bacchantes* d'Euripide», in R. BLOCH (éd.), *Recherches sur les religions de l'Antiquité classique*, Genève-Paris, 1980, p. 105-257. Una fisionomia misterica è invece riconosciuta nelle *Baccanti* da H. S. VERSNEL, *Inconsistencies in Greek and Roman Religion I. Ter unus. Isis, Dionysos, Hermes. Three Sudies in Henotheism*, Leiden – New York – København – Köln, 1990, p. 96-212 che offre un'esegesi acuta e stimolante del dionisismo, dall'età classica all'ellenismo.

[37] Un frammento contenuto in un papiro di fine V sec. a.C. e attribuito a un autore della Commedia antica menziona Dioniso-Bacco e Semele, un *thiasos*, un *mystes* e il dono del vino, senza che sia possibile ricostruire il contesto generale. Cfr. A. BIERL, «Dionysus, Wine, and Tragic Poetry: A Metatheatrical Reading of P.Köln VI 242=TrGF II F 646a», *Greek, Roman and Byzantine Studies*, 31, 1990, p. 353-391.

[38] Sul culto dionisiaco nella città e più ampiamente in Magna Grecia si veda G. CASADIO, «Dionysus in Campania: Cumae», in G. CASADIO-P. A. JOHNSTON (eds.), *Mystic Cults in Magna Graecia*, Austin 2009, p. 33-45. Una aggiornata analisi della documentazione figurata in C. ISLER-KERÉNYI, «New Contributions of Dionysiac Iconography to the History of Religions in Greece and Italy», in CASADIO-JOHNSTON, *Mystic Cults...*, p. 61-72.

soltanto a chi fosse «stato fatto baccante» (*ou themis entoûtha keîsthai i me ton bebaccheuménon*)[39].

A mio parere – fatta salva l'esistenza di casi sporadici a carattere locale – si può consentire con gli studiosi che collocano fra la fine del IV e l'inizio del III sec. a.C. la progressiva, sempre più ampia maturazione di un processo di istituzionalizzazione di pratiche dionisiache di tipo iniziatico all'interno di comunità specializzate, spesso definite *thiasoi*, soprattutto numerose fino all'età imperiale romana in Egitto[40] e in Asia Minore[41]. Una ricca documentazione epigrafica permette di seguire le tappe e la diffusione di tale processo che, talora più o meno chiaramente collegato con le forme classiche del culto orgiastico, ha condotto alla formazione di circoli di «iniziati» (*mystai*), con un personale sacerdotale specializzato, tra cui lo ierofante e talora il daduco, cariche di tipica ascendenza eleusina, e menzione di *mysteria*[42]. Il prezioso *corpus* edito da Anne-Françoise

39 OF 652 BERNABÉ con bibliografia. Il dibattito su questo famoso documento è tuttora aperto né sono variati i termini del contendere tra gli studiosi. Cfr. TURCAN, « Bacchoi ou Bacchants ? De la dissidence des vivants à la ségrégation des morts », in *L'association dionysiaque dans les sociétés anciennes. Actes de la Table ronde organisée par l'École française de Rome*, Roma 1986, p. 227-246; J.-P. VERNANT, « Conclusion », in *L'association dionysiaque...*, p. 291-303 e J.-M. PAILLER, *Bacchus. Figures et pouvoirs*, Paris, 1995, p. 109-126. Cfr. anche S. Guettel COLE, «New Evidence for the Mysteries of Dionysos», *Greek, Roman and Byzantine Studies*, 21, 1980, p. 223-238. Si discute infatti se l'iscrizione sia riferibile ad ambiente dionisiaco ovvero orfico. Sul significato dei termini *bakchos* e *bakcheuein* nell'orfismo si veda A. I. JIMÉNEZ SAN CRISTÓBAL, «The Meaning of βάκχος and βακχεύειν in Orphism», in CASADIO-JOHNSTON, *Mystic Cults...*, p. 46-60.

40 Per l'Egitto ellenistico si può ricordare il famoso Editto di Tolomeo IV Filopatore del 210 a.C. circa, che imponeva una verifica della legittimità tradizionale dei *thiasoi* bacchici e il controllo del loro *hieròs logos* (CPO 29, BGU VI 1211 in SCARPI, *Le religioni dei misteri...*, Dionisismo E13). Cfr. G. ZUNTZ, «Once More: the So-called 'Edict of Philopator on the Dionysiac Mysteries' (BGU 1211)», *Hermes*, 91, 1963, p. 228-239; F. DUNAND, « Les associations dionysiaques au service du pouvoir lagide (IIIe s. av. J.-C.) », in *L'association dionysiaque...*, p. 85-103. Sull'uso di testi scritti nelle pratiche cultuali greche si veda il contributo fondamentale di A. HENRICHS, «'Hieroi Logoi' and 'Hierai Bibloi': The (Un)Written Margins of the Sacred in Ancient Greece», *Harvard Studies in Classical Philology*, 101, 2003, p. 207-266. Osservazioni pertinenti in F. MASSA, « Écrire pour Dionysos : la présence de textes écrits dans les rituels dionysiaques », *Revue de l'histoire des religions*, 230, 2013, p. 209-232.

41 Ancora utile G. QUANDT, *De Baccho ab Alexandri aetate in Asia Minore culto*, Halle, 1913.

42 Ampia documentazione in R. TURCAN, *Liturgies de l'initiation bacchique à l'époque romaine (LIBER). Documentation littéraire, inscrite et figurée*, Mémoires de l'Académie des inscriptions et belles-lettres, Paris, 2003.

Jaccottet[43] offre un materiale assai vario ma sostanzialmente omogeneo che illustra il fenomeno delle "associazioni religiose" tipico dello scenario sempre più globalizzato del mondo ellenistico-romano, in cui gli individui cercavano modalità nuove di identità religiosa e nel quale la figura e il culto di Dioniso hanno esercitato un ruolo molto rilevante. Tipica caratteristica di tale fenomeno è l'estrema varietà delle scelte locali, l'indipendenza e l'autonoma fisionomia delle singole associazioni[44], in cui carattere "privato" e rapporti "politici" con la comunità cittadina si componevano a vari livelli[45].

Un'altra, assai peculiare linea di sviluppo della religiosità dionisiaca – come già detto – è quella che si intreccia in varie modalità con la corrente ampia e diversificata che si conviene di definire orfica, per il suo coagularsi attorno alla figura del mitico poeta trace. L'espressione platonica di «quelli attorno ad Orfeo» (*hoi amphì Orphea*) ovvero di «cose orfiche» (*ta Orphikà*) rende efficacemente l'idea della specificità del fenomeno e insieme quella della sua intrinseca varietà, evocando individui che si richiamano a tale figura, evidentemente per le loro posizioni ideologiche e religiose, e configurando queste ultime come complesso di tradizioni teo-cosmologiche e di comportamenti particolari nel vasto scenario culturale greco. Se le fonti da tempo note permettevano già di tracciare la fisionomia degli uni e i contenuti delle altre, da alcuni decenni nuove scoperte archeologiche e papiracee di straordinario valore, hanno dato forza alla tesi che vede nel movimento orfico non una costruzione moderna sulla base di fatti disparati né un fenomeno antico ma prevalentemente letterario, fatto di quella «confusa congerie di libri» di cui parla un noto passo euripideo[46], e di cui erano

[43] A.-F. JACCOTTET, *Choisir Dionysos. Les associations dionysiaques ou la face cachée du dionysisme*, voll. 1-2, Zürich, 2003, di cui si apprezza anche l'equilibrato commento.

[44] A.-F. JACCOTTET, « Un dieu, plusieurs mystères ? Les différents visages des mystères dionysiaques », in C. BONNET-J. RÜPKE-P. SCARPI (eds.), *Religions orientales – culti misterici. Neue Perspektiven – nouvelles perspectives – prospettive nuove*, Stuttgart, 2006, p. 219-230.

[45] Sui caratteri generali di questa problematica si vedano i contributi editi da V. DASEN-M. PIÉRART (eds.), *Ἰδίᾳ καὶ δημοσίᾳ. Les cadres « privés » et « publics » de la religion grecque antique*, Liège, 2005. In particolare su tale ambivalenza nel quadro del dionisismo cfr. ivi JACCOTTET, « Du thiase aux mystères. Dionysos entre le 'privé' et l''officiel' », p. 191-202.

[46] Euripide, *Ippolito* 952-954 in G. COLLI, *La sapienza greca*..., 4 [A 16]. Anche in questo caso, del resto, «i fumi di molti libri» di cui si vanta il giovane Ippolito sono connessi ad una speciale condotta di vita che implica astensione dalle carni. Egualmente, il «fare il baccante avendo Orfeo come signore», se non può essere inteso in senso strettamente tecnico di pratiche dionisiache-orfiche, certamente

autori e portatori individui isolati o corpuscoli marginali di operatori rituali, bensì una vasta rete di individui e di comunità che fondavano la propria esistenza e le proprie attese escatologiche su un «antico discorso» dotato dell'autorità di una figura mediale fra uomini e dèi quale era Orfeo, su una condotta di vita astensionistica[47] e su pratiche rituali a finalità catartica che, in momenti e contesti diversi, tendono ad assumere valenze misteriche, ossia tratti di esoterismo e iniziazione, con la relativa sfera semantica.

In questo quadro la figura di Dioniso si pone quale uno dei baricentri più importanti dell'intera visione ideologica e rituale, come risulta dalla documentazione e come ora è confermato, per il V sec. a.C., dalla scoperta di tre tavolette in osso con iscrizioni nella città di Olbia pontica[48], che già Erodoto ci mostrava quale sede di culto bacchico, nella forma dei tiasi cui volle aderire, con funeste conseguente, il re scita Sckylas[49]. In tutti e tre i piccoli monumenti,

evocava nel pubblico ateniese un rapporto fra i due contesti e soprattutto un'esperienza entusiastica peculiare, comune ad essi. Sulla «baraonda di libri di Museo e di Orfeo, figli di Selene e delle Muse», in possesso dei girovaghi purificatori cfr. Platone, *Rep.* 364 e OF 573 I BERNABÉ in BERNABÉ, *Platón y el orfismo. Diálogos entre religión y filosofía*, Madrid, 2011, T.3; SCARPI, *Le religioni dei misteri…*, Orfismo C5. Tali opere peraltro avevano una specifica connessione rituale, essendo utilizzate in vista del compimento di sacrifici (…*kath'has thuepoloûsin*). Sui "professionisti del libro" nell'Atene classica si veda M. A. SANTAMARÍA ÁLVAREZ, «Dos tipos de profesionales del libro en la Atenas clásica: sofistas y órficos», in P. FERNÁNDEZ ÁLVAREZ et al. (eds.), Est hic varia lectio. *La lectura en el mundo antiguo*, Salamanca, 2008, p. 63-81.

47 L'astensione dai cibi carnei ne è uno dei tratti fondamentali. Si vedano gli *Orphikoi bioi* di cui parla Platone (*Leg.* 782 e = OF 650 BERNABÉ, in BERNABÉ, *Platón y el orfismo…*, T. 11 e il testo di Euripide citato nella nota precedente, cui si può aggiungere il noto frammento dei *Cretesi*. Cfr. G. CASADIO, «I *Cretesi* di Euripide e l'ascesi orfica», in V. F. CICERONE (ed.), *Didattica del classico*, Foggia, 1990, p. 278-310.

48 Una prima accurata analisi di questi documenti di notevole rilevanza storico-religiosa in M. L. WEST, «The Orphics of Olbia», *Zeitschrift für Papyrologie und Epigraphik*, 45, 1982, p. 17-29. In ultimo si veda FERRARI (F.), «Orphics at Olbia?» in G. COLESANTI-L. LULLI (eds.), *Submerged Literature in Ancient Greek Culture.* Volume 2. *Case Studies*, Berlin-Boston, 2016, p. 167-186.

49 Erodoto, *Hist.* IV, 77-79. Cfr. COLLI, *La sapienza greca…*, 1 [A 17]. La fonte, come è noto, ha dato adito a interpretazioni diverse, individuando in essa alcuni studiosi la testimonianza di una prassi iniziatica, espressa dalla formula di un *telein toi Dionysiôi*. Tuttavia le manifestazioni di *orgiasmòs* dei tiasi cui partecipa il personaggio presentano la tipica forma pubblica di comportamenti entusiastici che resero manifesta al popolo l'adesione del sovrano a una forma di prassi rituale "straniera", ritenuta riprovevole e quindi causa della messa a morte del personaggio. Su altri documenti di culto dionisiaco nella città cfr. M. TORTORELLI GHIDINI, *Figli*

verisimilmente *symbola* identificativi della qualità religiosa dei fedeli che li possedevano, appare il nome di Dioniso, che in un caso (Tav. 1 = 94 DUBOIS) è seguito dal termine *Orphik[oi]* «Orfici» che designerebbe pertanto i fedeli, ovvero, secondo un'altra possibile lettura, *Orphik[òs]*, quindi un «Dioniso orfico». A questo marchio inequivocabile di identità[50] si accompagnano sequenze di termini che evocano un orizzonte interessato alla nozione di «verità» connessa al ciclo di «vita morte vita» (Tav. 1 = 94 DUBOIS), alla inevitabile coesistenza dei contrari: «pace guerra verità menzogna» (Tav. 2 = 94b DUBOIS) e ancora ad una distinzione-opposizione «corpo anima» solidale con quella «menzogna (verità)» (Tav. 3 = 94c DUBOIS).

Ne risulta chiara la presenza di comunità di individui che ponevano sotto il patrocinio di Dioniso un patrimonio di credenze di contenuto antropologico in una più ampia visione dell'essere dominata da forze contrarie ma con una apertura soteriologica in direzione di un superamento del ciclo di «vita-morte» con conseguimento finale della «vita»[51].

Nulla ci permette di concludere che i membri di tale comunità fossero sottoposti a quel rito peculiare che era l'iniziazione, configurando la propria identità in senso misterico *strictu senso* e tale incertezza permane anche a proposito della famosa e controversa

della Terra e del Cielo stellato. Testi orfici con traduzione e commento, Napoli, 2006, p. 149-151, che offre anche una bibliografia essenziale ed edizione dei testi con traduzione, che utilizzo in questa sede (p. 151-161). Una puntuale analisi della testimonianza erodotea e, più ampiamente, della *facies* religiosa di segno dionisiaco e orfico del mondo scitico in G. HINGE, « Dionysos and Herakles in Scythia. The Eschatological String of Herodotos' Book 4 », in P. G. BILDE-J. H. PETERSEN (eds.), *Meetings of Cultures in the Black Sea Region: Between Conflict and Coexistence* (Black Sea Studies 7), Aarhus 2008, p. 369-397.

50 R. G. EDMONDS III, *Extra-Ordinary People...*, p. 27 relega nel limbo di una "incertezza" questa testimonianza, dichiarando: «The reading of *Orphikoi* on the Olbian bone tablet (463 B) remains doubtful, but later Neoplatonists use the term». Bisogna infatti ribadire che solo la parte finale del termine è mancante, mentre si legge un *orphik* che può essere integrato come *orphik[os* in relazione a Dioniso ovvero *orphik[oi*, in relazione alle persone che portavano le tavolette di osso come segno della propria identità religiosa. Cfr. L. DUBOIS, *Inscriptions grecques dialectales d'Olbia du Pont*, Genève, 1996, 154 n° 94 a-c = OF 463-465 BERNABÉ.

51 Sulla nozione di metensomatosi / metempsicosi nell'orfismo cfr. G. CASADIO, «La metempsicosi tra Orfeo e Pitagora», in PH. BORGEAUD (ed.), *Orphisme et Orphée en l'honneur de Jean Rudhardt*, Genève, 1991, p. 119-155; BERNABÉ, *La transmigración entre los Órficos*, in A. BERNABÉ-M. KAHLE-M. A. SANTAMARÍA (eds.), *Reencarnación. La transmigación de las almas entre Oriente y Occidente*, Madrid, 2011, p. 179-210.

testimonianza eraclitea che associa «iniziati» (*mystai*) a «baccanti, menadi, *magoi*», ponendoli a quanto pare nell'unica categoria di quanti celebrano in maniera impropria i *mysteria* e nutrono speranze escatologiche che agli occhi del filosofo saranno deluse, essendo essi piuttosto destinati alla pena del fuoco[52].

Le testimonianze sul rapporto tra sfera dionisiaca e orfica si addensano nel IV sec. a.C. e in alcuni casi emerge quella evoluzione semantica in direzione misterica della terminologia che designa i riti e quanti vi partecipano, la quale sembra interpretabile come indizio di una parallela trasformazione dell'orizzonte ideologico e cultuale[53]. E' noto lo straordinario contributo di recenti ritrovamenti archeologici alla conoscenza di ambienti religiosi interessati al destino ultraterreno dell'uomo, i quali esprimevano le proprie credenze religiose e le attese escatologiche in formule pregnanti incise su laminette d'oro che accompagnavano il defunto nel suo viaggio nell'aldilà, descrivendo talora le tappe di un percorso infero che l'anima avrebbe dovuto attraversare[54].

[52] Eraclito fr. in Clemente Alessandrino, *Protr.* 22, 2. Come è noto l'esegesi di questa fonte è assai controversa, per la difficoltà di distinguere il dettato eracliteo da un eventuale intervento dell'autore cristiano. Nella edizione di Diano (C. DIANO-G. SERRA, eds., *Eraclito. I frammenti e le testimonianze*, Cles, 1980, 1993^2) viene "salvato" come fr. 122 dal testo di Clemente soltanto il detto: «I riti dei misteri in uso fra gli uomini non hanno nulla di sacro», con commento p. 191-192. Tale procedimento appare troppo riduttivo. Cfr. M. MARCHOVICH (ed.), *Eraclito. Frammenti*, Firenze, 1978, p. 325 e l'analisi di D. BABUT, «Héraclite et la religion populaire», *Revue des études anciennes*, 77, 1975, p. 27-31. Cfr. anche F. GRÉGOIRE, «Héraclite et les cultes enthousiastes», *Revue néoscolastique de philosophie*, 1935, p. 43-63. A favore della sostanziale autenticità della citazione eraclitea si veda Bremmer, *Initiation into the Mysteries*..., p. 70 n. 85 e, con ampie argomentazioni, L. GEMELLI MARCIANO, «A chi profetizza Eraclito di Efeso? Eraclito "specialista del sacro" fra Oriente e Occidente», in C. RIEDWEG (ed.), *Grecia Maggiore: intrecci culturali con l'Asia nel periodo arcaico*, Basilea, 2009, p. 99-122, in particolare p. 104-109.

[53] Cfr. W. BURKERT, «Orphism and Bacchic Mysteries: New Evidence and Old Problems of Interpretation», *The Center for Hermeneutical Studies in Hellenistic and Modern Culture*, University of Berkeley, California, Protocol of the Twenty-Eight Colloquy: 13 march 1977, p. 1-48 e ID., «Bacchic *Teletai* in the Hellenistic Age», in CARPENTER-FARAONE, *Masks of Dionysos*..., p. 259-275.

[54] Storia delle scoperte e ampia bibliografia nell'edizione di A. BERNABÉ-I. A. JIMÉNEZ SAN CRISTÓBAL, *Instructions for the Netherworld. The Orphic Gold Tablets*, Leiden-Boston, 2008. Oltre TORTORELLI GHIDINI, *Figli della Terra*.., si segnalano le edizioni di G. PUGLIESE CARRATELLI, *Le lamine d'oro orfiche. Istruzioni per il viaggio oltremondano degli iniziati greci*, Milano, 2001 e di F. GRAF-I. S. JOHNSTON (eds.), *Ritual Texts for the Afterlife. Orpheus and the*

Le prime scoperte avevano mostrato soprattutto la Magna Grecia come sede di tali ambienti, precisamente la località di Thurii, e le successive, confermando tale localizzazione con le laminette di Hipponion e di Petelia, hanno ampliato notevolmente il quadro, in direzione della Sicilia (Entella), Creta (Eleutherna, Sfakaki e Mylopotamos), l'Achaia (Aigion), la Tessaglia (Pelinna, Pherae e Pharsalos) e la Macedonia (Amphipolis, Pella / Dion), mostrando la diffusione di un tipo di religiosità ispirata da una peculiare visione antropologica che riconosce un'origine divina dell'anima («sono figlio della Terra e del Cielo stellato» è una delle formule più ricorrenti nelle laminette), una dolorosa caduta nel ciclo delle rinascite, talora presentata come punizione «di azioni non giuste»[55], e quindi una liberazione e un definitivo ritorno «alle sedi dei puri», configurato in alcuni casi come una divinizzazione[56].

Il dibattito per l'identificazione del parametro di riferimento di tali documenti (Eleusi, pitagorismo, orfismo), in seguito alle nuove scoperte che ci mostrano il ruolo decisivo di Dioniso in tale orizzonte religioso, è attualmente orientato in prevalenza nel senso del riconoscimento della loro pertinenza ad ambienti orfici che coniugavano strettamente tale ruolo a un'antropologia dicotomica e a forti istanze soteriologiche in direzione escatologica[57]. Ai nostri fini

Bacchic Gold Tablets, London – New York, 2007. Importanti contributi in R.G. EDMONDS III (ed.), *The 'Orphic" Gold Tablets and Greek Religion: Further along the Path*, Cambridge – New York, 2010.

[55] Laminetta Thurii IV della metà del IV sec. a.C. ed. TORTORELLI GHIDINI, *Figli della Terra...*, 6, p. 76-77: «Vengo pura tra puri, o sovrana degli Inferi, / o Eucle e Eubuleo e altri dèi (e) demoni, / ché anch'io dichiaro d'appartenere alla vostra stirpe beata. / Pagai la pena di azioni non giuste, / sia che la Moira mi assoggettò sia il Folgoratore tuonando. / Ora vengo supplice alla santa Persefone, / perché benevola mi mandi alla sede dei puri.»

[56] «Dio sei diventato da uomo» proclama il personaggio che accoglie il defunto nella laminetta di Thurii II ed. TORTORELLI GHIDINI, *Figli della Terra...*, 4, p. 72-73. Cfr. Thurii III ed. TORTORELLI GHIDINI, *Figli della Terra...*, 3, p. 74-75: «Felice e beatissimo, sarai dio anzi che mortale.» Assonanze misteriche nel linguaggio di queste laminette sono individuate da F. FERRARI, «Sotto il velame. Le formule misteriche nelle lamine del Timpone piccolo di Thurii», *Studi classici e orientali*, 50, 2004, p. 89-105, di cui si veda anche l'interpretazione proposta nei saggi «Per leggere le lamine misteriche», *Prometheus*, 34, 2008, p. 1-26; «Per leggere le lamine misteriche (II parte)», *ibid.*, p. 97-112.

[57] F. GRAF, «Dionysian and Orphic Eschatology: New Texts and Old Questions», in CARPENTER-FARAONE, *Masks of Dionysus...*, p. 239-258; S. Guettel COLE, «Voices from beyond the Grave: Dionysus and the Dead», *ibid.*, p. 276-295. Sulla rappresentazione dell'oltretomba cfr. BERNABÉ, «*Imago Inferorum Orphica*», in CASADIO-JOHNSTON, *Mystic Cults...*, p. 95-130.

interessa ora constatare come in questa documentazione affiori più o meno netta una tendenza ad assumere linguaggio e verisimilmente strutture rituali di tipo misterico.

La laminetta rinvenuta a Hipponion (Vibo Valentia, Calabria), la più antica della serie, databile tra la fine del V e gli inizi del IV sec. a.C., nel delineare l'itinerario infero che il defunto dovrà percorrere, gli indica «la sacra via verso la quale / procedono anche gli altri iniziati e *bacchoi* gloriosi»[58]. La stretta associazione di *mystai kai bacchoi* sembra interpretabile nel senso di una specifica solidarietà se non identità fra le due condizioni, alle quali è in pari tempo assimilata quella del defunto. Nelle laminette di Pelinna il destino beato del fedele, in una prospettiva di rinascita oltre la morte, è annunziato a Persefone quale opera di Dioniso («Ora muori e ora nasci, o tre volte beato, in questo giorno. / Di' a Persefone che Bacchio stesso ti liberò») e si assicura al defunto l'ottenimento «sotto terra» del medesimo premio «degli altri beati»[59].

La terminologia misterica è netta in una prima laminetta di Pherae (Tessaglia) databile alla metà o fine del IV sec. a.C., in cui si parla di *symbola*[60] e di due diversi tipi di tirso, rispettivamente «da bambino» e da «uomo», e si invoca Brimò. Il locutore invita il defunto in questi termini: «Entra nel sacro prato, / ché libero da pene è l'iniziato (*ho mystes*)»[61]. In una seconda lamina aurea della medesima località e di eguale datazione il linguaggio è egualmente esplicito: «Inviami – chiede il defunto all'interlocutore divino – ai tiasi degli iniziati (*mystôn thiasous*)» e mostra le proprie credenziali: «Io posseggo gli *orgia* [che in questo caso sono verisimilmente i sacri oggetti ricevuti nel corso

[58] Hipponion ed. TORTORELLI GHIDINI, *Figli della Terra*..., 1, p. 162-165; GRAF-JOHNSTON, *Ritual Texts*..., 1, p. 4-5.

[59] Pelinna a, fine del IV sec. a.C. ed. TORTORELLI GHIDINI, *Figli della Terra*..., 10, p. 84-85; cfr. Pelinna b ed. TORTORELLI GHIDINI, *Figli della Terra*...,11, p. 84-86. GRAF-JOHNSTON, *Ritual Texts*..., 26 a-b, p. 36-37. Cfr. TORTORELLI GHIDINI, «Dioniso e Persefone nelle lamine d'oro di Pelinna», in *Mathesis e philia. Studi in onore di Marcello Gigante*, Napoli, 1995, p. 79-85.

[60] Il termine *symbola* si legge egualmente alla fine, frammentaria, della laminetta di Entella (lin. 20), ed. TORTORELLI GHIDINI, *Figli della Terra*..., 13, p. 90-95.

[61] Pherae, fine del IV sec. a.C. ed. TORTORELLI GHIDINI, *Figli di Terra*..., 12, p. 88-89; GRAF-JOHNSTON, *Ritual Text*..., Pherae 1, p. 27. L'iscrizione funeraria di Licofrone, figlio di Filisco, proveniente dalla città (III sec. a.C.) vi conferma la presenza di concezioni "mistiche". Il personaggio si proclama proveniente dal «fuoco immortale» mentre il suo corpo appartiene alla «madre Terra» (A. AVAGIANOU, «Physiology and Mysticism at Pherai. The Funerary Epigram for Lykophron», *Kernos*, 15, 2002, p. 75-89).

dell'iniziazione] e i riti *(<te>le*) di Demetra Ctonia e della Madre Montana»[62].

Essa interviene quindi a designare i possessori delle lamine macedoni. Se ad Amphipolis Archeboule, figlia di Antidoros, si proclama «pura consacrata a Dioniso Bacchio» *(euagès hierà Dionysiou Bacchiou)*[63], a Pella / Dion Posidippo, rivolgendosi a Persefone, si proclama «pio iniziato» (*mystes eusebés*)[64], secondo una terminologia che risulta pressoché tecnica in documenti analoghi di età ellenistica. Da Aigion in Achaia provengono infatti tre laminette attribuibili a tale periodo, i cui possessori di auto-definiscono «iniziati»[65].

Nel Papiro di Derveni, come si è detto, il commentatore descrive un contesto rituale con importanti riferimenti a pratiche catartiche, a sacrifici e a «iniziati», oltre che a operatori rituali denominati *magoi*. A parere di alcuni studiosi, lo stesso testo orfico commentato dall'autore potrebbe essere stato utilizzato a fini rituali, all'interno di una comunità di cui costituirebbe il «discorso sacro» (*hieròs logos*) posto sotto l'autorità di Orfeo[66].

[62] GRAF-JOHNSTON, *Ritual Texts...*, Pherae 2, p. 28 che traducono *orgia* con «rituals». Cfr. W. D. FURLEY, «Admit Me to the Company of Initiated: Suggestions on the Text of the Recently (Re-)discovered Gold Funerary Lamella from Pherai», *Zeitschrift für Papyrologie und Epigraphik*, 170, 2009, p. 31-34 e già F. FERRARI-L. PRAUSCELLO, «Demeter Chtonia and the Mountain Mother in a New Gold Tablet from Magoula Mati», *Zeitschrift für Papyrologie und Epigraphik*, 162, 2007, p. 193-202, per il rapporto cultuale fra Demetra Ctonia e la Madre Montana. Sulle connessioni fra le due divinità, per cui sembra possibile parlare di "connotazioni metroache di Demetra" mi permetto di rimandare a SFAMENI GASPARRO, «Connotazioni metroache di Demetra nel coro dell'*Elena* (vv.1301-1365)», in M. B. DE BOER-T. A. EDRIDGE (eds.), *Hommages à Maarten J. Vermaseren*, vol. III, Leiden, 1978, p. 1148-1187, rist in EAD. *Misteri e Teologie...*, p. 329-372.

[63] GRAF-JOHNSTON, *Ritual Texts...*, 30, p. 40 sq. Cfr. A. I. JIMÉNEZ SAN CRISTÓBAL, «Dos nuevas lamillas áureas halladas en Macedonia», *Φίλου σκιάν*, *Studia philologiae in honorem Rosae Aguilar ab amicis et sodalibus dicata*, Madrid, 2007, p. 183-190.

[64] GRAF-JOHNSTON, *Ritual Texts...*, 31, p. 42-43: fine IV sec. a.C. Esegesi del documento in M. W. DICKIE, «The Dionysiac Mysteries in Pella», *Zeitschrift für Papyrologie und Epigraphik*, 109, 1995, p. 81-86 e ID., «Poets as Initiates in the Mysteries: Euphorion, Philicus and Posidippus», *Antike und Abenland*, 44, 1998, p. 49-77. Cf. anche L. ROSSI, «Il testamento di Posidippo e le laminette auree di Pella», *Zeitschrift für Papyrologie und Epigraphik*, 112, 1996, p. 59-65.

[65] GRAF-JOHNSTON, *Ritual Texts...*, 20-22, p. 30-31.

[66] Si veda l'argomentazione della col. VII che, pur fortemente mutila, sembra fondare tale conclusione (ed. TORTORELLI GHIDINI, *Figli della Terra...*, p. 192-193). Una esegesi in tal senso è proposta da CH. RIEDWEG, «Initiation-Tod-Unterwelt.

Del tutto esplicito nell'evocare una *teleté* dai chiari tratti orfici e dionisiaci che ha assunto un preciso valore misterico, con iniziazione e precetto dell'esoterismo, è il documento contenuto nel papiro ritrovato a Gurob, in Egitto, e datato nel III sec. a.C. Esso presenta straordinarie e specifiche concordanze con la notizia offerta nel II sec. d.C. sui «misteri di Dioniso» da Clemente Alessandrino, il quale ricorda anche alcuni versi del «poeta dell'iniziazione Orfeo» che chiaramente evocano il medesimo contesto[67]. I riferimenti sparsi nel testo assai frammentario di Gurob (pezzi di carne cruda, prezzo del riscatto (*poina*), padri [empi?], Brimò, Demetra e Rhea e i Cureti, bei riti, ariete e capro, Eubuleo ed Erikepaios), tra cui soprattutto l'esclamazione «uno è Dioniso», «dio attraverso il grembo», azioni rituali («bevvi vino», «getta nel cesto») e i *symbola* (trottola, rombo, dadi, raganella, specchio), si compongono in un quadro coerente e unitario nella narrazione dell'autore cristiano, di cui si conferma pertanto la corretta informazione mentre il rituale da lui descritto risulta essere ben più antico. L'elemento qualificante del quadro è la stretta connessione fra una drammatica vicenda divina e la prassi

Kommunikationssituation und narrativen Technik der orphisch-bakchischen Goldblaettchen», in F. GRAF-Ch. RIEDWEG-T. A. SZLEZAK (eds,), *Ansichten griechischer Rituale. Geburtstags-Symposium für Walter Burkert,* Stuttgart-Leipzig, 1998, p. 359-398 e ID., «Poésie orphique et rituel initiatique. Éléments d'un "Discours sacré" dans les lamelles d'or», *Revue de l'histoire des religions*, 219, 2002, p. 459-481 e da F. GRAF in GRAF-JOHNSTON, *Ritual Texts*..., p. 137-140 e ID., «Derveni and Ritual», in I. PAPADOPOULOU-L. MUELLNER (eds.), *The Derveni Papyrus: Proceedings of the Derveni Papyrus Conference at the Center for Hellenic Studies, Classics@5*, 2011: http://chs.harvard.edu/wa/pageR?tn=ArticleWrapper& bdc=12&mn=2653, p. 1-17. Si veda anche A. BERNABÉ, «On the Rites Described and Commented upon in the Derveni Papyrus, cols. I-VI», in PAPADOPOULOU-MUELLNER, *The Derveni Papyrus*..., § 2.3, 2.4. 2011. Sulla ritualità orfica, quale emerge dal complesso della documentazione, si veda la dettagliata analisi di A. I. JIMÉNEZ SAN CRISTOBAL, *Rituales órficos,* Tesis doctoral, Universidad Complutense de Madrid 2002 (CDRom edition) e la perpicua sintesi in EAD., «El ritual y los ritos órficos», in BERNABÉ-CASADESÚS, *Orfeo y la tradición órfica*..., p. 731-770.

[67] OF 578 F BERNABÉ. Clemente Alessandrino, *Protr.* II, 17, 2-18, 2 in SCARPI, *Le religioni dei misteri*..., Orfismo A15. I versi orfici suonano: «Trottola e rombo e bambole con le membra articolate, / e belle mele dorate delle Esperidi dalla voce sonora.» Ricca documentazione iconografica su "lo specchio di Dioniso" in R. TAYLOR, *The Moral Mirror of Roman Art*, Cambridge – New York, 2008, p. 90-136.

cultuale, con i suoi *symbola*[68]: si tratta del mito di Dioniso fanciullo aggredito dai Titani che «lo ingannarono con dei giocattoli per bambini e… lo fecero a pezzi» che poi gettarono in un calderone e quindi arrostirono al fuoco. Atena sottrasse e custodì il cuore di Dioniso e Zeus intervenne folgorando i Titani e consegnò poi le membra del figlio ad Apollo, che le seppellì sul monte Parnaso.

Nel VI sec. d.C. Olimpiodoro, a commento di un passo del *Fedone* (1, 3, 3-14) evocherà questo medesimo mito situandolo in un preciso contesto antropologico: i Titani avrebbero gustato le carni del fanciullo divino e «Zeus allora si adirò e li fulminò; dal denso fumo dei vapori che erano scaturiti si formò la materia da cui ebbero origine gli uomini». L'autore neoplatonico chiarisce il significato di questo racconto tradizionale, attribuito esplicitamente ad Orfeo (*parà tôi Orpheî*): «Dunque non ci dobbiamo suicidare non per la ragione che sembra addurre il significato letterale, perché nel corpo siamo come in una sorta di prigione – e questo è chiaro –… ma …non ci dobbiamo suicidare in quanto il nostro corpo è dionisiaco: noi siamo parte di lui, se siamo davvero formati dal denso fumo dei Titani che ne gustarono le carni[69].»

E' ben noto il dibattito aperto nella tradizione storiografica sull'esegesi di questa fonte, per alcuni frutto di una tardiva interpretazione in senso antropologico del mito dionisiaco elaborata in ambiente neoplatonico. Per altri studiosi essa sarebbe invece espressione esplicita di tale significato, inerente a un quadro mitico relativo al dramma del dio, di cui non si può negare di fatto l'antichità, risalente almeno a fonti di III sec. a.C.[70] ma del quale si possono individure significative tracce già nel IV sec. a.C. Alle tesi estreme, fortemente decostruzioniste di Luc Brisson[71] e soprattutto di Radcliffe

[68] Sul significato originario del termine e sul suo uso misterico si veda M. TORTORELLI GHIDINI, «Semantica e origine misterica dei 'symbola'», *Filosofia e teologia*, 5, 1991, p. 391-395.

[69] Olimpiodoro, *Comm. Plat. Phaed.* 1,3,3-14 in SCARPI, *Le religioni dei misteri…*, Orfismo A16.

[70] Questo dato è opportunamente sottolineato nel contributo di A. HENRICHS, «Dionysos Dismembered and Restored to Life: The Earliest Evidence (OF 59 I–II)», in M. HERRERO DE JÁUREGUI ET AL. (eds.), *Tracing Orpheus. Studies of Orphic Fragments In Honour of Alberto Bernabé*, Berlin-Boston, 2011, p. 61-68, che propone un'equilibrata messa a punto del problema.

[71] L. BRISSON, « Le corps 'dionysiaque' : l'anthropogonie décrite dans le *Commentaire sur le Phédon* de Platon (1, par. 3-6) attribué à Olympiodore est-elle orphique ? », in M.-O. GOULET-CAZÉ – G. MADEC – D. O'BRIEN (eds.), *Σοφίης*

G. Edmonds III, il quale giudica un'invenzione moderna il mito dell'origine dionisiaca dell'umanità, determinata da un preconcetto cristiano che vi riconoscerebbe espressa la nozione di un "peccato originale"[72], si oppone la posizione di Alberto Bernabé. Intervenuto più volte sul tema, egli offre – sulla base dell'intera documentazione – una dimostrazione convincente dell'antichità e della pertinenza antropologica della vicenda dionisiaca, alla quale ritengo di potere consentire[73]. In particolare opportuna è la distinzione che lo studioso, accogliendo le conclusioni di Ugo Bianchi[74], sottolinea fra la nozione di "peccato originale" nella visione cristiana quale trasgressione dei protoplasti, ossia di una coppia umana, e quella di "colpa antecedente", espressa nel mito in questione e variamente evocata nella tradizione orfica, in quanto azione ingiusta compiuta da esseri extra-umani quali sono i Titani, che condiziona lo statuto esistenziale dell'umanità che ne deriva.

Soprattutto convincente mi sembra l'insistenza dello studioso sul rapporto stabilito a livello rituale tra tale vicenda e l'esperienza del fedele, quale emerge dal testo di Gurob e dalla notizia di Clemente. La rievocazione cultuale del dramma del fanciullo divino, di fatto, acquista pieno significato religioso se ad essa si attribuisce da parte dei fedeli un rapporto con la condizione dell'uomo ed un'efficacia soteriologica.

Numerosi e forti indizi permettono di fare risalire ancora indietro nel tempo questa visione, al V sec. a.C. con Pindaro[75] e al IV sec. a.C.

μαιήτορες. « Chercheurs de sagesse ». Hommage à Jean Pépin, Paris, 1992, p. 481-499.

[72] R. G. EDMONDS III, «Tearing Apart the Zagreus Myth: A Few Disparaging Remarks on Orphism and Original Sin», *Classical Antiquity*, 18, 1999, p. 35-73. L'interpretazione è ribadita in tutti i numerosi interventi sul tema dello studioso, di cui si veda il volume di sintesi, *Redefining Ancient Orphism: A Study in Greek Religion*, Cambridge – New York, 2013.

[73] Si vedano in particolare i saggi: « La toile de Pénélope : a-t-il existé un mythe orphique sur Dionysos et les Titans ? », *Revue de l'histoire des religions*, 219, 2002, p. 401-433 e «Autour du mythe orphique sur Dionysos et les Titans. Quelques notes critiques», in D. ACCORINTI-P. CHUVIN (eds.), *Des Géants à Dionysos. Mélanges de mythologie et de poésie grecques offerts à Francis Vian*, Alessandria, 2003, p. 25-39. La tesi interpretativa è ampiamente sviluppata nel volume *Platón y el orfismo...*

[74] U. BIANCHI, « Péché originel et péché "antécédent" », *Revue de l'histoire des religions*, 170, 1966, p. 117-126 e *Prometeo, Orfeo, Adamo. Tematiche religiose sul destino, il male, la salvezza*, Roma, 1976, p. 129-143.

[75] Pindaro fr. 133 MAEHLER = 65 CANNATÀ FERA *apud* Platone, *Menone* 81 a (OF 424 BERNABÉ) in BERNABÉ, *Platón y el orfismo...*, T. 25 p. 290: *poinà*, "debito,

con la nozione platonica della «antica natura titanica» che gli uomini violenti e ingiusti «manifestano e imitano»[76], mentre particolarmente significativa appare l'affermazione di Senocrate, secondo cui la «custodia» (*phrourà*) corporea «è titanica e culmina in Dioniso», in quanto collega esplicitamente a Dioniso e ai Titani la dimensione antropologica[77].

Ai fini della nostra problematica sembra legittimo dedurre da questi dati che l'evoluzione e la trasformazione in senso esoterico-iniziatico delle *teletaì* orfiche sia stata parallela ad un processo di sempre più stretta connessione con la sfera dionisiaca quale, sulla base di rapporti peraltro più antichi, si constata avvenuta in alcuni ambienti come quelli riflessi nella documentazione esaminata tra IV e III sec. a.C. con la creazione di nuove strutture rituali che intendono collegarsi alla vicenda divina narrata nel mito, attualizzata nell'esperienza dell'iniziato.

Giulia SFAMENI GASPARRO
Università di Messina

BIBLIOGRAFIA

AA.VV. *L'association dionysiaque dans les sociétés anciennes. Actes de la table ronde organisée par l'École française de Rome (Rome 24-25 mai 1984)*, Rome, 1986.

AVAGIANOU (A.), «Physiology and Mysticism at Pherai. The Funerary Epigram for Lykophron», *Kernos*, 15, 2002, p. 75-89.

BABUT (D.), «Héraclite et la religion populaire», *Revue des études anciennes*, 77, 1975, p. 27-31.

BELAYCHE (N.) – MASSA (F.) (eds.), « Dossier: "Les Mystères": questionner une catégorie », *Metis*, NS 14, 2016, p. 7-32.

BERNABÉ (A), « La théogonie orphique du papyrus de Derveni », *Kernos*, 15, 2002, p. 91-129.

prezzo del riscatto" pagato dall'uomo a Persefone per "l'antica sofferenza" della dea.

[76] Platone, *Leg.* 701b OF 37 I BERNABÉ; BERNABÉ, *Platón y el orfismo*..., T. 34.

[77] *Apud* Damascio, *in Plat. Phaed.* I, 2 = OF 38 I BERNABÉ. Cfr. BERNABÉ, *Platón y el orfismo*... T. 35 e p. 304.

__, « La toile de Pénélope : a-t-il existé un mythe orphique sur Dionysos et les Titans ? », *Revue de l'histoire des religions*, 219, 2002, p. 401-433.

__, « Autour du mythe orphique sur Dionysos et les Titans. Quelques notes critiques », in D. ACCORINTI – P. CHUVIN (eds), *Des Géants à Dionysos. Mélanges de mythologie et de poésie grecques offerts à Francis Vian*, Alessandria, 2003, p. 25-39.

__, *Poetae epici Graeci. Testimonia et fragmenta*, Pars II *Orphicorum et Orphicis similium testimonia et fragmenta* Fasc. 1-2, Monachii et Lipsiae, 2004-2005, Fasc. 3 *Musaeus · Linus · Epimenides · Papyrus Derveni · Indices*, Berolini – Novi Eboraci, 2007.

__, «Μάγοι en el Papiro de Derveni: ¿Magos persas, charlatanes u oficiantes órficos?», in E. CALDERÓN – A. MORALES – M. VALVERDE (eds.), *Koinos Logos. Homenaje al profesor José García López*, Murcia, 2006, p. 99-109.

__, «The Derveni Theogony: Many Questions and Some Answers», *Harvard Studies in Classical Philology*, 103, 2007, p. 99-133.

__, «*Imago Inferorum Orphica*», in G. CASADIO – P.A. JOHNSTON (eds.), *Mystic Cults in Magna Graecia*, Austin, 2009, p. 95-130.

__, «Orpheus and Eleusis», *Thracia*, 18, 2009, 89-98.

__, «On the Rites Described and Commented upon in the Derveni Papyrus, cols. I-VI», in I. PAPADOPOULOU – L. MUELLNER (eds.), *The Derveni Papyrus: Proceedings of the Derveni Papyrus Conference at the Center for Hellenic Studies July 7-9 2008, Classics@5*, 2011: http://chs.harvard.edu/wa/pageR?tn=ArticleWrapper& bdc=12&mn=2653 § 2.3, 2.4. 2011.

__, *Platón y el orfismo. Diálogos entre religión y filosofía*, Madrid, 2011.

__, *La transmigración entre los Órficos*, in A. BERNABÉ – M. KAHLE – M. A. SANTAMARÍA (eds), *Reencarnación. La transmigración de las almas entre Oriente y Occidente*, Madrid, 2011, p. 179-210.

BERNABÉ (A.) – CASADESÚS (F.) (eds.), *Orfeo y la tradición órfica. Un reencuentro*, voll. I-II, Madrid, 2008.

BERNABÉ (A.) – CASADESÚS (F.) – SANTAMARIA (M. A.) (eds.), *Orfeo y Orfismo. Nuevas perspectivas*, Edición digital, Alicante, 2010. http://wwwcervantes virtual.com/FischaeObra. html?Fef=35069.

BERNABÉ (A.) – HERRERO DE JÁUREGUI (M.) – JIMÉNEZ SAN CRISTÓBAL (A.I.) – MARTÍN HERNÁNDEZ (R.) (eds.), *Redefining Dionysos*, Berlin and Boston, 2013.

BERNABÉ (A.) – JIMÉNEZ SAN CRISTÓBAL (A. I.) (eds.), *Instructions for the Netherworworld. The Orphic Gold Tablets* (Religions in the Graeco-Roman World, 162), Leiden-Boston, 2008.

BETEGH (G.), «Papyrus on the Pyre. The Derveni Papyrus and its Archeological Context», *Acta antiqua Academiae Scientiarum Hungaricae* 42, 2002, p. 51-66.

__, *The Derveni Papyrus. Cosmology, Theology and Interpretation*, Cambridge, 2004.

BIANCHI (U.), «Ὁ σύμπας αἰών», in *Ex orbe religionum. Studia Geo Widengren oblata*, Leiden, 1972, vol. I, p. 277-286.

__, « Péché originel et péché "antécédent" », *Revue de l'histoire des religions*, 170, 1966, p. 117-126.

__, *Prometeo, Orfeo, Adamo. Tematiche religiose sul destino, il male, la salvezza*, Roma, 1976.

BIERL (A.), «Dionysus, Wine, and Tragic Poetry: A Metatheatrical Reading of *P. Köln* VI 242 = *TrGF* II F 646a», *Greek, Roman and Byzantine Studies*, 31, 1990, p. 353-391.

BORGEAUD (PH.), « Rites et émotions. Considérations sur les mystères », in *Rites et croyances dans les religions du monde romain* (Entretiens sur l'Antiquité classique T. LIII, Fondation Hardt, Vandoeuvres-Genève 21-25 août 2006), Genève, 2007, p. 189-222.

__ « Les mystères », in L. BRICAULT – C. BONNET (eds), *Panthée: Religious Transformations in the Graeco-Roman Empire* (Religions in the Graeco-Roman World, 177), Leiden-Boston, 2013, p. 131-144.

BREMMER (J. N.), *Initiation into the Mysteries of the Ancient World*, Berlin-Boston, 2014.

BRISSON (L.), « Les théogonies orphiques et le Papyrus de Derveni. Notes critiques », *Revue de l'histoire des religions*, 202, 1985, p. 389-420.

__, « Le corps 'dionysiaque'. L'anthropogonie décrite dans le *Commentaire sur le Phédon* de Platon (1, par. 3-6) attribué à Olympiodore est-elle orphique ? », in M.-O. GOULET-CAZÉ – G. MADEC – D. O'BRIEN (eds), *Σοφίης μαιήτορες. « Chercheurs de sagesse ». Hommage à Jean Pépin*, Paris, 1992, p. 481-499.

BRULÉ (P.) (éd.), *La norme en matière religieuse en Grèce ancienne* (Actes du XIe colloque du CIERGA, Rennes, septembre 2007), *Kernos*, Supplément 21, Liège, 2009.

BURKERT (W.), «Orphism and Bacchic Mysteries: New Evidence and Old Problems of Interpretation», *The Center for Hermeneutical Studies in Hellenistic and Modern Culture*, University of Berkeley, California, Protocol of the Twenty-Eight Colloquy: 13 march 1977, p. 1-48.

__, *Ancient Mystery Cults*, Cambridge (Mass). – London, 1987.

__, «Bacchic *Teletai* in the Hellenistic Age», in TH. H. CARPENTER – CHR. A. FARAONE, *Masks of Dionysos*, Ithaca-London, 1993. p. 259-275.

CABOURET (B.) – CHARLES-LAFORGE (M.-O.) (eds.), *La norme religieuse dans l'Antiquité*, Paris, 2011.

CARPENTER (TH. H.) – FARAONE (CHR. A.) (eds.), *Masks of Dionysos*, Ithaca-London, 1993.

CASADESÚS (F.), « The Transformation of the Initiation Language of Mystery religions into Philosophical Terminology », in M. J. MARTÍN-VELASCO – M. J. GARCÍA BLANCO (eds.), *Greek Philosophy and Mystery Cults*, Cambridge, 2016, p. 1-26.

CASADIO (G.), «I *Cretesi* di Euripide e l'ascesi orfica», in V. F. CICERONE (ed.), *Didattica del classico*, Foggia, 1990, p. 278-310.

__, «La metempsicosi tra Orfeo e Pitagora», in PH. BORGEAUD (ed.), *Orphisme et Orphée en l'honneur de Jean Rudhardt*, Genève 1991, p. 119-155.

__, «Dionysus in Campania: Cumae», in CASADIO – JOHNSTON (eds.), *Mystic Cults*, p. 33-45.

CLINTON (K.), *Myth and Cult. The Iconography of the Eleusinian Mysteries*, Stockholm, 1992.

__, «The Sanctuary of Demeter and Kore at Eleusis», in N. MARINATOS – R. HÄGG (eds.), *Greek Sanctuaries. New Approaches*, London – New York, 1993, p. 110-124.

__, «Eleusis and the Romans: Late Republic to Marcus Aurelius», in M.D. HOFF – S.I. ROTROFF (eds.), *The Romanisation of Athens*, Oxford, 1997, p. 161-181.

__, «Stages of Initiation in the Eleusinian and Samothracian Mysteries», in M.B. COSMOPOULOS (ed.), *Greek Mysteries. The Archaeology and Ritual of Ancient Greek Secret Cults*, London – New York, 2003, p. 50-78.

__, «Epiphany in the Eleusinian Mysteries», *Illinois Classical Studies*, 29, 2004, p. 85-109.

__, *Eleusis: The Inscriptions on Stone, Documents of the Sanctuary of the Two Goddesses and Public Documents of the Deme*, Archaeological Society at Athens Library n° 236, 2 voll., Athens: Archaeological Society at Athens, 2005-2008.

COCHE DE LA FERTÉ (É.), « Penthée et Dionysos. Nouvel essai d'interprétation des *Bacchantes* d'Euripide », in R. BLOCH (éd.), *Recherches sur les religions de l'Antiquité classique*, Genève-Paris, 1980, p. 105-257.

COLE (S. Guettel), «New Evidence for the Mysteries of Dionysos», *Greek, Roman and Byzantine Studies*, 21, 1980, p. 223-238.

__, «Voices from beyond the Grave: Dionysus and the Dead», in CARPENTER – FARAONE, *Masks of Dionysos*..., p. 276-295.

COLLI (G.), *La sapienza greca*, vol. I, Milano, 1977, 1990².

COSMOPOULOS (M. B.), *Bronze Age Eleusis and the Origins of the Eleusinian Mysteries*, New York – Cambridge, 2015.

DASEN (V.) – PIÉRART (M.) (eds.), *Ἰδίᾳ καὶ δημοσίᾳ, Les cadres «privés» et «publics» de la religion grecque antique*, Liège, 2005.

DIANO (C.) – SERRA (G.) (eds.), *Eraclito. I frammenti e le testimonianze*, Milano, 1980. 1993².

DICKIE (M. W.), «The Dionysiac Mysteries in Pella», *Zeitschrift für Papyrologie und Epigraphik*, 109, 1995, p. 81-86.

__, «Poets as Initiates in the Mysteries: Euphorion, Philicus and Posidippus», *Antike und Abenland*, 44, 1998, p. 49-77.

DUBOIS (L.), *Inscriptions grecques dialectales d'Olbia du Pont*, Genève, 1996.

DUNAND (F.), « Les associations dionysiaques au service du pouvoir lagide (IIIᵉ s. av. J.-C.) », in *L'association dionysiaque dans les societés anciennes...*, p. 85-103.

EDMONDS III (R. G.), «Tearing Apart the Zagreus Myth: A Few Disparaging Remarks on Orphism and Original Sin», *Classical Antiquity*, 18, 1999, p. 35-73.

__, «Extra-Ordinary People: Mystai and Magoi, Magicians and Orphics in the Derveni Papyrus», *Classical Philology*, 103, 2008, p. 16-39.

__, (ed.), *The "Orphic" Gold Tablets and Greek Religion. Further along the Path*, Cambridge – New York, 2010.

__, *Redefining Ancient Orphism: A Study in Greek Religion*, Cambridge – New York, 2013.

EVANS (N.A.), «Sanctuaires, Sacrifices, and the Eleusinian Mysteries», *Numen*, 49, 2002, p. 227-254.

FERRARI (F.), «Sotto il velame. Le formule misteriche nelle lamine del Timpone piccolo di Thurii», *Studi Classici e Orientali*, 50, 2004, p. 89-105.

__, «Per leggere le lamine misteriche», *Prometheus*, 34, 2008, p. 1-26 e p. 97-112.

__, «Rites without Frontiers: Magi and Mystae in the Derveni Papyrus», *Zeitschrift für Papyrologie und Epigraphik*, 179, 2011, p. 71-83.

__, « Orphics at Olbia? » in G. COLESANTI – L. LULLI (eds.), *Submerged Literature in Ancient Greek Culture*, volume 2. *Case Studies*, Berlin-Boston, 2016, p. 167-186.

FERRARI (F.) – PRAUSCELLO (L.), «Demeter Chtonia and the Mountain Mother in a New Gold Tablet from Magoula Mati», *Zeitschrift für Papyrologie und Epigraphik*, 162, 2007, p. 193-202.

FESTUGIÈRE (A.-J.), « Les mystères de Dionysos », *Revue biblique*, 44, 1935, p. 192-211 e p. 367-396; rist. con *Addenda* in ID., *Études de religion grecque et hellénistique*, Paris, 1972, p. 13-63.

__, « La signification religieuse de la Parodos des *Bacchantes* », *Eranos Jahrbuch*, 54, 1956, p. 72-86; rist. in ID., *Études…*, p. 66-80.

FOLEY (H.P.), *The Homeric* Hymn to Demeter. *Translation, Commentary, and Interpretative Essays*, Princeton, 1993, 1999[3].

FURLEY (W.D.), «Admit Me to the Company of Initiated: Suggestions on the Text of the Recently (Re-)discovered Gold Funerary Lamella from Pherai», *Zeitschrift für Papyrologie und Epigraphik*, 170, 2009, p. 31-34.

GEMELLI MARCIANO (L.), « A chi profetizza Eraclito di Efeso? Eraclito "specialista del sacro" fra Oriente e Occidente », in C. RIEDWEG (ed.), *Grecia Maggiore: intrecci culturali con l'Asia nel periodo arcaico*, Basilea, 2009, p. 99-122.

GRAF (F.), *Eleusis und die orphische Dichtung Athens in vorhellenistischer Zeit* (Religionsgeschichtliche Versuche und Vorarbeiten XXXIII), Berlin – New York, 1974.

__, «Dionysian and Orphic Eschatology: New Texts and Old Questions», in CARPENTER – FARAONE, *Masks of Dionysus…*, p. 239-258.

__, «Derveni and Ritual», in PAPADOPOULOU – MUELLNER, *The Derveni Papyrus…*, p. 1-17.

GRAF (F.) – JOHNSTON (S.I.) (eds.), *Ritual Texts for the Afterlife. Orpheus and the Bacchic Gold Tablets*, London – New York, 2007.

GRÉGOIRE (Fr.), « Héraclite et les cultes enthousiastes », *Revue néoscolastique de philosophie*, 1935, p. 43-63.

HENRICHS (A.), «'Hieroi Logoi' and 'Hierai Bibloi': The (Un)Written Margins of the Sacred in Ancient Greece», *Harvard Studies in Classical Philology*, 101, 2003, p. 207-266.

__, «Dionysos Dismembered and Restored to Life: The Earliest Evidence (OF 59 I-II)», in M. HERRERO DE JÁUREGUI ET AL. (eds.), *Tracing Orpheus. Studies of Orphic Fragments In Honour of Alberto Bernabé*, Berlin-Boston, 2011, p. 61-68.

HINGE (G.), « Dionysos and Herakles in Scythia – The Eschatological String of Herodotos' Book 4 », in P. G. BILDE-H. PETERSEN (eds.), *Meetings of Cultures in the Black Sea Region: Between Conflict and Coexistence* (Black Sea Studies 7), Aarhus 2008, p. 369-397.

ISLER-KERÉNYI (C.), «New Contributions of Dionysiac Iconography to the History of Religions in Greece and Italy», in CASADIO – JOHNSTON, *Mystic Cults…*, p. 61-72.

JACCOTTET (A.-F.), *Choisir Dionysos. Les associations dionysiaques ou la face cachée du dionysisme*, voll. 1-2, Zürich, 2003.

__, « Du thiase aux mystères. Dionysos entre le 'privé' et l''official' », in DASEN – PIÉRART, *Ἰδίᾳ καὶ δημοσίᾳ…*, p. 191-202.

__, « Un dieu, plusieurs mystères ? Les différents visages des mystères dionysiaques », in C. BONNET-J. RÜPKE-P. SCARPI (eds.), *Religions orientales – culti misterici. Neue Perspektiven – nouvelles perspectives – prospettive nuove* (Postdamer Altertumswissenschaftliche Beiträge, Bd. 16), Stuttgart, 2006, p. 219-230.

JANKO (R.), «The Derveni Papyrus: an Interim Text», *Zeitschrift für Papyrologie und Epigraphik*, 141, 2002, p. 1-62.

JIMÉNEZ SAN CRISTÓBAL (A. I.), *Rituales órficos,* Tesis doctoral, Universidad Complutense de Madrid 2002 (CDRom edition).

__, «The Meaning of βάκχος and βακχεύειν in Orphism», in CASADIO – JOHNSTON, *Mystic Cults...*, p. 46-60.

__, «Dos nuevas lamillas áureas halladas en Macedonia», in A. Bernabé (ed.), *Φίλου σκιάν, Studia philologiae in honorem Rosae Aguilar ab amicis et sodalibus dicata*, Madrid, 2007, p. 183-190.

__, *El ritual y los ritos órficos*, in BERNABÉ – CASADESÚS, *Orfeo y la tradición órfica...*, p. 731-770.

__, «Fiestas dionisíacas», in E. CALDERÓN DORDA – A. MORALES ORTIZ (eds.), *Eusébeia. Estudios de religión griega*, Madrid, 2011, p. 169-196.

__, « The Rape of Persephone in a Berlin Papyrus », *Les Études classiques* 83, 2015, p. 237-260.

JOURDAN (F.), *Le Papyrus de Derveni*, Paris, 2003.

KOUREMENOS (T.) – PARÁSSOGLOU (G.M.) – TSANTSANOGLOU (K.) (eds.), *The Derveni Papyrus*, Firenze, 2006.

LAKS (A.) – MOST (G. W.) (eds.), *Studies on the Derveni Papyrus*, Oxford, 1997.

LÉVÊQUE (P.), «Ὄλβιος et la félicité des initiés», in L. HADERMANN-MISGUICH – G. RAEPSAET – G. CAMBIER (éds.), *Rayonnement grec. Hommages à Charles Delvoye*, Bruxelles, 1982, p. 113-126.

LIPPOLIS (E.), *Mysteria. Archeologia e culto del santuario di Demetra a Eleusi*, Torino, 2006.

MARCHOVICH (M.) (ed.), *Eraclito. Frammenti*, Firenze, 1978.

MARTÍN HERNÁNDEZ (R.), *Orfeo y los magos. La literatura órfica, la magia y los misterios*, Madrid, 2010.

MASARACCHIA (A.) (ed.), *Erodoto. La battaglia di Salamina. Libro VIII delle Storie*, Milano, 1990[2].

MASSA (F.), « Écrire pour Dionysos: la présence de textes écrits dans les rituels dionysiaques », *Revue de l'histoire des religions*, 230, 2013 (*Écrire dans les pratiques rituelles de la Méditerranée antique. Identités et autorités*), p. 209-232.

MONTANARI (F.) – DORATI (M.) (eds.), *Aristotele. Retorica*, Milano, 1996.

MOTTE (A.) – PIRENNE DELFORGE (V.), « Le mot et les rites. Aperçu des significations de ὄργια et de quelques derives », *Kernos*, 5, 1992, p.119-140.

MYLONAS (G. E.), *Eleusis and the Eleusinian Mysteries*, Princeton, 1961.

NILSSON (M. P.), *The Dionysiac Mysteries of the Hellenistic and Roman Age,* Lund, 1957.

PAILLER (J.-M.), *Bacchus. Figures et pouvoirs*, Paris, 1995.

PATERA (I.), *Changes and Arrangements in a Traditional Cult. The Case of the Eleusinian Rituals*, in A. CHANIOTIS (ed.), *Ritual Dynamics in the Ancient Mediterranean: Agency, Emotion, Gender, Representation. Heidelberger althistorische Beiträge und epigraphische Studien (HABES)*, 49. Stuttgart, 2011, p. 119-137.

PIANO (V.), « Le papyrus de Derveni et son contexte de découverte: parole écrite et rituels funéraires dans la Macédoine grecque antique », *Revue de l'histoire des religions*, 230, 2013 (*Écrire dans les pratiques rituelles de la Méditerranée antique. Identités et autorités*), p. 233-252.

PIRENNE-DELFORGE (V.), *Retour à la source. Pausanias et la religion grecque*, Kernos Supplément 20, Liège, 2008.

PUGLIESE CARRATELLI (G.) (ed.), *Le lamine d'oro orfiche. Istruzioni per il viaggio oltremondano degli iniziati greci*, Milano, 2001.

QUANDT (G.), *De Baccho ab Alexandri aetate in Asia Minore culto*, Diss. phil. Hal. 21, 2, Halle, 1913.

RIBICHINI (S.), «Covered by Silence: Hidden Texts and Secret Rites in the Ancient Mystery Cults», in G. COLESANTI-L. LULLI (eds.), *Submerged Literature in Ancient Greek Culture*, Volume 2. *Case Studies*, Berlin-Boston, 2016, p. 161-176.

RICHARDSON (N. J.) (ed.), *The Homeric Hymn to Demeter*, Oxford, 1974.

__, «The Homeric *Hymn to Demeter*. Some Central Questions Revisited», in A. FAULKNER (ed.), *The Homeric Hymns: Interpretative Essays*, Oxford – New York 2011, p. 44-58.

RIEDWEG (CH.), «Initiation-Tod-Unterwelt. Kommunikationssituation und narrativen Technik der orphisch-bakchischen Goldblaettchen», in F. GRAF-CH. RIEDWEG-T.A. SZLEZAK (eds.), *Ansichten griechischer Rituale. Geburtstags-Symposium für Walter Burkert,* Stuttgart-Leipzig, 1998, p. 359-398.

__, « Poésie orphique et rituel initiatique. Éléments d'un 'Discours sacré' dans les lamelles d'or », *Revue de l'histoire des religions*, 219, 2002, p. 459-481.

ROBERTSON (N.), «The Two Processions in Eleusis and the Program of the Mysteries», *American Journal of Philology*, 119, 1998, p. 547-575.

ROSSI (L.), «Il testamento di Posidippo e le laminette auree di Pella», *Zeitschrift für Papyrologie und Epigraphik*, 112, 1996, p. 59-65.

RUSSEL (J. R.), «The Magi in the Derveni Papyrus», *Name-ye Iran-e Bastan* 1,1, 2001, p. 49-59.

SANTAMARÍA ÁLVAREZ (M. A.), «Orfeo y el orfismo. Actualización bibliográfica (1992-2003)», *'Ilu. Revista de ciencias de las religiones*, 8, 2003, p. 225-264.

__, «Dos tipos de profesionales del libro en la Atenas clásica: sofistas y órficos», in P. FERNÁNDEZ ÁLVAREZ ET AL. (eds.), Est hic varia lectio. *La lectura en el mundo antiguo* (Classica Salmanticensia IV), Salamanca, 2008, p. 63-81.

__, «Orfeo y el orfismo. Actualización bibliográfica (2004-2012)», *'Ilu. Revista de ciencias de las religiones*, 17, 2012, p. 211-252.

__, «The Term βάκχος and Dionysos Βάκχιος », in A. BERNABÉ ET AL. (eds.), *Redefining Dionysos*..., p. 38-57.

SCARPI (P.) (ed.), *Le religioni dei misteri*, I *Eleusi, Dionisismo, Orfismo*, Milano, 2002.

SCHLESIER (R.) (ed.), *A Different God? Dionysos and Ancient Polytheism*, Berlin – New York, 2011.

SCHUDDEBOOM (F.L.), *Greek Religious Terminology: Telete & Orgia. A Revised and Expanded English Edition of the Studies by Zijderweld and Van der Burg* (Religions in the Graeco-Roman World, 169), Leiden-Boston, 2009.

SFAMENI GASPARRO (G.), «Connotazioni metroache di Demetra nel coro dell'*Elena* (vv.1301-1365)», in M.B. DE BOER – T.A. EDRIDGE (eds.), *Hommages à Maarten J. Vermaseren* (Études Préliminaires aux religions orientales dans l'Empire romain, 68), vol. III, Leiden, 1978, p. 1148-1187, rist. in EAD., *Misteri e Teologie. Per la storia dei culti mistici e misterici nel mondo antico* (Hierà. Collana di studi storico-religiosi, 5), Cosenza, 2003, p. 329-372.

__, «Dai misteri alla mistica: semantica di una parola», in E. ANCILLI – M. PAPAROZZI (eds.), *La mistica. Fenomenologia e riflessione teologica*, vol. I, Roma, 1984, p. 73-113, rist. in EAD., *Misteri e Teologie*..., p. 49-98.

__, *Misteri e culti mistici di Demetra*, Roma, 1986.

__, «Ancora sul termine τελετή. Osservazioni storico-religiose», in C. QUESTA (ed.), *Filologia e forme letterarie. Studi offerti a Francesco della Corte*, Urbino, 1987, vol. V, p. 137-152; rist. in EAD., *Misteri e Teologie*..., p. 99-117.

__, «Critica del sacrificio cruento e antropologia in Grecia: da Pitagora a Porfirio. I. La tradizione pitagorica, Empedocle e l'Orfismo», in F. VATTIONI (ed.), *Sangue e antropologia nella liturgia*, Atti della quinta Settimana di studio, Roma 26 novembre-1 dicembre 1984, Roma 1987, p. 107-155; rist. con modifiche in EAD., *Problemi di religione greca ed ellenistica. Dèi, dèmoni, uomini: tra antiche e nuove identità religiose* (Hierà, 12), Cosenza 2009, p. 21-70.

__, «Misteri a Samotracia: un problema storico-religioso», *Sicilia Antiqua* 13, 2016, p. 181-186.

SIMMS (R.), «*Myesis*, *Telete*, and *Mysteria*». *Greek, Roman and Byzantine Studies*, 31, 1990, p. 183-195.

__, «Agra and Agrai», *Greek Roman and Byzantine Studies* 43, 2002/2003, p. 219-229.

SOURVINOU-INWOOD (CHR.), «Festival and Mysteries: Aspects of the Eleusinian Cult», in COSMOPOULOS, *Greek Mysteries...*, p. 25-49.

TAYLOR (R.), *The Moral Mirror of Roman Art*, Cambridge – New York, 2008.

TORTORELLI GHIDINI (M.), «Semantica e origine misterica dei 'symbola'», *Filosofia e teologia*, 5, 1991, p. 391-395.

__, «Dioniso e Persefone nelle lamine d'oro di Pelinna», in *Mathesis e philia. Studi in onore di Marcello Gigante*, Napoli, 1995, p. 79-85.

__, *Figli della Terra e del Cielo stellato. Testi orfici con traduzione e commento*, Napoli, 2006.

TURCAN (R.), « Bacchoi ou Bacchants ? De la dissidence des vivants à la ségrégation des morts », in *L'association dionysiaque...*, p. 227-246.

__, « L'élaboration des mystères dionysiaques à l'époque hellénistique et romaine: de l'orgiasme à l'initiation », in A. MOREAU (ed.), *L'initiation. Actes du colloque international de Montpellier 11-14 Avril 1991*, vol. II, *Les rites d'adolescence et les mystères*, Montpellier, 1992, p. 215-233.

__, « La fête dans les rituels initiatiques », in A. MOTTE – CH.-M. TERNES (eds.), *Dieux, fêtes, sacré dans la Grèce et la Rome antiques* (Homo religiosus S. II), Turnhout, 2003, p. 7-21.

__, *Liturgies de l'initiation bacchique à l'époque romaine (LIBER). Documentation littéraire, inscrite et figurée*, Mémoires de l'Académie des inscriptions et belles-lettres, Paris, 2003.

VALDÈS GUIA (M.) – MARTÍNEZ NIETO (R.), «Los Pequeños Misterios de Agras: unos misterios órficos en época de Pisístrato», *Kernos*, 18, 2005, p. 43-68.

VAN DEN BURG (N. M. H.), *Ἀπόρρητα Δρώμενα Ὄργια*, Diss. Utrecht, Amsterdam, 1939.

VERNANT (J.-P.), « Conclusion », in *L'association dionysiaque...*, p. 291-303.

VERSNEL (H. S.), *Inconsistencies in Greek and Roman Religion I. Ter unus. Isis, Dionysos, Hermes. Three Sudies in Henotheism*, *Studies in Greek and Roman Religion*, 6, Leiden – New York – København – Köln, 1990.

WELLMAN (T. J.), «Ancient Mystēria and Modern Mystery Cults», *Religion and Theology* 12, 2005, p. 308-348.

WEST (M. L.), «The Orphics of Olbia», *Zeitschrift für Papyrologie und Epigraphik*, 45, 1982, p. 17-29.

__, *The Orphic Poems*, Oxford, 1983; trad. it. a cura di M. TORTORELLI GHIDINI, *I poemi orfici*, Napoli, 1993.

ZIJDERVELD (C.), *Τελετή*, Diss. Utrecht, Purmerend, 1934.

ZUNTZ (G.), «Once More: the So-called 'Edict of Philopator on the Dionysiac Mysteries' (BGU 1211)», *Hermes*, 91, 1963, p. 228-239.

LA THÉOLOGIE DES MYSTÈRES DE SAMOTHRACE : MYTHE, RITES ET PHILOSOPHIE

Les mystères[1] constituent une forme de « religion personnelle[2] », qui ressortit à une décision individuelle et vise à obtenir le salut par l'intimité avec le divin. De toute évidence, cette conception devait inciter les savants à rechercher dans les mystères une dimension spirituelle plus profonde, authentiquement religieuse. Mais il y a un danger : les préoccupations eschatologiques risquent d'occulter les réalités religieuses du quotidien.

Car il existe un autre type de religion personnelle – élémentaire et strictement utilitaire – qui sert d'arrière-plan cultuel aux mystères : c'est la pratique des vœux, la « religion votive », comme on l'a appelée. « Il est habituel aux femmes en général comme à tous ceux qu'inquiètent une maladie, un danger, une difficulté, dans le temps même de leur inquiétude ou quand, au contraire, un peu d'aise leur survient[3] », de faire des promesses aux dieux et de les accomplir en offrant des dons d'un prix plus ou moins élevé. Ce phénomène est si commun qu'il n'a guère éveillé l'intérêt des chercheurs. Du reste, le recours aux vœux a survécu bien au-delà du monde antique – et même jusqu'à nos jours dans le christianisme, qui n'a pas réussi à l'éradiquer. Tout historien des religions de l'Antiquité classique sait qu'un sanctuaire – qu'il soit oriental, minoen-mycénien, grec, étrusque, romain ou qu'il appartienne aux lointains peuples « barbares » – se

[1] Sur les aspects proprement mystériques du culte des Grands Dieux de Samothrace, on consultera avec profit : S. G. COLE, *Theoi Megaloi. The Cult of the Great Gods at Samothrace*, Leyde, 1984 (voir aussi la suite dans *ANRW*, 2.18.2, 1989, p. 1564-1598) ; H. EHRHARDT, *Samothrace*, 1985 ; K. CLINTON, « Stages of Initiation in the Eleusinian and Samothracian Mysteries », dans *Cosmopoulos*, 50-78. Bibliographie sommaire à compléter par l'étude récente de J. N. BREMMER, *Initiation into the Mysteries of the Ancient World*, Berlin-Boston, 2014 – dont le chapitre II traite précisément des mystères samothraciens « à l'interface de la Grèce et de l'Anatolie ».

[2] Traduction française de l'intitulé anglais du maître livre d'A.-J. FESTUGIÈRE, *Personal Religion Among the Greeks*, Berkeley, 1954 – qui toutefois n'aborde pas la question de la « religion votive ».

[3] Platon, *Lois*, X, 909 E [trad. A. Diès, p. 182, légèrement modifiée]. L'expression « religion votive » a été employée, entre autres, par Q. F. MAULE et H. R. W. SMITH, *Votive Religion at Caere : Prolegomena*, Berkeley, 1959. L'ouvrage de base, dépassé mais non remplacé, est celui de W. H. D. ROUSE, *Greek Votive Offerings. An Essay in the History of Greek Religion*, Cambridge, 1902.

Les Mystères: nouvelles perspectives. Entretiens de Strasbourg, éd. par Marc PHILONENKO, Yves LEHMANN et Laurent PERNOT, Turnhout, Brepols 2017 (*RRR* 24), p. 125-148

BREPOLS PUBLISHERS DOI: 10.1484/M.RRR-EB.5.113987

reconnaît par l'abondance des ex-voto qu'on y trouve et qui représentent un aspect très humble de la religion. Il sait aussi qu'il fallait périodiquement les mettre au rebut afin de débarrasser l'enceinte sacrée de statuettes ou de plaques encombrantes et quelquefois sans valeur.

Pourtant, chacun de ces objets renvoie à une histoire personnelle faite d'anxiété, de prière, d'espoir, d'attente, d'exaucement. Pour les membres des classes dirigeantes, le risque majeur était assurément la guerre ; des vœux spectaculaires étaient donc accomplis pour essayer de le conjurer – à preuve les œuvres d'art fort célèbres exposées dans les sanctuaires grecs et dans la plupart des temples romains[4]. Pour l'homme ou la femme ordinaire, il y avait les incertitudes liées au métier ou au commerce, en particulier les dangers des voyages en mer et les souffrances toujours recommencées des maladies. Une traversée réussie ou une guérison impromptue constituaient autant d'occasions pour offrir des dons votifs personnels, et cela dans quasiment tous les sanctuaires des mondes anciens. L'intensité du sentiment religieux qui sous-tend une telle pratique ne saurait être ignorée ni minorée. On y rencontre en effet l'expérience douloureuse de la détresse, une aspiration confuse au bonheur, la résolution d'un engagement contractuel. Il arrive même que les inscriptions votives indiquent que la réalisation des vœux provenait d'une intervention surnaturelle, d'un songe, d'une vision, voire d'un ordre divin[5]. Les sceptiques ont beau invoquer les statistiques, tel Diagoras l'Athée qui, regardant à Samothrace toutes les offrandes votives des navigateurs sauvés par les Grands Dieux, déclarait qu'elles auraient été nettement plus nombreuses, si tous ceux qui avaient péri noyés en mer avaient pu en faire autant[6]. Mais le monde appartient aux survivants, et dans chaque

[4] Se reporter à W. EISENHUT, *RE* Suppl.-Bd XIV, col. 964-973, *s.u. uotum*. Pour le monde romain antique, on songe, par exemple, au temple de Jupiter sur le Capitole, dont le fronton était dominé à l'origine par un quadrige d'argile, puis à partir de 296 (un an avant la victoire de Sentinum) par un autre de bronze, et qui abritait aussi une statue de Jupiter en terre cuite – réalisée par l'artiste véïen Vulca et remplacée plus tard (après l'incendie du sanctuaire en -83) par une statue chryséléphantine : cf. Pline l'Ancien, *NH*, XXXV, 157. Concernant la décoration extérieure et intérieure de ce sanctuaire, voir G. DUMÉZIL, *La religion romaine archaïque, avec un appendice sur la religion des Étrusques*, 2e éd., Paris, 2000, p. 292 sq.

[5] Visions : Platon, *Lois*, X, 910 A ; songes : cf. F. T. VAN STRATEN, *BABesch*, 51, 1976, p. 1-38.

[6] Cf. Cicéron, *ND*, III, 89 : « Quand Diagoras, celui qu'on surnomma l'« Athée », vint à Samothrace, un ami lui dit : « Toi qui penses que les dieux ne se soucient pas des affaires humaines, n'es-tu pas frappé par ces tableaux votifs, si nombreux, qui

cas individuel s'affirme la conviction intime que les dieux se sont montrés secourables.

De fait, la religion votive apportait une aide en suscitant des espérances, en socialisant inquiétudes et souffrances : l'auteur d'un vœu bénéficie ainsi de la sympathie et du réconfort que lui expriment les prêtres et la communauté des fidèles. Dans l'Antiquité, le vœu est prononcé en public, et son accomplissement a lieu lui aussi publiquement, au grand jour, parmi une foule de personnes attentives au déroulement de ce rituel religieux : artisans, petits commerçants et tous les invités aux banquets sacrificiels. Ce qui est impliqué, en dernière analyse, par la formulation du vœu, est un acte de foi. Cela se vérifie notamment dans la guérison des maladies, où la foi et la suggestion jouent un rôle considérable[7]. Finalement, les objets votifs, si modestes soient-ils, apparaissent comme des témoignages d'une foi personnelle en un dieu bien à soi, qui, en retour, accorde au dévot une forme de salut. D'où l'on voit que la religion votive obéit fondamentalement au principe de subsidiarité : ses pratiques cultuelles entrent, pour employer la terminologie de A. D. Nock[8], dans la catégorie des « suppléments utiles » à une religion de la cité temporairement ou durablement inopérante. Mais surtout la religion votive possède un caractère expérimental – tant il est vrai que les situations difficiles, voire sans issue, poussent à adopter des moyens non éprouvés : un individu en proie aux pires souffrances physiques ou morales peut dès lors être tenté de capter la bienveillance d'une divinité nouvelle.

Or, on ne manquera pas de constater, avec Walter Burkert[9], que ces considérations sur une forme marginale et secondaire de piété

témoignent que beaucoup de gens ont échappé à la violence de la tempête et sont arrivés au port sains et saufs, grâce à leurs vœux ? » – « C'est vrai, répondit Diagoras, car on ne trouve nulle part les portraits peints de ceux qui ont fait naufrage et péri en mer » [trad. C. Auvray-Assayas, ponctuellement retouchée]. Cette réplique est rapportée plus succinctement par Diogène Laërce (VI, 59) qui l'attribue à Diogène le Cynique, tout en signalant que d'autres l'attribuent à Diagoras.

[7] On lira à ce sujet notamment J. D. FRANK, *Persuasion and Healing*, 2e éd., Baltimore, 1973.

[8] Dans sa monographie spécialisée de 1933 : *Conversion. The Old and the New in Religion from Alexander the Great to Augustine of Hippo*, Oxford.

[9] Cf. *Les cultes à mystères dans l'Antiquité (Nouvelle traduction de l'anglais par Alain-Philippe Segonds)*, Paris, 2003, p. 18. En somme, l'immense mérite de cet historien de la religion grecque aura été de montrer que les cultes à mystères procèdent d'une quête de protection et de salut semblable au mouvement qui mène à la consécration d'ex-voto dans les temples : il y a une différence de degré, et non de nature, entre l'initiant qui cherche la promesse d'une vie meilleure, ici-bas et dans

s'appliquent remarquablement aux cultes à mystères, dans la mesure où la pratique de l'initiation personnelle s'apparente également, par sa finalité même, à la pratique votive – dont la motivation consiste précisément en une quête du salut. C'est ainsi que l'objectif avoué des mystères de Samothrace était de sauver les navigateurs des périls de la mer, comme Ulysse avait été sauvé par Leucothée[10]. Pour autant, les religions mystériques de l'Antiquité ne se caractérisent pas seulement par leur efficience réelle ou supposée dans le monde d'ici-bas ; leur pouvoir salvateur est censé s'étendre pareillement au monde supraterrestre, à la vie après la vie – tant il est vrai que la préoccupation de l'au-delà représente une donnée consubstantielle de l'âme humaine : « Quand un homme croit sentir la mort approcher », écrit Platon, « il lui vient des craintes et des inquiétudes sur des choses qui, auparavant, le laissaient indifférent[11] » ; de même, selon Plutarque, « beaucoup de gens pensent que certaines sortes d'initiations et de purifications leur viendront en aide : une fois purifiés, ils ne cesseront pas de jouer et de danser chez Hadès, en des lieux pleins de splendeur, d'air pur et de lumière[12] ». En vérité, le souci du salut temporel et celui du salut spirituel s'inscrivent dans une dialectique de la complémentarité – où les interrogations sur l'outre-tombe forment souvent un simple appendice aux pratiques votives. Il reste à préciser ce qui constituait l'unité intrinsèque de ces deux dimensions, opérative et spéculative, des mystères antiques – d'un côté des immunisations réalistes contre les vicissitudes de l'existence, de l'autre des cautions imaginaires de béatitude après la mort. En tout état de cause, l'initiation aux mystères gréco-orientaux – et à cet égard ceux de Samothrace ne faisaient pas exception à la règle – s'inscrivait dans le contexte d'une religion intimiste, souterraine, mais adossée au culte officiel. Car la participation active aux rites de Samothrace garantissait la protection, entre autres, de la « Grande Déesse », maîtresse toute-puissante du monde sauvage et des montagnes – si bien que, de l'époque archaïque à celle de l'Empire gréco-romain, l'île de Samothrace ressemblait à une concentration de temples, serrés les uns contre les autres. Dans ces conditions, l'interprétation des mystères de Samothrace s'avère inséparable d'une étude de leur

l'au-delà, et le fidèle ordinaire formulant un vœu pour s'attirer les faveurs d'un dieu face aux multiples incertitudes de l'existence. Du reste, comme les vœux, l'initiation pouvait être renouvelée.

[10] Cf. *Schol. Apollonios de Rhodes*, I, 916 b.

[11] Platon, *République*, I, 330 D.

[12] Plutarque, *Non posse*, 27, 1105 b.

théologie, c'est-à-dire des « discours au sujet des dieux » qui y étaient traditionnellement invoqués ou évoqués.

*

La formule « théologie des mystères » a été largement employée depuis Reitzenstein[13]. Cependant, en regard des bibliothèques théologiques transmises par le judaïsme ancien et le christianisme, le manque de documents mystériques païens est désolant. Cumont a dit que la disparition des livres liturgiques du paganisme représentait la perte la plus regrettable dans le grand naufrage de la littérature antique[14]. On objectera cependant, avec W. Burkert, que la recherche de textes en provenance des mystères est fondamentalement vaine : « aucune bibliothèque des mystères comme celle de Nag Hammadi ne sera jamais découverte, pour la bonne raison qu'il n'en a jamais existé, et qu'il n'y eut pas de naufrage, au sens où Cumont l'imaginait[15] ». Les mystères étaient qualifiés d'« indicibles[16] » – non à cause de l'interdiction portant sur la divulgation de leurs secrets, mais parce que les vérités qu'ils enseignaient n'étaient pas transposables en langage humain. Significative à cet égard est l'opinion d'Aristote déclarant que ceux qui étaient initiés aux mystères devaient non pas « apprendre », mais « être touchés », « subir », « éprouver[17] ». Cette affirmation, néanmoins, ne saurait être comprise littéralement, et nécessite d'être replacée dans son contexte. De fait, Synésios de Cyrène – le citateur du Stagirite – l'utilise pour distinguer d'un côté le mysticisme primitif des moines d'Égypte qui, sans transition, passent à la plus haute exaltation, puis retombent dans

[13] *Passim* dans son ouvrage fondamental : *Die hellenistischen Mysterienreligionen nach ihren Grundgedanken und Wirkungen*, 3e éd., Leipzig, 1927, traduction anglaise : *Hellenistic Mystery-Religions. Their Basic Ideas and Significance*, Pittsburgh, 1978.

[14] Remarque formulée dans son grand classique : *Les religions orientales dans le paganisme romain*, 4e éd., Paris, 1929, p. 10 sqq.

[15] Objection exprimée par W. BURKERT dans *Les cultes à mystères (...)*, p. 64.

[16] En grec *arrhēta* (= « que l'on ne doit pas dire » et/ou « que l'on ne peut pas dire »).

[17] Cf. Aristote, *De philosophia*, frg. 15 Ross [= Synésios, *Dio*, 10, 48 a]. Évidemment, Aristote a systématisé les degrés du discours de Diotime dans le *Banquet* de Platon (201 D - 212 C) et situé la philosophie au degré suprême – analogue à l'*epopteia* ; cela présuppose toutefois l'existence de formes variées d'« enseignement » et d'« étude ». Consulter à ce sujet Chr. RIEDWEG, *Mysterienterminologie bei Platon, Philon und Klemens von Alexandrien*, Berlin, 1987, p. 127-130.

leur état misérable, et, de l'autre, le mysticisme philosophique qui conduit graduellement aux niveaux les plus élevés : c'est seulement au degré suprême du mysticisme philosophique que le savoir atteint sa fin, son terme extrême, et que la vision pure, analogue à l'époptie, est accordée aux initiés. En somme, dans les mystères, le savoir n'est pas nié, mais plutôt présupposé et surtout transcendé, dépassé, sublimé.

De nombreux témoignages épigraphiques et littéraires révèlent ainsi l'existence, dans les mystères, d'une propédeutique à l'acquisition des connaissances ésotériques[18]. La parole y tenait une place importante, et l'injonction de « ne pas dire » aux non-initiés certaines vérités était d'autant plus respectée que l'expression verbale se trouvait au centre des cérémonies. En général, les mystères possédaient un « discours sacré[19] », qui pouvait se présenter sous la forme d'un livre. Selon toute vraisemblance, les mystes y apprenaient davantage sur les dieux et sur leurs caractéristiques (identité, apparence, nature, pouvoirs – toutes informations quasi inaccessibles) que le commun des mortels. Chrysippe considérait que la transmission d'un « *logos* concernant les dieux », autrement dit d'une « théologie », constituait l'essence même de toute initiation[20]. Du reste, des échos d'un tel *logos* figuraient déjà chez Empédocle et Parménide[21], ainsi que dans le discours mystagogique de Diotime de Mantinée dans le *Banquet* de Platon[22]. Quant à la morphologie de ces livres, on peut s'en faire une idée à partir de divers témoignages sur les « discours

[18] Sur la préexistence d'une instruction verbale dans les cultes mystériques de l'Antiquité gréco-romaine, consulter BURKERT (*op. cit.*, *supra*, n. 15), p. 138, n. 14 – où sont consignés tous les témoignages littéraires et épigraphiques y afférents.

[19] Historiquement, le syntagme *hieros logos* se rencontre pour la première fois chez Hérodote, II, 51 – précisément à propos de Samothrace : « Et les Pélasges [introducteurs dans l'île des fameux mystères] ont, pour expliquer cette coutume [l'érection des statues ithyphalliques d'Hermès], un texte sacré que l'on révèle dans les mystères de Samothrace » [trad. A. Barguet].

[20] Cf. *SVF* II 42 (p. 17).

[21] Cf. Empédocle, B 131 [appartenant au *Peri Physeōs* : cf. M. R. WRIGHT, *Empedocles. The Extant Fragments*, New Haven, 1981, p. 83] : ce fragment se présente clairement comme un « bon *logos* sur les dieux bienheureux » et contient une des premières formulations du concept de *theologia* – dont le nom figure pour la première fois dans Platon, *République*, II, 379 D. Voir W. JAEGER, *The Theology of the Early Greek Philosophers*, Oxford, 1947 [*À la naissance de la théologie*, trad. fr., Paris, 1966]. Sur la révélation de Parménide, cf. BURKERT, « Das Proömium des Parmenides und die Katabasis des Pythagoras », dans *Phronesis*, 14 (1969), p. 1-30.

[22] Cf. Platon, *Banquet*, 201 D-212 C. La structure du passage est la suivante : 1) *elenchos* = « purification » ; 2) instruction, comprenant le mythe d'origine (203 B-E) ; 3) *epoptika* (210 A).

sacrés », tel le Papyrus de Gurob, conservé aujourd'hui à Dublin, qui montre qu'il s'agissait tour à tour d'invocations aux dieux, de supplications propitiatoires, de prières, de prescriptions rituelles et de courtes formules – structure qui fait plus penser aux textes magiques de la Mésopotamie qu'à des textes grecs d'un type connu[23]. Il existait donc des *logoi*, et même des textes écrits, dans les mystères comme dans les autres cultes païens. On ne saurait toutefois en déduire que ces ouvrages formaient la base doctrinale et conceptuelle de la religion, comme la Torah, la Bible et le Coran passent pour les fondements divins respectivement du judaïsme, du christianisme et de l'islam. On trouve dans le *Ménon* de Platon un passage symptomatique concernant la place des *logoi* dans le culte positif : Socrate, exposant la théorie de la métempsycose, prétend l'avoir apprise « d'hommes et de femmes qui sont instruits des choses divines », de « prêtres et de prêtresses qui se soucient de pouvoir rendre raison de ce qu'ils font »[24]. Tout montre que le philosophe grec entend exalter ici – par opposition aux prêtres « officiants » (qui se contentent d'accomplir de manière techniquement irréprochable les actes sacrés) – les prêtres « experts », seuls habilités à fournir aux mystes des exégèses rationalistes d'énoncés théologiques quelquefois fort obscurs. Encore convient-il de préciser avec W. Burkert[25] que ces *logoi* – jamais immuables et toujours révisables – n'étaient pas destinés à devenir des dogmes, puisque aucune institution ni aucun sacerdoce n'avaient autorité en ce sens[26]. Enfin, dans plusieurs mystères païens, à l'obtention du degré supérieur d'initiation était liée l'admission à un banquet – pratique essentielle, en vigueur dans les

[23] La mention du nom d'Ériképaios et l'allusion aux jouets de Dionysos incitent à rapprocher ce texte des mystères de Dionysos : cf. J. G. SMYLY, *Greek Papyri from Gurob*, Dublin, 1921, n° 1 ; le texte figure aussi chez W. FAUTH, *RE* IX A, col. 2257-2262.

[24] Cf. Platon, *Ménon*, 81 A. Les *realia* confirment du reste la justesse de cette thèse : de fait à Athènes, dès la fin du Ve siècle, des exégètes sont attestés en tant qu'interprètes religieux. Si la cité classique ne paraît pas les avoir considérés comme des prêtres à part entière, mais comme de simples praticiens associés au culte public, force est de constater qu'aux périodes hellénistique et romaine les exégètes athéniens sont appelés prêtres : cf. K. CLINTON, « The Sacred Officials of the Eleusinian Mysteries », dans *TAPhS*, 64, 3 (1974), p. 89.

[25] Cf. *Les cultes à mystères*, p. 67.

[26] Cf. *ibid.*, p. 54 – où l'auteur note à juste titre l'absence de tout sectarisme, et a fortiori de tout dogmatisme, dans les mystères anciens.

dionysies helléniques comme dans les cultes orientaux[27]. L'origine de ce festin sacré remonte à une antiquité immémoriale : dans les associations cultuelles – à l'instar de ce qui se passe dans les sociétés primitives – celui qui a pris part au repas de la communauté y devient un frère parmi les frères, le commensal non seulement des autres mystes mais encore du dieu vénéré dans leurs assemblées.

Telle est en quelque sorte l'économie générale de toutes les religions païennes de salut et plus spécialement du culte samothracien, qui bénéficia très rapidement d'un rayonnement planétaire. C'est ainsi que, comme le rappelle avec pertinence Franz Cumont dans *Lux perpetua*[28], les Cabires de l'île solitaire de Samothrace – ces dieux énigmatiques de la mer, devenus les protecteurs des navigateurs – avaient acquis sous les Diadoques, dont les flottes sillonnaient la mer Égée, un prestige incomparable qu'ils ne perdirent pas entièrement à l'époque impériale, pour laquelle les listes d'initiés (connues au moins jusqu'au IIIe siècle) mentionnent quantité de noms de hauts magistrats et d'intellectuels romains[29]. Quant à la teneur religieuse des mystères de Samothrace (rapport direct du mythe fondateur avec la destinée de l'initié, déroulement des cérémonies rituelles, valeur philosophique et morale du message délivré), elle fera l'objet d'un triple questionnement interprétatif – où les sciences historiques le disputeront aux sciences philologiques de l'Antiquité.

*

27 Cf. *ibid.*, p. 108 : « Il ne faut pas perdre de vue que les mystères, ainsi que toutes les autres formes de culte dans l'Antiquité, s'accompagnaient d'une forme de bonheur purement terrestre : la joie de festoyer et de partager un riche repas ».

28 Volume édité par Bruno ROCHETTE & André MOTTE (avec la collaboration de Bastien TOUNE), Torino, 2009 : s'agissant des mystères de Samothrace, on se réfèrera en particulier au chapitre V. – Les mystères / I. – Les cultes grecs, p. 283.

29 Cf. *IG*, XII, 8, 38 sq. À compléter, aux fins de mise en perspective historique et critique de ce corpus, par les articles « Kabeiros » et « Mysterien » d'O. KERN – parus dans la *RE* respectivement au tome X, col. 1398 sqq. et au tome XVI, col. 1275 sqq. Touchant la dénomination religieuse des dieux de Samothrace – Cabires et/ou Grands Dieux –, on se risquera à formuler l'hypothèse suivante : au niveau des théologies politique et mythique, c'est le nom « Cabires » qui semble avoir prévalu – en tant qu'il se rapporte à des divinités étymologiquement et sémantiquement « grandes » [à partir d'un rapprochement avec le sémitique *kabir* = « grand » : cf. P. COLLINI, « Gli dèi cabiri di Samotracia : origine indigena o semitica », dans *SCO*, 40 (1990), p. 237-287] ; en revanche sur le plan de la théologie philosophique (qui sous-tend en particulier le *hieros logos* des mystères), l'appellation quasi générique « Grands Dieux » s'est imposée avec force.

La prospérité des mystères de Samothrace n'a d'égale que leur originalité. De fait, les introducteurs de ce culte étrange – des « Pélasges » selon Hérodote[30] – sont généralement associés aux Troyens, précision ethnographique qui vise à les désigner comme des non-Grecs, voire comme des anti-Grecs. Du reste, une langue non grecque est en usage dans la liturgie cabirique jusqu'à la période hellénistique[31]. On notera cependant que la fondation du sanctuaire des mystères au VIIe siècle av. J.-C. ressortit à une initiative religieuse de colons grecs. Contrairement aux sanctuaires lemnien et thébain des Cabires, celui de Samothrace jouit d'une renommée qui dépasse promptement le cadre de son implantation locale. En effet ses mystères sont connus à Athènes dès le Ve siècle av. J.-C., et Hérodote s'y fait initier[32]. Le sanctuaire atteint son apogée à l'époque de Philippe de Macédoine, et conserve toute son attractivité spirituelle durant le Bas-Empire, du moins jusqu'à l'époque de Constantin.

Pour honorer les « Grands Dieux », dont la nature exacte demeure mal connue, un vaste complexe sanctorial[33] avait été installé dans une

[30] Hérodote, II, 51 : « les Pélasges (...) habitaient primitivement Samothrace, et les Samothraciens leur doivent leurs mystères » [trad. A. Barguet].

[31] D'après Diodore de Sicile, V, 47, 3. Du reste, l'existence de graffitis non grecs est attestée par l'archéologie : cf. K. LEHMANN (éd.), *Samothrace*, II 2.8-19, p. 45-64.

[32] Sur ce point, on se reportera à la remarque incidente d'Hérodote en II, 51 – présentée sous la forme d'un aveu au lecteur : « Tout initié aux mystères des Cabires que l'on célèbre à Samothrace (où les Pélasges les ont introduits) comprendra ce que je veux dire » [trad. A. Barguet]. De même, dans *La Paix* d'Aristophane (au vers 277), le vieux vigneron athénien Trygée s'attache à invoquer les Cabires de Samothrace – traditionnellement suppliés par les voyageurs de détourner dangers ou tempêtes – afin qu'ils détournent les deux pieds à l'intrus Kydoimos [serviteur de Polémos et personnification du Tumulte] : « Allons, si par hasard l'un de vous s'est fait initier à Samothrace, c'est le moment où jamais qu'il prie pour que ce voyageur bénéficie d'entorses aux deux pieds ! »

[33] Quant à la topographie d'ensemble du sanctuaire samothracien des Cabires, une reconstitution minutieuse en a été proposée par F. CHAMOUX dans son livre : *La civilisation hellénistique*, Paris, 1985, p. 359. L'auteur y ajoute, p. 363, un plan restauré du bâtiment dit *hieron*, c'est-à-dire « le sanctuaire », où avaient lieu les cérémonies d'initiation (d'après l'ouvrage de Ph. WILLIAMS-LEHMANN, *The Pedimental Sculptures of the Hieron of Samothrace*, fig. 4). Construit vers la fin du IVe siècle, le bâtiment fut complété au IIe siècle par un porche monumental, avec un fronton orné de statues. L'édifice était long (environ 40 mètres) et étroit (environ 13 mètres). On y accédait par trois portes : la porte principale, dans l'axe, et deux portes latérales. Des bancs étaient disposés à l'intérieur le long des murs latéraux. Un autel intérieur servait aux sacrifices. L'abside, inscrite dans le plan rectangulaire, était légèrement surélevée. Lorsqu'on célébrait les mystères, des prêtres devaient se

vallée étroite débouchant sur la côte nord de l'île. Là, sur la berge abrupte d'un ruisseau très encaissé, s'élevaient des bâtiments réservés aux cérémonies d'initiation ainsi qu'une grande rotonde, l'Arsinoeion, que la reine Arsinoé, femme de Lysimaque et future épouse de Ptolémée II Philadelphe, fit construire entre 289 et 281 : elle était destinée à abriter des autels. Sur l'autre rive du ravin, d'abord un long portique à étage, puis un théâtre (qui n'a sans doute aucun rôle dans le culte) et, creusée dans la pente du terrain, la niche quadrangulaire où se dressait, au milieu d'un bassin d'eau évoquant la mer, le célèbre monument de la Victoire debout sur une proue de navire, érigé au début du IIe siècle. Le sanctuaire des Cabires, tel que les fouilles l'ont restitué, est tout entier hellénistique. Il est situé à l'ouest de la ville antique, sur les deux côtés d'un ravin abrupt, qui descend de la montagne en direction du nord, à peu de distance de la mer. Des terrasses naturelles aménagées portent les principaux bâtiments. Sur la terrasse de l'est on trouve, du nord au sud, d'abord un édifice rectangulaire, dit *anaktoron*, c'est-à-dire la « maison des seigneurs », qui servait au premier degré de l'initiation lors des cérémonies des mystères ; puis la rotonde dite Arsinoeion ; un enclos à ciel ouvert, dit *temenos*, avec un foyer sacré ; on y pénétrait par un porche à ailes saillantes, décoré à l'intérieur d'une frise archaïsante représentant des danseuses ; enfin le grand bâtiment appelé *hieron*, où l'on recevait vraisemblablement le deuxième degré de l'initiation. À côté de cet édifice, un préau abritait les offrandes des fidèles et un important autel était entouré d'un haut mur ; il était orienté vers l'est et on y accédait à travers une colonnade. De l'autre côté du ravin, les gradins du théâtre avaient été disposés sur la pente. Au-dessus d'eux, une niche creusée dans la colline était aménagée en fontaine : là, surgissant d'un plan d'eau, se dressait la Victoire de Samothrace. Un long portique bordait cette terrasse vers l'ouest. Du côté de l'est, au-delà des bâtiments sacrés, un second ravin était franchi par un large pont de bois qui aboutissait à l'entrée du sanctuaire, sur le chemin de la ville. C'étaient de riches propylées en marbre de Thasos, dont Ptolémée II avait pris en charge le financement avec sa générosité coutumière.

Pour ce qui est du culte proprement dit, il présente un double aspect – collectif et individuel. Une fête annuelle y est célébrée, à laquelle se rendent les ambassadeurs religieux, les *theōroi*[34], mais il est possible aussi, apparemment, de recevoir en d'autres temps une

tenir dans l'abside et présenter aux fidèles assis sur les bancs des objets sacrés ou un spectacle sacré, toutes portes fermées, à la lueur des torches et des lampes.

[34] Cf. B. HEMBERG, *Die Kabiren*, Uppsala, 1950, p. 126-128.

initiation personnelle, *myēsis*, lors d'une visite occasionnelle. Comme à Éleusis, les initiés se répartissent en mystes et en époptes, ces derniers étant ceux qui reviennent pour « assister » une seconde fois aux cérémonies. Trois détails remarquables de l'initiation sont connus : le prêtre demande d'abord au candidat à l'initiation quel est l'acte « le plus mauvais qu'il a jamais accompli dans sa vie »[35]. Vraisemblablement, il s'agit moins d'un appel à confession que d'une invitation à créer, sur le mode de la complicité, un lien infrangible de solidarité. Ensuite, les initiés portent une écharpe pourpre autour du bas-ventre, prescription vestimentaire qui présuppose un « dévêtissement » et un bain. En tout état de cause, ce geste vise à mimer symboliquement la conduite d'Ulysse qui, au cours d'une tempête, s'était défait de ses vêtements pour sauter à la mer, désormais protégé par le voile de Leucothée[36]. Enfin, les initiés portent des anneaux de fer pour le reste de leur vie[37]. Par ailleurs le sacrifice d'un bélier fait partie intégrante du culte[38], et l'initiation elle-même se déroule la nuit[39]. Documentation fragmentaire et lacunaire qui n'a pas empêché les philologues et orientalistes du Siècle des Lumières – on songe ici à Nicolas Fréret, auteur d'une dissertation intitulée *Recherches sur les Cabires*[40] – de reconstituer les temps forts de l'initiation à ces mystères : « On s'y préparait par une espèce de confession des fautes passées, qu'on faisait à un prêtre qui avait le titre de *koès*, d''auditeur', et qui purifiait ceux qui étaient coupables de quelque meurtre. On plaçait les initiés dans une espèce de trône. On les obligeait de porter toujours à cru une ceinture ou écharpe rouge,

[35] Plutarque, *Apophtegmata Lacedaemoniorum*, 217 d ; 229 d ; 236 d. Sur la base d'une démarche comparatiste visant à établir des correspondances entre cultes « étrangers » (en l'occurrence grec et égyptien), Hérodote rapporte en II, 121 un parallélisme intéressant fourni par le conte des voleurs du trésor royal de Rhampsinite – où l'héroïne pose exactement la même question à un visiteur.

[36] Cf. *Schol. Apollonios de Rhodes*, I, 916 b.

[37] Cf. Lucrèce, *De la nature*, VI, 1044 (« J'ai même vu des anneaux de fer de Samothrace [*Samothracia ferrea*] bondir en l'air sous l'effet de la pierre de Magnésie ») ; Pline l'Ancien, *Histoire naturelle*, XXXIII, 23.

[38] Le bélier figure en effet sur certaines monnaies de Samothrace : cf. HEMBERG, *Die Kabiren*, p. 102.

[39] Cf. Valérius Flaccus, *Argonautiques*, II, 440.

[40] Dont un compte rendu critique a été publié en 1770 dans l'*Histoire de l'Académie royale des inscriptions et belles-lettres*, t. XIII, p. 11-28 – référence bibliographique communiquée par le Doyen Marc Philonenko, Membre de l'Académie des inscriptions et belles-lettres, auquel je tiens à exprimer ma très respectueuse gratitude.

dont l'effet devait être de les préserver de tous les dangers, surtout de ceux auxquels les navigateurs sont exposés ».

Mais on soulignera par-dessus tout la spécificité théologique des « dieux de Samothrace » – détenteurs d'un secret qui ne laisse pas d'intriguer : leur complet anonymat ou plutôt le caractère crypté de leur désignation onomastique. Les offrandes votives elles-mêmes, qui se pratiquent dans l'enceinte du sanctuaire, sont adressées simplement « aux dieux », *theois*. Un témoin, Mnaséas, donne les noms suivants : Axieros, Axiokersos, Axiokersa – qu'il transpose en Déméter, Hadès et Perséphone[41]. Pour ce qui est de la « Grande déesse » de Samothrace, elle a été identifiée à la Grande Mère, et les monnaies de Samothrace reproduisent un type à l'effigie proche de Cybèle. Des cultes d'Aphrodite et d'Hécate y sont également attestés[42]. De surcroît, un jeune dieu serviteur, Casmilos ou Cadmilos, est souvent mentionné, et assimilé en l'occurrence à Hermès[43]. Enfin, aux portes de l'*anaktoron* se dressent les statues en bronze de deux Hermès ithyphalliques, qu'Hérodote met en relation avec les mystères de Samothrace, sous prétexte qu'il existerait à leur propos un *hieros logos* révélé durant les mystères[44]. Car l'historien grec n'ignorait pas

[41] Mnaséas *apud Schol. Apollonios de Rhodes*, I, 916 b. Selon U. BIANCHI (*The Greek Mysteries*, 1976, p. 30 sq., fig. 58), les bustes de la tombe des *Haterii* (Rome, Vatican) représenteraient les trois divinités de Samothrace, avec le bâton d'Hermès (Cadmilos) : il s'agit peut-être de la copie d'un fronton de Samothrace. D'après N. FRÉRET, « Recherches sur les Cabires », p. 26, les épithètes des dieux de Samothrace ressortiraient toutes à des étymologies grecques : Axieros serait ainsi un ancien comparatif de *axios*, lui-même dérivé de *agein* compris au sens de « célébrer, vénérer », et signifierait « la plus vénérable » ; quant à Axiokersos et Axiokersa, il s'agirait de composés de *axios* et de *kersos* (= *gamos*) désignant respectivement « le plus digne époux » et « la plus digne épouse ».

[42] Cf. Lycophron, 77. Sur ces cultes samothraciens associés, cf. HEMBERG, *Die Kabiren*, p. 82 et p. 84 sqq. Concernant la présence à Samothrace de Hécate, on rappellera avec FRÉRET, « Recherches sur les Cabires », p. 18, que la redoutable déesse possédait dans cette île un antre sacré qui s'appelait *Zerinthium*, nom qui dériverait du grec *zerethron* (= « lieu bas et profond »).

[43] Cf. *IG*, XII, 8, 74.

[44] Sur l'intégration de ces Hermès ithyphalliques dans un « discours sacré » des mystères de Samothrace, lire et méditer le témoignage irremplaçable d'Hérodote en II, 51, 4 : « Les Athéniens furent les premiers des Grecs à faire des statues ithyphalliques d'Hermès, pour l'avoir appris des Pélasges. Et les Pélasges ont, pour expliquer cette coutume, un texte sacré que l'on révèle dans les mystères de Samothrace » [trad. A. Barguet]. Mais il y a plus : les *phalloi* en érection du texte d'Hérodote trouvent peut-être une explication dans la mythologie grecque – tant il est vrai que c'est la vue de Perséphone qui aurait provoqué en Hermès le désir ou, pour reprendre les termes mêmes de Cicéron en *ND*, III, 56, « une excitation

que le domaine d'attribution, c'est-à-dire le cercle d'activité propre à Hermès, comportait aussi le service des dieux infernaux, et en particulier celui de Perséphone – qui figure, en binôme avec Déméter, dans les mystères d'Éleusis[45].

Pourtant, si les dieux de Samothrace conservent pleinement leurs traits indigènes ou orientaux, il n'en va pas de même pour les héros de Samothrace – tous soumis à une hellénisation mythologique particulièrement prégnante[46]. C'est ainsi que la « Maîtresse » de Samothrace est la Pléiade Électra (étymologiquement et sémantiquement « la radieuse ») – l'une des sept filles d'Atlas et de Pléioné. De son union avec Zeus lui sont nés Dardanos, Iasion et Harmonie. À Samothrace, Harmonie avait contracté mariage avec Cadmos de Thèbes, dont le nom rappelle curieusement celui de Cadmilos. Lors d'une fête de Samothrace, on vient « enlever » Harmonie – rite qui s'articule autour d'un mythe similaire à celui du rapt de Coré[47]. Le destin de ses frères est plus singulier. Iasion, cédant à une passion irrésistible (et non payée de retour) pour Déméter, essaya de faire violence à la déesse – comportement qui lui valut de périr foudroyé par son père Zeus en colère[48]. Une autre version rapporte que c'est Dardanos qui avait tué son frère[49]. En tout état de cause, Dardanos s'enfuit de Samothrace sur un radeau, à l'occasion d'un déluge, et accosta au rivage asiatique, en face de l'île sacrée, pour y devenir l'ancêtre des Troyens et y introduire le culte de la Grande Mère de l'Ida[50]. Ce thème du héros sauvé par le déluge

sexuelle indécente ». En tout état de cause, il y a là probablement une allusion à ce que l'on « voyait » dans l'*anaktoron*, quelque chose qui rappelait Éleusis.

[45] Cf. P. GRIMAL, *Dictionnaire de la mythologie grecque et romaine*, Paris, 1979, p. 207 b. On sait que Hermès était particulièrement chargé de conduire les âmes des défunts aux Enfers, et qu'il portait à cause de cette fonction le nom de Psychopompe, d'Accompagnateur des Âmes : cf. K. KERÉNYI, *Hermes der Seelenführer*, Zürich, 1945.

[46] Comme l'avait du reste fait remarquer fort pertinemment Denys d'Halicarnasse dans ses *Antiquités Romaines* (I, 68).

[47] Cf. Éphore, *FGH*, 70 F 120.

[48] Sur la fin tragique de Iasion – transféré à Samothrace dans Hésiode frg. 185 [= frg. 123 Most] et appelé localement Éétion –, lire Homère, *Odyssée*, V, 125 et Hésiode, *Théogonie*, 969-971.

[49] Cf. Servius, *Commentaire sur l'Énéide*, III, 167. Quoi qu'il en soit, le mythe de Dardanos n'est pas sans faire penser aux mystères micrasiatiques de la Mère : certains parallèles avec le mythe des Dioscures – l'enlèvement de la sœur et la mort du frère – s'imbriquent assez bien dans le tableau.

[50] Concernant Dardanos et le déluge, cf. Lycophron, 69-85 ; Platon, *Lois*, 682 b ; 702 a ; pour ce qui est de l'introduction par Dardanos du culte de la Mère, cf.

constitue une allusion évidente au sauvetage d'Ulysse sur son radeau grâce au voile de Leucothée, ainsi qu'une sorte d'allégorie du salut – physique *et* métaphysique – promis à chaque initié. D'où l'on voit que la forme des mythes samothraciens s'accorde remarquablement avec la signification des mystères qu'ils contribuent à défendre et illustrer : la salvation des dangers de la mer ainsi que le succès des entreprises maritimes lointaines et risquées, comme l'attestent les offrandes votives déjà très nombreuses au Ve siècle av. J.-C.[51] Faut-il rappeler ici que la *Nikè* de Samothrace, dédiée au IIe siècle av. J.-C.[52], célèbre une victoire navale ? Enfin, on signalera que le mythe fondateur du culte samothracien montre les Argonautes, ces premiers marins de l'humanité, en train de se faire initier à Samothrace[53]. Cependant, même si on n'y a découvert aucune mention explicite d'une croyance en une vie après la mort[54], force est de constater que les mystères de Samothrace ont donné lieu, du moins chez les penseurs romains de l'époque tardo-républicaine, à tout un ensemble de spéculations métaphysiques aussi bien sur la notion de transcendance divine que sur celle, connexe, de dieu créateur et organisateur de l'univers.

*

De fait, le conformisme sclérosant du culte rendu à des dieux sans imprévu, ou de l'espoir en une vie future imprécise assurée par la perpétuation des rites ancestraux, avait conduit les Romains depuis des siècles à se rassembler par groupes limités, en dehors des célébrations officielles, sous la protection de divinités spécifiques. C'est ainsi que s'étaient multipliés les conventicules religieux plus ou moins secrets, plus ou moins tolérés, qui diversement répondaient à

Diodore de Sicile, V, 49. Il convient cependant de noter qu'à Samothrace on ne parle pas de Dardanos, mais de Polyarchès, « le fort », à la fois protégé des dieux et protecteur des hommes : cf. Hellanicos, dans *FGH*, 4 F 23.

51 Voir BURKERT, *La religion grecque à l'époque archaïque et classique (Traduction et mise à jour bibliographique par Pierre Bonnechère)*, Paris, 2011, p. 415, n. 77.

52 Cf. *Id., ibid.*, p. 377.

53 Cf. Apollonios de Rhodes, *Argonautiques*, I, 915-921 ; Valérius Flaccus, *Argonautiques*, II, 432-442.

54 Comme se plaît à le souligner BURKERT (*La religion grecque*, p. 377) : « Pas plus qu'ailleurs, on ne connaît aucune mention d'une vie après la mort. » Faut-il dès lors en conclure, avec V. PIRENNE-DELFORGE, « Religion grecque » dans *Religions de l'Antiquité* (dir. Y. LEHMANN), Paris, 1999, p. 157, que le bénéfice escompté était surtout le salut en mer, et qu'il s'agissait plutôt d'échapper momentanément à la mort que d'y placer un espoir de survie ? Rien n'est moins sûr.

ces aspirations : les événements dramatiques de la seconde guerre punique, l'affaire des Bacchanales en avaient révélé la vitalité et l'extension. Et tout aussitôt la politique, les guerres, l'administration, le commerce et l'exploitation financière avaient mis une foule de Latins de toutes catégories en contact direct avec les mystères grecs ou de longue date hellénisés : ceux de Déméter (à Éleusis et en maints autres lieux), d'Hécate, du Zeus Crétois, de Dionysos et enfin des Cabires, des Grands Dieux de Samothrace. Ils y trouvaient suggestion de réponses aux problèmes qui ne cessaient de les occuper – en particulier à leurs interrogations sur la nature des dieux (ou de Dieu) et sur les destinées de l'âme humaine. Des clergés spécialisés, porteurs de secrets initiatiques, attentifs aux fidèles, tout en humiliant l'homme devant la divinité, lui proposaient des purifications capables de préparer son union avec elle et son salut personnel. Tel est le contexte historique et psychologique qui explique, à la fin de la République et au début de l'Empire, la crise de la religion romaine – à laquelle Varron, le plus grand théologien de l'Antiquité païenne, s'efforça d'apporter des solutions assurément plus philosophiques que religieuses.

Car c'est à propos de la personnalité incertaine des « Pénates Publics » – visibles, dans une chapelle obscure de la Vélia, sous l'aspect de deux jeunes hommes en armes assimilés par l'anthropomorphisme hellénique puis « troyen » respectivement aux Dioscures et aux Cabires – que le Réatin, lui-même initié aux mystères de Samothrace[55], fut amené à traiter du culte des Grands Dieux et de ses enjeux théologiques majeurs pour la romanité. Et de fait, Varron semble avoir oscillé – sans jamais adopter de position définitive – entre deux types d'interprétation des *magni Di* de Samothrace, l'une binaire, l'autre ternaire. Dans la première – où il récuse vigoureusement leur assimilation, traditionnelle et populaire, avec les Dioscures –, il propose de les identifier au Ciel et à la Terre : *Terra enim et Caelum, ut Samothracum initia docent, sunt*

[55] Cet événement capital pour la connaissance de la pensée religieuse de Varron a été bizarrement ignoré par la quasi-totalité de ses biographes et de ses commentateurs. De fait, seul B. CARDAUNS, dans *Varros Logistoricus über die Götterverehrung (« Curio, de cultu deorum »). Ausgabe und Erklärung der Fragmente*, Würtzburg, 1960, p. 66, conclut – en s'appuyant sur plusieurs textes du Réatin lui-même (*LL*, V, 58 ; *Log. Curio, de cultu deorum*, frg. 1 éd. B. CARDAUNS ; *RD*, XV, frg. 3 et 4 éd. R. AGAHD) – à l'initiation de Varron aux mystères de Samothrace : « selbst, wie man annehmen darf, in die samothrakischen Mysterien eingeweiht, nahm Varro (...) ». Sur ce dossier de l'adhésion du Réatin à la spiritualité mystérique samothracienne, cf. Y. LEHMANN, *Varron théologien et philosophe romain*, Bruxelles, 1997, p. 86-90.

Dei magni, et hi quos dixi multis nominibus, non quas Samothracia ante portas statuit duas uirilis species aeneas Dei magni, neque, ut uolgus putat, hi Samothraces dii, qui Castor et Pollux, sed hi mas et femina[56]. Ces révélations du théologien et philosophe romain renvoient, en dernière analyse, à un dualisme cosmique d'origine pythagoricienne[57] en vertu duquel l'unité fondamentale du monde reposerait sur la conjonction d'un élément masculin actif, fécondant, informateur (le ciel) et d'un élément féminin purement passif (la terre). La sagesse initiatique ainsi acquise à Samothrace vient prolonger heureusement et même renforcer chez lui les leçons antérieures des philosophes athéniens. On sait en effet que, pendant ses études à l'Académie d'Antiochus d'Ascalon (entre 84 et 82 av. J.-C.), Varron s'était familiarisé avec des écrits théologiques aussi ésotériques que ceux d'un Xénocrate[58], qui établissait déjà une dichotomie du Dieu de l'univers : « Xénocrate de Chalcédoine tient que la divinité est à la fois monade et dyade – d'une part une sorte de puissance mâle, occupant la place du père et régnant dans le ciel : il l'appelle alors Zeus (...) ; d'autre part une sorte de puissance femelle, une manière de

[56] Varron, *LL*, V, 58 : « Or le Ciel et la Terre, comme l'enseignent les mystères de Samothrace, sont des grands Dieux, je viens de les mentionner sous de nombreuses appellations ; mais ils ne s'identifient pas pour autant avec ces grands Dieux dont Samothrace a placé les deux effigies masculines en bronze devant ses portes ; ils ne sauraient en effet se confondre, malgré l'opinion populaire, avec les dieux de Samothrace en question qui, eux, s'identifient avec Castor et Pollux ; or ceux dont je parle, sont deux divinités, homme et femme » [trad. J. Collart]. Dans ce § 58, le Réatin fait donc allusion successivement à deux assimilations connues des Romains : 1) l'assimilation populaire avec les Dioscures que représentent, selon lui, les deux effigies masculines en bronze à Samothrace ; 2) l'assimilation philosophique avec le Ciel et la Terre que Varron tire d'une autre représentation, peut-être une triade particulière, comme celle à laquelle il fait allusion *infra*, en VII, 34.

[57] D'après Hippolyte, *Ref. haer.*, II, 12 [dans H. DIELS, *DG*, p. 557, 10 sqq.], Zarathoustra aurait enseigné précisément à Pythagore cette théorie de l'harmonie universelle de facteurs contraires : « Depuis les origines, deux causes – l'une masculine, l'autre féminine – président à la naissance des êtres : la première est la lumière, la seconde l'ombre. La lumière a comme propriétés la chaleur, la sécheresse, la légèreté, la vitesse ; quant à l'ombre, ses qualités sont le froid, l'humidité, la pesanteur, la lenteur ; c'est à partir de ces principes mâle et femelle que l'univers tout entier est constitué. » Pour le commentaire théologico-philosophique de ce passage, cf. W. SPOERRI, « À propos d'un texte d'Hippolyte », dans *REA*, LVII, 1955, p. 267 sqq.

[58] L'influence – médiatisée par Antiochus d'Ascalon – du penseur de Chalcédoine sur Varron semble avoir été considérable, puisque ce dernier le cite nommément dans ses *Antiquités divines* [I, frg. 23, 9-10 éd. B. CARDAUNS] comme le doctrinaire d'une *diuinitas bifaria* partagée entre Olympiens et Titaniens.

mère des dieux, qui gouverne le lot en-dessous du ciel, et qui constitue pour lui l'âme de l'univers[59]. »

Mais, comme s'il entendait approfondir le contenu du message philosophique délivré par les maîtres de la spiritualité cabirique, le Réatin se prononce, au livre XV de ses *Antiquités divines*, pour une exégèse différente – tripartite en l'occurrence – des mystères samothraciens. Il retient à cet effet un ensemble de trois statues de divinités autochtones qui symboliseraient chacune respectivement le Ciel, la Terre et les Idées exemplaires platoniciennes : *hinc* (*sc. Caeli et Terrae masculina et feminina ui) etiam Samothracum nobilia mysteria... sic interpretatur eaque se, quae nec Sais nota sunt, scribendo expositurum eisque missurum quasi religiosissime pollicetur. Dicit enim se ibi multis indiciis collegisse in simulacris aliud significare caelum, aliud terram, aliud exempla rerum, quas Plato appellat ideas*[60]. Mais il y a plus : Varron prétend retrouver à Rome ce groupement dans la fameuse triade capitoline qui, soumise à une interprétation allégorique judicieuse, exprimerait les trois principes créateurs du Tout selon Platon – cause efficiente, cause matérielle et cause formelle : *caelum Iouem, terram Iunonem, ideas Mineruam uult intellegi ; caelum a quo fiat aliquid, terram de qua fiat, exemplum secundum quod fiat*[61].

[59] Xénocrate, frg. 15 éd. R. HEINZE = Aétius, *Placita*, I, 7, 30, dans H. DIELS, *DG*, p. 304 b, 1-14 [Stobée, *Ecl. phys.*, I, 62]. J. PÉPIN, *Mythe et Allégorie*, Paris, 1958, p. 319 sq. voit dans cette doxographie une des sources médio-platoniciennes de la théologie naturelle de Varron.

[60] Varron, *RD*, XV, frg. 206 éd. B. CARDAUNS = Augustin, *CD*, VII, 28 : « C'est encore la même idée [*sc.* d'opposer l'énergie masculine du Ciel à l'énergie féminine de la Terre] qui inspire... une interprétation analogue des célèbres mystères de Samothrace : Varron y annonce, avec une manière de solennité religieuse, qu'il va donner des aperçus doctrinaux inconnus même aux prêtres de Samothrace, et qu'il leur en fera connaître la teneur. Il dit en fait qu'il a découvert là-bas à plusieurs indices que de leurs statues l'une signifie le ciel, l'autre la terre, et l'autre les modèles-archétypes que Platon appelle les idées » [trad. J. Perret adaptée].

[61] Varron, *ibid.* : « Il veut qu'on reconnaisse en Jupiter le ciel, en Junon la terre, en Minerve les idées ; le ciel par qui les choses se font, la terre de laquelle elles se font, le modèle selon lequel elles se font » [trad. J. Perret]. Si la structure interprétative élaborée ici par Varron apparaît comme plus complète et plus complexe que celle, bipartite, qu'il expose dans le *De lingua Latina*, ce n'est pas seulement en raison d'une rupture momentanée de l'inhibition religieuse pesant sur sa conscience de myste, mais aussi parce que l'objectif poursuivi a changé : en effet, dans son traité de théologie appliquée, le Réatin, au lieu de rechercher des équivalents paradigmatiques du couple Ciel-Terre, s'emploie à cerner la notion spécifique de Pénates (cf. G. WISSOWA, « Die Überlieferung über die römischen Penaten », dans *Hermes* XXII, 1887, p. 49). Il se trouve ainsi amené à identifier ces divinités avec Jupiter, Junon et Minerve, que Tarquin l'Ancien – lui-même initié aux fameux

La supériorité de cette autre version réside moins dans l'introduction au sein d'un système matérialiste et immanent – l'opposition Ciel/Terre – d'une perspective délibérément transcendante, incarnée par les Idées, que dans l'interprétation de ces dernières comme les pensées d'un dieu démiurge. Manifestement, Varron répercute ici un thème philosophique jusqu'alors complètement étranger à la réflexion religieuse des Romains et qui se nourrit de réminiscences du *Timée*[62] de Platon, dont Cicéron avait donné une traduction/adaptation en latin.

À ce stade de l'enquête, un rapprochement s'impose avec un texte précieux de saint Hippolyte où l'on retrouve attribuée au fondateur de l'Académie une théorie tout à fait analogue : le modèle des choses (*to paradeigma*), sur lequel se règle le créateur du monde, y est désigné clairement comme « la pensée de Dieu, que Platon appelle aussi idée[63] ». Quant au relais entre cette source platonicienne et Varron, les commentateurs les plus avisés[64] s'accordent à le voir en Antiochus d'Ascalon. Il existe en effet dans les *Secondes Académiques* de Cicéron un passage où intervient Varron – précisément en tant que porte-parole de l'Ascalonite (dont il expose la logique) – et qui valorise, à propos de la définition du principe éternel et purement intelligible des objets sensibles, le concept-clé d'*idea* : *(...) quia sola mens cerneret id quod semper esset simplex et unius modi et tale quale esset – hanc idean appellabant, iam a Platone ita nominatam,*

mystères – aurait réunis dans un sanctuaire commun, sur le Capitole : cf. *RD*, XV, frg. 205 éd. B. CARDAUNS. Par le biais d'une relation de transitivité – Pénates = Jupiter-Junon-Minerve d'une part et Jupiter-Junon-Minerve = Grands Dieux de l'autre – Varron (cité par Servius, *Ad Aen.*, III, 12) aboutit finalement à l'équation Pénates = Grands Dieux de Samothrace : *Varro quidem unum esse dicit Penates et magnos Deos*. Il croit d'ailleurs, comme l'indique la suite du texte, tenir une confirmation liturgique de cet amalgame : l'inscription *MAGNIS DIIS* gravée sur la base des statues cultuelles des Pénates romains honorés dans le temple de la Vélia. En tout état de cause, il convient de noter que le mysticisme samothracien auquel il associe ces plus vieilles divinités tutélaires de l'*Vrbs* s'élargit chez lui (*RH*, II, frg. 8 éd. P. MIRSCH) en une véritable légende de leurs origines gréco-orientales : *Varro humanarum secundo Dardanum refert deos Penates ex Samothrace in Phrygiam, et Aeneam ex Phrygia in Italiam detulisse* = « Varron rapporte au livre II des *Antiquités humaines* que Dardanus a transporté les Pénates de Samothrace en Phrygie, et Énée de Phrygie en Italie. »

[62] Cf. 27 d - 29 b.

[63] Hippolyte, *Philos.*, 10, 1 [dans H. DIELS, *DG*, p. 567].

[64] Notamment W. THEILER, « Die Vorbereitung des Neuplatonismus », dans *Problemata*, I, Berlin, 1930, p. 15-20 et P. BOYANCÉ, « Les implications philosophiques des recherches de Varron sur la religion romaine », dans *Atti del Congresso Internazionale di Studi Varroniani*, t. I, Rieti, 1976, p. 145-154.

nos recte speciem possumus dicere[65]. En définitive, l'inflexion proprement varronienne de cette lecture des mystères de Samothrace se réduit à l'identification de la cause exemplaire avec une divinité bien précise : Minerve. Et encore la part réservée à l'innovation théologique est-elle plus mince qu'il n'y paraît. Car la nature strictement matérielle que Varron prête ailleurs à la déesse romaine des activités de l'esprit – *aetheris partem superiorem Mineruam tenere (dicunt) et hac occasione fingere poetas quod de Iouis capite nata sit*[66] – trahit une fois encore – d'après P. Boyancé[67] – l'influence de Xénocrate et plus particulièrement de sa doctrine de l'essence mixte qui s'applique, comme on sait, aux astres du ciel – ces êtres divins accessibles non seulement à la vue par la perception, mais encore à la raison par les calculs des astronomes[68].

*

Au terme de cet essai sur les mystères de Samothrace (avènement, développement et prolongements), la question de leur prétention éventuelle à assurer le salut des initiés dans une autre vie reste ouverte et n'a toujours pas trouvé de réponse définitive, même si l'affirmation de la transcendance absolue du démiurge – indissociable d'une croyance à l'immortalité céleste de l'âme, qui en constitue sans doute le cœur doctrinal – donne à penser que la spiritualité cabirique, comme celle de toutes les grandes religions à mystères de l'Orient hellénisé, n'était nullement imperméable aux préoccupations eschatologiques. Car les anciens cultes officiels des cités grecques ou romaines visaient principalement, sinon exclusivement, à maintenir la prospérité de l'État. De fait, ils ne prenaient pas en considération le besoin de perfectionnement spirituel des individus et de leur avenir éternel. Au contraire, les mystères promettaient, par la participation à des cérémonies occultes, ou par la connaissance de vérités ésotériques,

[65] Cicéron, *Ac. Post.*, I, 30 : « (...) sous prétexte que l'intelligence discernait seule les essences toujours simples et homogènes et les voyait telles qu'elles étaient (c'est là ce qu'ils appelaient *idea*, suivant la dénomination adoptée par Platon ; nous pouvons rendre le mot par le latin *species*) » [trad. Ch. Appuhn].
[66] Cf. *RD*, XVI, frg. 278 éd. B. CARDAUNS.
[67] Dans son article sur « La religion astrale de Platon à Cicéron » de la *Revue des études grecques*, LXV, 1952, p. 331 sq.
[68] Cf. Xénocrate, frg. 5 éd. R. HEINZE = Sextus Empiricus, *Adu. Math.*, VII, 147 sqq. Sans doute le scolarque de l'Académie s'est-il lui-même inspiré du mythe platonicien du *Phèdre* (247 c), qui situe spatialement le monde intelligible des Idées (vers lequel remontent les âmes après la mort) en un « lieu hyperouranien ».

ou encore par la soumission à certains préceptes de conduite, d'accorder à leurs adeptes la sainteté en cette vie et la félicité dans l'autre. Au lieu des opinions contradictoires et toujours discutables des philosophes sur la destinée dans l'au-delà, les cultes secrets apportaient une certitude fondée sur une révélation divine et confirmée par la foi des générations innombrables qui s'y étaient attachées. Cette vérité, que les penseurs cherchaient à découvrir par le raisonnement, et les mystiques à atteindre par une communication directe avec le ciel, était ici garantie par une tradition pluriséculaire et par les manifestations quotidiennes des dieux qu'on y vénérait. Dans le cas de Samothrace, c'est l'antiquité même des mystères qui rendait leur action conservatrice du passé. Mythes et rites remontaient en effet à une époque reculée, dont les mystères répercutaient et perpétuaient les vieilles croyances. Mais d'autre part l'attention prêtée à un tel culte par les esprits éclairés s'accommodait mal de la diffusion d'enseignements surannés voire périmés.

Ainsi, l'évolution des croyances eschatologiques imposa au clergé local de modifier ses révélations. Si la liturgie samothracienne paraît avoir été transmise avec une fidélité exemplaire, l'interprétation qui en était fournie varia considérablement dans le cours du temps. Au respect scrupuleux des rites s'allia toujours dans les mystères de Samothrace, qui ne connaissaient pas d'orthodoxie théologique, une grande liberté doctrinale. Celle-ci était d'autant moins dangereuse que la signification profonde qu'on prétendait attribuer aux traditions sacrées n'était dévoilée qu'à une élite d'époptes qui ne partageaient pas la foi naïve du vulgaire admis aux grades inférieurs. D'où le recours à la méthode allégorique – seule capable, par des explications ingénieuses, de concilier des fables amorales ou des pratiques grossières avec la plus haute spiritualité. En tout état de cause, il est permis d'induire de certains textes épigraphiques – telle la fameuse inscription d'Andania en Messénie[69] – le but essentiel sinon unique

[69] *IG*, V, 1, 1390 = W. DITTENBERGER, *Sylloge inscriptionum Graecarum*, 3e éd., Leipzig, 1915-1924, 736. En 370 av. J.-C., quand s'évanouit la domination spartiate sur la Messénie, des mystères furent institués à Andania, dans le bois sacré appelé *Carnasion* qui renfermait la source de la déesse « pure et vénérable », *Hagné*, et que l'on présentait comme le centre le plus ancien de la Messénie et de ses traditions sacrées : la première reine, du nom de Messène, aurait été initiée à ces mystères par Caucon, qui porte le nom d'une population prégrecque (cf. Pausanias, IV, 1, 4 ; IV, 15, 7 ; IV, 16, 6). Aristomène, le héros légendaire des guerres de Messénie, aurait enterré, à titre de testament, une feuille d'étain sur laquelle était gravée la loi des mystères – feuille qu'on aurait retrouvée et dont la loi fut remise en vigueur (cf. Pausanias, IV, 20, 4 ; IV, 26, 6 ; IV, 27, 5 ; IV, 33, 5). Dans une inscription datée de

des mystères de Samothrace : obtenir en faveur de l'initié une vie bienheureuse dans ce monde-ci comme dans l'autre monde qu'il est censé habiter après la mort. Mais rien ou presque n'a filtré de leur contenu religieux ; et spécialement pour ce qui concerne la question centrale de cette enquête, on se trouve dans une ignorance presque totale des promesses d'immortalité qu'ils pouvaient offrir aux époptes. Aporie quasiment sans issue dans l'état des sources actuellement connues et répertoriées.

Yves LEHMANN
Université de Strasbourg

BIBLIOGRAPHIE

BIANCHI (U.), *The Greek Mysteries*, 1976.

BOYANCÉ (P.), « Les implications philosophiques des recherches de Varron sur la religion romaine », dans *Atti del Congresso Internazionale di Studi Varroniani*, t. I, Rieti, 1976.

__, « La religion astrale de Platon à Cicéron », *Revue des études grecques*, LXV, 1952, p. 331 sq.

BREMMER (J. N.), *Initiation into the Mysteries of the Ancient World. Münchner Vorlesungen zu antiken Welten*, Bd 1. Berlin-Boston, 2014.

BURKERT (W.), « Das Proömium des Parmenides und die Katabasis des Pythagoras », *Phronesis* 14, 1969, p. 1-30.

__, *La religion grecque à l'époque archaïque et classique* (*Traduction et mise à jour bibliographique par Pierre Bonnechère)*, éd. A. et J. PICARD (collection « Antiquité/Synthèses », dirigée par Yann Le Bohec, n° 13), Paris, 2011.

24 av. J.-C., un hiérophante nommé Mnasistrate refonda « pour l'éternité » un nouveau règlement selon le vouloir de l'oracle : cf. PIRENNE-DELFORGE, « Mnasistratos, the 'Hierophant' at Andania (*IG*, V, 1, 1390 and *SIG* 735) », dans *Myths, Martyrs, and Modernity. Studies in the History of Religions in Honour of Jan N. Bremmer*, 2010, p. 219-235. Tous les indices collectés, aussi lacunaires soient-ils, se combinent pour former l'image d'un type de mystères intimement lié à un groupe social – en l'occurrence à des guerriers. Pourtant, même si les attentes d'une vie heureuse après la mort ne sont pas explicites dans les sources, elles pourraient avoir fait partie du « secret » – comme le donne à penser l'usage généralisé des termes *hieros* et *hiera* sur les inscriptions funéraires de Messénie : cf. BURKERT, *La religion grecque...*, p. 372, n. 47.

__, *Les cultes à mystères dans l'Antiquité (Nouvelle traduction de l'anglais par Alain-Philippe Segonds)*, Les Belles Lettres (collection « Vérité des Mythes »), Paris, 2003.

CARDAUNS (B.), *Varros Logistoricus über die Götterverehrung (« Curio, de cultu deorum »). Ausgabe und Erklärung der Fragmente*, Würtzburg, 1960.

CHAMOUX (F.), *La civilisation hellénistique*, Arthaud (collection « Les grandes civilisations », dirigée par Raymond Bloch), Paris, 1985.

CLINTON (K.), « Stages of Initiation in the Eleusinian and Samothracian Mysteries », dans *Cosmopoulos*, 50-78.

__, The Sacred Officials of the Eleusinian Mysteries », *TAPhS*, 64, 3 (1974), p. 89 sqq.

COLE (S. G.), *ANRW*, 2.18.2, 1989, p. 1564-1598.

__, *Theoi Megaloi. The Cult of the Great Gods at Samothrace*, Leyde, 1984.

COLLINI (P.), « Gli dèi cabiri di Samotracia : origine indigena o semitica », dans *SCO*, 40, 1990, p. 237-287.

CUMONT (F.), *Les religions orientales dans le paganisme romain*, Paris, 1929.

__, *Lux perpetua,* édité par Bruno ROCHETTE & André MOTTE (avec la collaboration de Bastien TOUNE), Academia Belgica/Institut historique belge de Rome/Nino Aragno Editore, Bibliotheca Cumontiana – Scripta Maiora II, Torino, 2009.

DITTENBERGER (W.), *Sylloge inscriptionum Graecarum*, Leipzig, 1915-1924.

DUMÉZIL (G.), *La religion romaine archaïque, avec un appendice sur la religion des Étrusques*, 2e édition revue et corrigée, éditions Payot et Rivages, Paris, 2000.

EHRHARDT (H.), *Samothrace*, 1985.

EISENHUT (W.), *RE* Suppl.-Bd XIV, col. 964-973.

FAUTH (W.), *RE* IX A, col. 2257-2262.

FESTUGIÈRE (A.-J.), *Personal Religion among the Greeks*, Berkeley, 1954.

FRANK (J. D.), *Persuasion and Healing*, Baltimore, 1973.

FRÉRET (N.), « Recherches sur les Cabires », dans *Histoire de l'Académie royale des inscriptions et belles-lettres*, tome XIII, Paris, 1770, p. 11-28.

GRIMAL (P.), *Dictionnaire de la mythologie grecque et romaine*, PUF, 6e éd., Paris, 1979.

HEMBERG (B.), *Die Kabiren*, Uppsala, 1950.

JAEGER (W.), *The Theology of the Early Greek Philosophers*, Oxford, 1947 [*À la naissance de la théologie*, trad. fr., Paris, 1966].

KERÉNYI (K.), *Hermes der Seelenführer*, Zürich, 1945.

KERN (O.), « Kabeiros », *RE*, tome X, col. 1398.

__, Mysterien », *RE*, tome XVI, col. 1275 sqq.

LEHMANN (K.) (éd.), *Samothrace*, II 2.8-19, p. 45-64.

LEHMANN (Y.), *Varron théologien et philosophe romain, Latomus* – Revue d'études latines (Collection Latomus), volume 237, Bruxelles, 1997.

MAULE (Q. F.) et SMITH (H. R. W.), *Votive Religion at Caere : Prolegomena*, Berkeley, 1959.

NOCK (A. D.), *Conversion. The Old and the New in Religion from Alexander the Great to Augustine of Hippo*, Oxford, 1933.

PÉPIN (J.), *Mythe et Allégorie*, Paris, 1958.

PIRENNE-DELFORGE (V.), « Religion grecque » dans *Religions de l'Antiquité* [sous la direction de Yves LEHMANN] (Collection Premier Cycle), PUF, Paris, 1999.

__, « Mnasistratos, the 'Hierophant' at Andania (*IG*, V, 1, 1390 and *SIG* 735) », dans *Myths, Martyrs, and Modernity. Studies in the History of Religions in Honour of Jan N. Bremmer*, 2010, p. 219-235.

REITZENSTEIN (R.), *Die hellenistischen Mysterienreligionen nach ihren Grundgedanken und Wirkungen*, Leipzig, 1927, traduction anglaise : *Hellenistic Mystery-Religions. Their Basic Ideas and Significance*, Pittsburgh, 1978.

RIEDWEG (Chr.), *Mysterienterminologie bei Platon, Philon und Klemens von Alexandrien*, Berlin, 1987.

ROUSE (W. H. D.), *Greek Votive Offerings. An Essay in the History of Greek Religion*, Cambridge, 1902.

SMYLY (J. G.), *Greek Papyri from Gurob*, Dublin, 1921.

SPOERRI (W.), « À propos d'un texte d'Hippolyte », *REA*, LVII, 1955, p. 267 sqq.

THEILER (W.), « Die Vorbereitung des Neuplatonismus », *Problemata*, I, Berlin, 1930, p. 15-20.

VAN STRATEN (F. T.), *BABesch* 51 (1976).

WISSOWA (G.), « Die Überlieferung über die römischen Penaten », dans *Hermes* XXII, 1887, p. 49 sqq.

WRIGHT (M. R.), *Empedocles. The Extant Fragments*, New Haven, 1981.

GRÉGOIRE DE NAREK ET LA RÉNOVATION DES MYSTÈRES DE L'ÉGLISE ARMÉNIENNE AU X^E^ SIÈCLE

En deux mille ans de christianisme, les Églises ont abondamment usé du mot « mystère ». Cet emprunt lexical aux cultes païens[1] était déjà passé dans la version biblique des LXX[2], puis dans le Nouveau Testament[3]. De l'interprétation allégorique des Écritures à l'initiation des catéchumènes, des sacrements aux dogmes ultimes de la foi, l'éventail sémantique est largement ouvert. L'usage de l'Église arménienne se caractérise par un conservatisme assez marqué, commun aux chrétientés orientales.

La version arménienne de la Bible n'a pas cherché à calquer le grec μυστήριον, dérivé de μύειν, « fermer les yeux » ou « serrer les lèvres »[4]. On ne comprend d'ailleurs pas nettement à qui s'adresse cette injonction : au profane, qui n'a pas le droit de voir, ou à l'initié, qui doit garder le silence ? Partant de l'interprétation juive ou chrétienne qui entend par « mystère » un dessein caché de la Providence[5], les Saints Traducteurs de la Bible arménienne, au ve siècle, ont rendu ce terme par *xorhurd*, qui repose sur le radical du verbe *xorhel*, « réfléchir, songer, méditer ».

Rien n'est plus caché que les desseins de Dieu, à moins que lui-même ne les révèle par la Loi, les Prophètes ou l'Incarnation de son

[1] Sur les mystères grecs et orientaux de l'Antiquité païenne, voir F. CUMONT, *Lux Perpetua*, Paris, 1949, p. 235-274.

[2] À vrai dire, le mot se rencontre plutôt dans les livres écrits directement en grec, *Tobie*, *Judith*, *2 Maccabées*, *Sagesse*, ainsi que dans *Siracide* (27, 17. 21) et *Daniel* (2, 18-19. 27-30. 47), où il traduit l'araméen *râz* ; cf. J.-N. ALETTI, « Mystère », *Dictionnaire critique de théologie*, Paris, 1998, p. 771. On observera que, par un intermédiaire iranien, *râz* est passé en arménien sous la forme *eraz* (« rêve »), avec parfois la nuance d'un avertissement divin, comme le montre le toponyme *Erazamoyn* « Oracle des songes », lié au culte de Tir, le scribe d'Ormzd, réputé « interprète des songes » (*erazac'oyc'*, *erazahan*) ; cf. Agat'angełos § 778 (R. W. THOMSON, *Agathangelos. History of the Armenians*, Albany NY (SUNY), 1976, p. 316-317).

[3] Cf. ALETTI, « Mystère »…, p. 771 : par exemple *Mt*, 13, 11 (*Ro*, 11, 5 et 16, 25 ; 1 *Co*, 13, 2, etc.).

[4] P. CHANTRAINE, *Dictionnaire étymologique de la langue grecque*, Paris, 1968-1980, p. 728, s.v. μύω.

[5] Par exemple les « mystères de Dieu » de *Sg*, 2, 22.

Les Mystères: nouvelles perspectives. Entretiens de Strasbourg, éd. par Marc PHILONENKO, Yves LEHMANN et Laurent PERNOT, Turnhout, Brepols 2017 (*RRR* 24), p. 149-166

BREPOLS PUBLISHERS DOI: 10.1484/M.RRR-EB.5.113988

Verbe. Mais, depuis que le Christ est remonté aux cieux, c'est à son Église qu'il incombe de les dévoiler, grâce au rituel et à la liturgie. Voilà pourquoi ceux-ci deviennent à leur tour des « mystères ». Bien que *sacramentum*, propre à la tradition latine, soit attesté dès l'origine dans les œuvres de Tertullien[6], il n'a définitivement évincé μυστήριον, au sens technique et rituel, qu'au XIIe siècle[7]. Au contraire, comme les autres Églises orientales, l'Église arménienne, fidèle au concept primitif du mystère, a conservé le mot *xorhurd*.

L'acception liturgique et sacramentelle du terme avait, aux yeux des Arméniens, une conséquence essentielle : les secrets de Dieu, les desseins de la Providence ne sont pas des idées intellectuelles qu'on pourrait enseigner par une catéchèse argumentative ou un cours de théologie systématique. On ne les découvre qu'en pratiquant les rites d'adoration et en recevant les « mystères », c'est-à-dire les sacrements d'initiation. La connaissance de Dieu n'est pas un préalable nécessaire au culte divin (*is colit qui novit*), mais le culte est indispensable à la connaissance (*is novit qui colit*).

Par conséquent, la vraie théologie n'est pas un discours sur Dieu, à la troisième personne, mais un discours à Dieu, un colloque avec le Christ, à la deuxième personne : c'est à ce prix que se révèlent les « mystères » divins dans tous les sens du terme. Tel est le résumé très schématique des axiomes de la foi que les Arméniens ont reçu d'un rhizome d'influences syro-mésopotamiennes[8], cappadociennes[9] et hagiopolitaines[10] entre le IIe et le Ve siècle. De tels axiomes se présentent comme des principes intemporels, valables à toutes les époques. Mais nous savons bien, en pratique, que leur pouvoir de persuasion s'émousse ou s'affûte au cours du temps, selon la sainteté des hommes ou la santé spirituelle des institutions qui les affichent.

[6] Cf. Tertullien, *Prescription*, 40, *Praxeas*, 28, *Baptême*, 8, etc.

[7] L.-M. CHAUVET, « Sacrement », *Dictionnaire critique de théologie*, Paris, 1998, p. 1030.

[8] C'est la vague de christianisation la plus ancienne (IIe-IIIe s.), attribuée à Thaddée grâce à une extension de la légende d'Édesse à l'Arménie méridionale, et confirmée par l'importance des emprunts syriaques dans le vocabulaire religieux arménien ; cf. *CSCO*, 574, p. 19-22.

[9] Lors de la conversion officielle, au début du IVe siècle, du roi Tiridate par Grégoire l'Illuminateur, N. G. GARSOÏAN, « L'Église arménienne et le grand schisme d'Orient » (= *CSCO*, 574), Louvain, 1999, p. 2-7. Venu de Césarée de Cappadoce, le saint s'était entouré de prêtres missionnaires recrutés à Sébaste.

[10] Peu après l'invention de l'alphabet arménien, en 405, le patriarche Sahak fait traduire en arménien la liturgie de Jérusalem ; cf. C. RENOUX, « Le Codex arménien Jérusalem 121 », *Patrologia Orientalis*, 35,1 et 36,2, Turnhout, 1969. 1971.

Affaiblie par une crise morale de l'Église arménienne, consécutive aux invasions arabes, la foi dans les « mystères » – sacrements, liturgie et rituel – a été ébranlée dans l'Arménie des IXe-Xe siècles par une contestation si véhémente qu'elle faillit entraîner une rupture comparable à celle de la Réforme en Occident. C'est en défendant et en approfondissant la notion de « mystères » et la pratique qui s'y attachait, qu'un grand saint de la seconde moitié du Xe siècle, Grégoire de Narek, a surmonté cette épreuve et durablement rénové la pratique religieuse.

*

Fondée au IVe siècle par saint Grégoire l'Illuminateur, l'Église arménienne n'avait cessé durant les cinq siècles suivants de fortifier ses assises intellectuelles, son prestige moral et son enracinement national. Dès le Ve siècle, elle s'était dotée d'une traduction de la Bible qui, après quelques brefs tâtonnements, trouva une forme définitive, qui ne fut jamais contestée par la suite[11]. Les versions patristiques de la même époque lui permirent d'accéder de première main aux bases scripturaires et spéculatives des trois premiers conciles œcuméniques[12]. Cependant, le quatrième concile, celui de Chalcédoine, ouvrit en 451, d'un bout à l'autre de l'Orient méditerranéen, de houleux débats qui ne s'apaisèrent, en Arménie, qu'au début du VIIIe siècle, par l'élaboration d'une position christologique argumentée, d'un recueil de droit canonique et d'une liturgie imposés à tous[13].

[11] On admet généralement que *Maštoc'* acheva en 405 une première traduction de la Bible fondée sur des manuscrits « trouvés par hasard », qui fut corrigée vers 435 par le patriarche Sahak Part'ew et le théologien Eznik Kołbac'i, d'après de « sûrs manuscrits » rapportés de Constantinople ; cf. J.-P. MAHÉ, « Koriwn, *Vie de Maštoc'*, traduction annotée », *Revue des études arméniennes*, 30, XI, 3-4 et XIX, 4, 2007, p. 74-75 et 85. Cette traduction ne fut désormais plus remise en cause.

[12] Sur l'histoire et la portée théologique des traductions arméniennes du Ve au VIIIe siècle, voir J.-P. MAHÉ, « L'Arménie et les Pères de l'Église : histoire et mode d'emploi, V^e^-XIIe siècle », dans R.-M. ROBERGE, J.-C. FREDOUILLE, *La documentation patristique. Bilan et perspectives*, Paris-Québec, 1995, p. 157-179.

[13] La première condamnation de Chalcédoine par l'Église arménienne date de 553 ; cf. Z. ALEKSIDZE, J.-P. MAHÉ, « Arsen Sapareli, *Sur la séparation des Géorgiens et des Arméniens* », *REArm*, 32, 2010, p. 121-125. La date de 609-610 proposée par N. G. GARSOÏAN (*CSCO*, 574) correspond à la condamnation *de jure* du quatrième concile ; mais cette formalité juridique n'a aucune portée réelle : le rejet *de facto* est alors déjà acquis depuis plus d'un demi-siècle et les discussions christologiques continuent avec la même ardeur jusqu'au VIIIe siècle. La fixation doctrinale de

Parallèlement, l'Église arménienne dirigea la résistance aux pressions zoroastriennes des Sassanides[14], puis obtint du Califat un accord de « protection » des fidèles, grâce à quoi elle put endiguer les conversions à l'islam et faire du chef de la hiérarchie religieuse, le Catholicos, l'interlocuteur suprême des autorités musulmanes, au nom de toute la nation[15]. Son crédit fut encore accru par la vaillance des martyrs.

Dans ces conditions, on aurait pu penser que la restauration, en 884, du royaume d'Arménie, supprimé depuis 428, garantissant l'identité chrétienne du pays, allait insuffler à l'Église nationale une ferveur et un élan nouveaux. Si l'on ne se fiait qu'à l'épanouissement de l'architecture religieuse et à la production d'Évangiles et autres recueils liturgiques, on pourrait admettre qu'il en fut bien ainsi. Mais les apparences de prospérité matérielle dissimulent une crise morale, dont témoignent clairement les chroniques.

Les racines de cette crise ne sont pas seulement intellectuelles, mais aussi économiques et financières. Après les spoliations et les destructions arabes des VIIIe-IXe siècles, l'Église arménienne ne disposait plus des revenus fixes que lui avaient alloués les anciens rois, sous la forme de biens fonciers. Son financement reposait désormais sur les contributions ordinaires ou casuelles exigées des fidèles[16]. Ceux-ci payaient à l'évêque « l'impôt du siège[17] », et au curé « la dîme des récoltes[18] ». Ils devaient, en outre, acquitter des taxes spéciales pour les mystères : baptêmes, mariages ou sépultures. L'impopularité de ces prélèvements était encore accrue par les nombreux abus des membres du clergé. Quelle que fût l'ampleur des fonds qu'elle recueillait, l'Église avait cessé d'assumer les œuvres sociales, hôpitaux et hospices, traditionnellement confiées au Catholicos, « Protecteur des pauvres », à l'époque préislamique[19].

l'Église arménienne est l'œuvre du catholicos Yovhannēs Ōjnecʿi (719-748) ; cf. J.-P. MAHÉ, « L'Église arménienne de 611 à 1066 », dans A. VAUCHEZ, J.-M. MAYEUR, G. DAGRON (éds), *Histoire du christianisme*, t. 4, Paris, 1993, p. 478-486.

14 A. et J.-P. MAHÉ, *Histoire de l'Arménie, des origines à nos jours*, Paris, 2012, p. 94-96.

15 GARSOÏAN, MAHÉ, *Des Parthes au califat*, Paris, 1997, p. 79-102.

16 MAHÉ, *Histoire de l'Arménie…*, 2012, p. 129.

17 *Atʿoṙahak*, composé de *atʿor* « siège » et *hak*, variante moyenne-arménienne de *hark* « impôt ».

18 *Ptłi*, dérivé de *ptuł* « fruits de la terre ».

19 GARSOÏAN, *Armenia between Byzantium and the Sasanians*, Aldershot [recueil d'articles numérotés I-XII], 1985 (VI).

Malgré la générosité personnelle de certains rois, ainsi que l'hospitalité de certains monastères, la crise était de plus en plus profonde. L'Église apparaissait à beaucoup comme une institution cupide et prévaricatrice, au mépris de la charité évangélique.

Ce mécontentement fut canalisé par un mouvement hétérodoxe, que les chroniqueurs nomment « thondrakien », d'après le nom du bourg de Thondrak, où s'était réfugié le chef et fondateur de la secte, un certain Smbat, qui causa de tels troubles à l'ordre public qu'il finit exécuté, vers 840, par l'émir de la région[20]. Après une éclipse de plusieurs décennies, la communauté thondrakienne, qui avait reçu, en 872, le renfort des hérétiques pauliciens expulsés de l'Empire byzantin, retrouva une vigueur nouvelle. Vers le milieu du Xe siècle, elle était en pleine expansion, gagnant tout le territoire de l'Arménie et toutes les couches de la société : prêtres et vilains, laïcs et clercs, curés de village, communautés monastiques et prélats.

Les Thondrakiens prétendaient revenir aux origines chrétiennes, quand Jésus enseignait simplement au milieu de ses disciples[21]. À cette époque, remarquaient-ils, n'existaient encore ni hiérarchie, ni sacrements, ni églises, ni vases liturgiques. La charité et l'amour fraternel étaient les seuls préceptes imposés par le Seigneur. S'efforçant de reconstituer cette communauté primitive, les Thondrakiens appelaient « Christ » le chef de leur secte. Ils se réunissaient d'une manière informelle pour prier sans édifice cultuel. Ils niaient l'efficacité surnaturelle de tous les « mystères » (*xorhurd*) de l'Église : le baptême, l'eucharistie, l'ordre et l'onction du saint chrême. Tout cela, disaient-ils, était inconnu du Christ et de ses disciples. Ils refusaient le mariage institutionnel, affirmant que l'union de l'homme et de la femme était licite, dès lors qu'elle reposait sur l'amour mutuel. La radicalité de leurs critiques les conduisait à détruire les églises et à briser les saintes croix.

La notion de « mystères » était au cœur de cette polémique. N'étant pas, selon les Thondrakiens, d'institution divine ou

[20] V. NERSESSIAN, *The Tondrakian Movement*, Londres, 1987, p. 39-40. La source la plus importante sur l'histoire du mouvement est la *Lettre de Grigor Narekac'i aux moines de Kčaw*, traduite dans *CSCO*, 584, p. 787-792. Bien que la formation du mot T'ondrakec'i « originaire de T'ondrak » (toponyme dérivant du diminutif de t'onir « four souterrain ») soit parfaitement transparente, Abraham Terian nous a fait part de son opinion : il s'agirait d'une étymologie populaire recouvrant le grec θεανδρικός, qui désigne un mouvement sectaire byzantin.

[21] A. et J.-P. MAHÉ, « Grégoire de Narek, *Tragédie* » (= *CSCO*, 584), Louvain, 2000, p. 31-33.

apostolique, les « mystères » de l'Église ne pouvaient être que de simples inventions humaines. Par conséquent, ils n'avaient pas d'autre vertu que celle de leur support matériel. Par exemple, le pain et le vin de l'eucharistie, que l'Église officielle présente comme un « mystère redoutable », n'étaient en réalité que « de la nourriture ordinaire ». Le baptême, dont on veut faire une nouvelle naissance, « par accouchement spirituel de l'eau et de l'Esprit », et dont « on nous enseigne qu'il nous rend enfants de Dieu », n'était en fait « qu'un petit peu d'eau pour se laver »[22].

Mais, en amont des mystères sacramentels, c'est tout le mystère du Salut, c'est-à-dire l'efficacité symbolique du langage de la Bible que les Thondrakiens refusaient par principe. Prenons le cas du dimanche, le Jour du Seigneur, qui est, selon les croyants « l'image même d'un jour vénérable ». Sur quoi se fonde sa sacralité ? Sur une série de coïncidences mystérieuses qu'on croit lire dans les Écritures. Le dimanche est d'abord le premier jour de l'Hexaméron primordial, « où le Christ Dieu créa la lumière » ; cette circonstance le qualifie aussi pour accueillir « la lumière de la Résurrection » du Sauveur ; elle le destine enfin à voir « la lumière vivifiante du second avènement ». La vérité du dogme repose sur l'édifice symbolique de ces trois lumières qui marquent le début, le milieu et la fin de l'histoire de la création et du salut.

Cependant, l'édifice s'effondre d'un coup, dès que l'on observe, avec les Thondrakiens, qu'il faut prier sans cesse. Le dimanche devient alors « tout semblable aux autres jours ». Les signes et les indices du sacré disparaissent. Si Dieu n'a d'autre temple que la totalité du monde, et d'autres fêtes que la totalité des jours, il n'y a plus de sanctuaires, ni d'emblèmes divins, ni de mystères.

La différence entre clercs et laïcs est abolie. C'est pourquoi les ministres du culte thondrakien sont accusés de « s'ordonner eux-mêmes en vrais émules de Satan ». La question d'un éventuel célibat, monastique ou sacerdotal, ne se pose pas, puisque, de toute façon, le mariage n'existe plus en tant que loi humaine ou divine. Le denier du culte, qui se paie en nature, sous forme de prémices des récoltes, n'a plus aucune raison d'être, puisque les clercs ne forment plus une classe distincte. Bien plus, les offrandes qui leur sont allouées dans l'Église officielle n'ont nullement le pouvoir « d'apaiser la colère

22 *CSCO*, 584, p. 788.

divine », contrairement à ce qu'avaient autrefois prétendu Abel, Noé, Abraham, David, Salomon et Élie[23].

*

Pour lutter contre cette doctrine, qui ruinait tous les fondements matériels et spirituels de l'Église, le Catholicos Anania Mokacʿi (943-967) avait chargé le plus grand théologien de son temps, Anania, abbé du monastère de Narek, au sud du lac de Van, d'élaborer une *Réfutation des Thondrakiens*, dont on ne conserve aujourd'hui que quelques pages consacrées à la notion d'Église[24]. S'appuyant sur une solide formation grammaticale et dialectique, l'auteur commence par observer que le mot « église » désigne en fait deux réalités homonymes : d'un côté, le bâtiment cultuel de chaque communauté, de l'autre, le rassemblement de tous les chrétiens.

C'est en ce second sens que l'Église peut être qualifiée de catholique, c'est-à-dire universelle, terme d'une portée transcendante, dont il faut expliquer le mystère. En effet « catholique » est aussi le nom d'une veine qui est « la mère et la tête de toutes les autres veines » ; de même l'Église, « du fait de l'étymologie de son nom, rayonne de grâce spirituelle », en sorte que les fidèles assemblés en elle « sont unis par la conjonction de l'Esprit dans la célébration du mystère divin où sont accumulés tous les trésors des grâces spirituelles de la connaissance et de l'intelligence du Seigneur ».

Devenu la réponse officielle de l'Église arménienne à la doctrine thondrakienne, le traité d'Anania ne parvint pas à endiguer le flot, toujours accru, de la contestation. Peu après la mort de son auteur, survenue au début des années 990, les moines d'une abbaye voisine de la sienne accueillirent parmi eux un prédicateur thondrakien, qui entreprit de leur montrer que cette prétendue *Réfutation* n'était « qu'un bavardage inepte, un discours qui n'est pas en accord avec Dieu », parce qu'il manquait au précepte d'amour en fulminant des anathèmes[25]. Grégoire de Narek, neveu et disciple d'Anania, qui fut alors chargé de répondre à cette offense à la mémoire de son maître, avait depuis longtemps adopté, pour sa part, une approche radicalement différente du problème.

23 *CSCO*, 584, p. 788-789.

24 Traduction de ce fragment dans *CSCO*, 584, p. 783-786 ; cf. H. H. TʿAMRAZYAN, *Anania Narekacʿi, sa vie, son œuvre*, Érévan [en arménien], 1986, p. 58-72.

25 *CSCO*, 584, p. 790 et 792.

À ses yeux, le thondrakianisme était la négation même des grâces de l'Église. Les mystères, que le Christ en personne avait enseignés aux Apôtres, ne devaient pas être abolis, mais spiritualisés, c'est-à-dire célébrés, non par routine superstitieuse, mais avec la ferveur attentive du cœur. Appelé, vers 977, par un membre de la famille royale à expliquer les allégories du *Cantique des cantiques*, Grégoire de Narek transforma son commentaire en apologie des mystères. Il montra comment, grâce aux dons du Christ, son époux, l'épouse, c'est-à-dire l'Église ou l'âme du chrétien, belle à l'origine mais noircie par le péché[26], est restaurée dans sa splendeur première. Du même coup, il réfutait implicitement les attaques thondrakiennes contre la vertu sanctifiante des mystères. Exempt d'argumentation dialectique et de toute formulation polémique – le nom de l'adversaire visé n'était même pas mentionné –, le *Commentaire* de Grégoire, fut, pour ainsi dire, méconnu. On n'y vit qu'une esquive mystique de l'érotisme du *Cantique des cantiques*.

Mais tout changea soudain, après la mort d'Anania. En effet, le nouvel abbé du monastère de Narek ne fut autre que Yovhannēs, le propre frère aîné de Grégoire. Tous deux avaient été élevés ensemble au monastère depuis la mort de leur mère, dans leur petite enfance. « L'un et l'autre, écrit Grégoire, vivons comme pour édifier à nous deux un seul corps raisonnable (…) : nos yeux sont tous quatre fixés sur la même voie de mystère[27]. » Yovhannēs avait une connaissance intime de l'œuvre de Grégoire. Il en mesurait pleinement la profondeur mystique, théologique et ecclésiologique, ainsi que la portée antithondrakienne. C'est pourquoi, forçant la modestie de son cadet, il usa de son autorité d'abbé pour l'inciter à publier tous les écrits qu'il avait jusqu'alors composés à l'usage interne de la communauté.

Ce que nous en connaissons aujourd'hui découle donc d'une édition revue, corrigée et augmentée par l'auteur[28], avec l'aide de l'abbé Yovhannēs et de plusieurs secrétaires, entre 992 et 1002. Les écrits se répartissent en trois grands recueils. Tout d'abord les *Panégyriques*, publiés vers 995, commencent par une sorte de triptyque monumental. Grégoire relate d'abord l'histoire d'une relique

[26] Ct 1, 1 ; cf. L. PÉTROSSIAN, « Grégoire de Narek, Commentaire sur le *Cantique des cantiques* » (= *OCA*, 285), Rome, 2010, p. 119.
[27] *CSCO*, 584, p. 778.
[28] Cf. T'AMRAZYAN 2006, p. 36-37.

de la vraie Croix[29] donnée par l'Empereur byzantin Basile II et solennellement translatée au monastère d'Aparankʿ, le Vendredi Saint de l'année 983. Viennent ensuite, liés à ce même événement, un *Panégyrique de la Mère de Dieu*[30] et un *Panégyrique de la Sainte Croix*. À ce triptyque s'ajoute l'éloge des saints dont les reliques étaient conservées dans le monastère de Narek : les Apôtres et saint Jacques de Nisibe, à qui les Arméniens attribuaient l'ascension du Mont Ararat et l'invention d'une relique de l'Arche de Noé, conservée jusqu'à nos jours au Catholicossat d'Etchmiadzine.

Le recueil des *Panégyriques* évoque donc les assises historiques du salut (la naissance du Christ, sa Croix, sa Résurrection) et la diffusion de la Bonne Nouvelle, depuis les Apôtres, jusqu'aux saints locaux et à la translation de leurs reliques au cœur de l'Arménie méridionale. Les auditeurs de ces discours, sans doute lus à haute voix durant les pèlerinages, sont invités à participer à la liesse populaire, et à pressentir la splendeur des mystères, non par l'intellect, mais d'une façon purement sensible et pour ainsi dire extérieure, en se laissant éblouir par la richesse des reliquaires, encore rehaussée par l'éclat des sanctuaires où ils sont déposés.

*

Mais pour que l'éblouissement d'un jour solennel soit plus qu'une simple émotion esthétique, un beau souvenir qui s'estompe graduellement avec le temps qui passe, il convient d'exercer l'homme extérieur à contempler les trésors que la liturgie de l'Église présente à l'adoration des fidèles d'un bout à l'autre de l'année. C'est à quoi s'appliquait le *Trésor des fêtes, recueil des hymnes et des odes*[31] composé par Grégoire.

La plupart de ces hymnes commence par le mot *ganj*, « trésor », et c'est ainsi qu'on les appelle. D'où vient ce nom ? Très certainement des mots mêmes de Jésus, que nous a transmis l'Évangile : « Là où est ton trésor, là aussi sera ton cœur[32]. » Pour saisir la portée de cette parole du Christ, il faut réfléchir à la différence entre un trésor et un

[29] Traduction MAHÉ, « Grégoire de Narek, *Histoire de la Sainte Croix d'Aparankʿ* » *Revue des Études Arméniennes* (= *REArm*), 36, 2014.
[30] Traduction par T. DASNABÉDIAN, *Le Panégyrique de la sainte Mère de Dieu de Grigor Narekacʿi*, Antélias, 1995.
[31] Traduction MAHÉ, *Trésor des Fêtes, Hymnes et Odes de Grégoire de Narek*, Louvain, 2014.
[32] *Mt*, 6, 21 ; *Lc*, 12, 34.

tas d'or. Le tas d'or éblouit parce qu'il brille. D'une certaine façon aussi, il écrase, non seulement par le poids de l'or, mais surtout par la soif qu'il déclenche, à la fois corruptrice et tyrannique. L'or métallise les consciences.

C'est pourquoi Platon opposait déjà, dans les *Lois*[33], la richesse « aveugle » à la richesse « douée de vue », qui est celle des trésors du cœur. Cette belle et profonde pensée a été reprise, peu avant l'ère chrétienne, par Philon d'Alexandrie, dont l'œuvre, traduite en arménien, servit plus tard d'étude aux catéchumènes qui se préparaient pendant de nombreuses semaines à recevoir le baptême et l'initiation chrétienne.

Dans son traité intitulé *Qui est l'héritier des richesses divines*[34], Philon commente le récit de la vocation d'Abraham[35] : Dieu « le fit sortir au dehors et lui dit : 'Lève ton regard vers le ciel, puisque c'est là le trésor des biens divins'. » Nous voilà donc au cœur du problème. Les trésors de Dieu qui sont dans le ciel ne sont pas seulement les innombrables étoiles, qui brillent sans éblouir et annoncent à Abraham la multiplication de sa progéniture charnelle et spirituelle, c'est l'inépuisable réserve de grâces et de miséricordes, dispensées à l'humanité tout entière et à chaque humain en particulier. Voilà le trésor de l'Évangile où nous sommes invités à mettre notre cœur. Et le *Trésor des fêtes* de Grégoire de Narek n'a d'autre but que de nous en indiquer le moyen.

En effet, tous les dimanches, en vertu de ce qu'un théologien arménien du VIIIe siècle, Grigoris Aršaruni, appelait le « mystère du Lectionnaire »[36], et spécialement les jours de grande fête, la liturgie de l'Église s'efforce de faire converger vers les principales étapes de la vie de Jésus, les témoignages des Prophètes, du Psalmiste et des Apôtres. C'est ainsi qu'elle nous enseigne, comme l'écrit Grégoire[37], à « parcourir sur les ailes de la pensée les immenses chemins des deux Testaments où réside le souffle divin ». Car la vie du Sauveur résume toute l'histoire du Salut depuis la création du monde, l'alliance d'Abraham, les promesses divines, les Prophètes, jusqu'à l'envoi du Verbe et à la mission des Apôtres et de leurs successeurs. Et en même

[33] *Lois*, I, 631.
[34] Philon, *Haeres* § 76.
[35] *Gn*, 15, 5.
[36] L. M. FROIDEVAUX, *Grigoris Aršaruni, Commentaire du Lectionnaire*, ch. 2, Venise, 1975, p. 2.
[37] *LL*, 34, 2.

temps elle annonce les fins dernières, quotidiennement actualisées par les mystères sacramentels et par les célébrations liturgiques.

Pour chaque fête, saint Grégoire avait composé un canon complet composé de trois pièces : un « Hymne » de 150 à 200 vers, une « Ode » comptant 50 à 70 vers, et une « Mélodie » encore plus courte, mais chantée avec toutes sortes de vocalises. Ces morceaux avaient chacun une fonction différente. L'Hymne servait à évoquer l'événement fondateur de la fête, contemplée comme un trésor. Par exemple, pour la fête de l'Église universelle, il rappelait toutes les demeures que Dieu s'était choisies ici bas pour visiter les hommes, depuis l'Arche de Noé jusqu'au Temple de Salomon, qui existait encore à l'époque du Christ. Finalement, celui-ci a bâti son Église, cité vivante, qu'il aime comme son épouse, et qui est la mère de tous les croyants.

L'Ode visait ensuite à faire apparaître les conséquences cachées de l'événement fondateur, en le présentant comme immédiatement actuel pour l'assemblée des fidèles. Par exemple, l'Ode sur l'Église proclame[38] :

« Le ciel est sur la terre et la terre est aux cieux :
Humble descente et sublime ascension ;
Ciel nouveau, ciel radieux paré des splendeurs de l'éther,
Les promesses d'en haut descendent vers la terre ! »

Enfin, la Mélodie dévoilait le mystère, c'est-à-dire le symbole des fins dernières[39] :

« L'oiseau, l'oiseau en éveil, observant les païens,
Chantait, chantait, vers son amour, vers sa chère tourterelle :
Retourne, Sunamite, retourne à l'ombre du Rocher !
Reviens, ma fiancée, de la montagne aux léopards ! »

Considérées ensemble, les trois unités – Hymne, Ode et Mélodie – avaient une visée anagogique. Elles tentaient d'élever l'assemblée tout entière de l'Église terrestre jusqu'au Temple céleste décrit par la vision d'Isaïe, où les séraphins, prosternés devant le Temple divin, ne cessent de proclamer le mystère par excellence, celui de la sainteté de Dieu. Il fallait en quelque sorte dépasser les paroles de la prière pour atteindre à l'intuition de l'ineffable et à l'oraison purement spirituelle. On était soutenu dans cet effort par la progression poétique et

[38] MAHÉ, *Trésor des Fêtes, Hymnes et Odes de Grégoire de Narek*, p. 168.
[39] *Ibidem*, p. 169.

musicale du canon. Grégoire cherchait à provoquer, dans l'assemblée des fidèles, un état de conscience modifié, grâce auquel le versant ineffable et invisible du mystère célébré par la liturgie devenait émotionnellement plus présent, comme si l'on anticipait les fins dernières.

Toutefois, si fort que fût le pouvoir d'une liturgie bien comprise, pour « labourer comme un champ raisonnable la dureté d'un cœur trop charnel[40] », en brisant la croûte d'égoïsme et d'indifférence qui sclérose la conscience de l'homme extérieur, l'édification de l'homme intérieur exigeait en outre le don des larmes et la prière individuelle élaborée « dans la chambre profonde où se concertent les pensées[41] » comme un art de « parler à Dieu ».

Voilà pourquoi le troisième recueil de Grégoire, appelé *Livre de Lamentation*, réunissait dans une progression méthodique toutes les paroles à Dieu qu'il avait composées dans le cours de sa vie monastique. Dans le Mémorial de son ouvrage, le docteur de Narek écrit : « J'ai réuni dans un ensemble cohérent, constitué comme un prodigieux édifice, les multiples rameaux de ce livre fécond ». Quelle est la forme architecturale à laquelle il fait allusion ?

En examinant attentivement cet ensemble de 95 discours à Dieu d'inégale longueur, on constate que deux d'entre eux se détachent du reste : le discours 34, qui est une exégèse détaillée de la Règle de foi, et le discours 75, qui est un éloge de l'Église. Il en résulte que le recueil se divise en trois parties – ou plutôt un prologue et un épilogue encadrant un développement central : les discours 1 à 33, puis 35 à 74 et enfin 76 à 95. Par leur fonction et leur contenu, ces trois parties sont à peu près superposables aux trois salles d'une église arménienne, à l'époque de Grégoire, c'est-à-dire à la fin du Xe siècle.

À l'ouest de l'édifice, s'élevait un narthex d'un type particulier, appelé *gawit'* en arménien, c'est-à-dire une grande salle quadrangulaire éclairée par une lucarne et pavée de sépultures, normalement absentes de l'église proprement dite. Puis venait la salle de prière, appelée *tačar*, situé sous la coupole, au pied de l'autel. Ce dernier, rehaussé par une tribune, appelée *bem*, et abrité par une niche appelée *xoran*, était clos par un rideau qu'on ouvrait ou fermait tour à tour pendant la synaxe eucharistique ; c'était en quelque sorte la troisième salle de l'ensemble cultuel.

40 *LL*, 34, 2.
41 *LL*, 1, 1.

Les théologiens arméniens attribuaient une valeur symbolique à cette tripartition du sanctuaire. Selon eux, les trois salles de l'église étaient semblables à celles du Temple de Salomon, tel que le décrit le *Livre des Rois*[42]. Le *gawit'* correspondait au vestibule (*ulam*), le *tačar* au *hekal*, c'est-à-dire à la salle principale, le « saint » du temple, et le *xoran*, au *debir*, c'est-à-dire au « saint des saints ». D'autres commentateurs comparaient les trois salles aux trois étages de l'Arche de Noé[43]. D'après eux, l'étage inférieur, comparable au *gawit'*, était réservé aux reptiles et aux quadrupèdes ; l'étage médian, aux humains – Noé et sa famille –, et l'étage supérieur, aux oiseaux.

On comprend aisément le sens de cette métaphore. Quand on entre dans l'église, en venant du monde extérieur, on séjourne d'abord dans le *gawit'*, où reposent les morts, qui acquittent le prix du péché. Comme on est soi-même pécheur, on est ravalé au niveau des reptiles et des quadrupèdes de l'Arche de Noé. On apprend alors à faire pénitence, secouru par les trois vertus théologales, de foi, d'espérance et de charité, afin de ne pas céder au désespoir. Puis on dit la Règle de foi, et l'on entre sous la coupole. C'est comme si l'on cessait de fixer le ras du sol, comme les animaux, pour lever les yeux vers le ciel, dans la société des humains. On s'exerce à prier Dieu en récitant les Psaumes, c'est-à-dire les paroles des saints. On reçoit la communion et l'on participe à la liturgie en s'acheminant vers les fins dernières anticipées par les mystères célébrés derrière le rideau de l'autel. Cet autel, environné des anges et des archanges, qui unissent leurs chants aux prières de l'assemblée, correspond à l'étage supérieur de l'Arche, réservé aux êtres ailés.

Ainsi donc, dans son *Livre de Lamentation*, Grégoire de Narek atteint trois buts à la fois. Tout d'abord, en bâtissant son œuvre comme une Église immatérielle, il édifie l'homme intérieur, qui doit devenir un Temple de l'Esprit. D'autre part, l'accès à cette Église est totalement gratuit. Il suffit, pour la construire en soi et pour y pénétrer, de pratiquer l'un après l'autre les 95 exercices spirituels proposés dans le recueil. Du même coup, Grégoire échappe aux reproches de rapacité que les Thondrakiens formulent contre l'Église arménienne de leur temps. Libre aux rois, aux princes et aux marchands de combler les paroisses et les monastères de riches offrandes à la mesure de leur fortune, en échange de messes funéraires pour les leurs ou pour eux-mêmes. Grégoire fait un don équivalent à tous ses lecteurs et à tous

[42] 1 R 6-8.
[43] *Gn*, 6, 16.

ses auditeurs. En effet, quiconque s'associe aux prières de son livre prie à la fois pour lui-même et pour tous les humains, vivants ou morts. Par conséquent il est assuré de bénéficier gratuitement des prières de ses contemporains, et de tous les lecteurs à venir du *Livre de Lamentation* jusqu'au jour du Jugement.

Enfin – troisième bénéfice – l'Église où nous convie Grégoire nous enseigne à recevoir les mystères sacramentels de l'Église arménienne avec toute la foi et l'humilité nécessaires pour garantir leur efficacité surnaturelle contestée par les hérétiques. Les fins dernières s'amorcent dès la fin du recueil. Le discours 91 esquisse la dernière prière du soir, avant le sommeil de la mort et l'aube de la résurrection. En s'associant « aux vœux qu'offrent les saints dans leurs derniers instants », Grégoire implore le Christ de s'endormir « avec eux, pénétré de la crainte » de Dieu, afin de « s'éveiller dans la grâce avec une joie redoublée ». Les deux prières suivantes – l'éloge de la simandre[44], c'est-à-dire du gong en bois qui remplissait au xe siècle, en Orient, le rôle de la cloche de l'église ou des clochettes du *Sanctus* et de la consécration, et l'éloge du saint chrême[45], qui est une onction d'immortalité – anticipent la résurrection et la vie éternelle. Ainsi, conclut Grégoire[46] :

« Bien que mon âme ait péri tout entière dans la chair du péché,
Je ressusciterai, fortifié par la grâce de miséricorde,
Retranché de la faute, dans la vie éternelle. »

*

Jadis administré à des adultes au terme d'une longue catéchèse, le baptême s'insérait dans un rituel d'initiation, que l'Église romaine fragmenta plus tard en plusieurs sacrements marquant divers âges de la vie. Ainsi, dans une société chrétienne où, différant la catéchèse, on baptisait les enfants peu après leur naissance, les progrès de la formation spirituelle étaient jalonnés ultérieurement par la communion, la profession de foi et la confirmation. Au contraire, l'Église arménienne, conservant dans sa liturgie les traditions mystagogiques du christianisme primitif, continue de dispenser aux nouveaux baptisés une initiation tout à fait complète, joignant au bain

44 *LL*, 92.
45 *LL*, 93.
46 *LL*, 95, 3.

de régénération le viatique eucharistique et l'onction de lumière et d'immortalité[47].

Toutes ces phases de la mystagogie s'accompagnent de déplacements symboliques d'un bout à l'autre de l'église : c'est à la porte que se réunissent le prêtre, le catéchumène et son parrain pour demander l'admission au baptême. Pour la renonciation à Satan, on se tourne vers l'Ouest, c'est-à-dire vers les ténèbres, puis on prononce la profession de foi, face à la lumière de l'Orient. Après quoi, on pénètre dans le saint lieu pour l'administration des mystères.

S'inspirant de l'esprit du rituel, Grégoire de Narek a imprimé à son œuvre tout entière un caractère initiatique fondé sur l'intériorisation paradoxale non seulement du contenu, mais aussi du contenant de la mystagogie. Il ne saurait y avoir de mystère purement conceptuel, dépourvu de support verbal ou gestuel, et qui ne s'effectue avec des personnes physiques rassemblées dans une enceinte sacrée. Mais, d'un autre côté, si ces mots et ces comportements n'impliquent que l'homme extérieur, s'ils ne jaillissent pas du plus profond du cœur – véritable lieu de la rencontre avec Dieu –, ils ne sont rien de plus que des phénomènes ordinaires, qui se réduisent à leur substance ou à leurs sonorités matérielles, comme l'enseignaient les Thondrakiens.

C'est pourquoi il faut intérioriser le rite et le sanctuaire lui-même où il se déroule, transformer la foule indistincte en assemblée cultuelle. Il convient de sublimer la célébration de l'office en contemplation des trésors cachés de la Providence, et de faire que la prière collective se prolonge en oraison individuelle dans la chambre du cœur. Tel est le parcours anagogique retracé dans les trois recueils de Grégoire de Narek.

Selon le chantre de Narek, pénétrer dans « la chambre profonde où se concertent les pensées[48] » équivaut à lever tous les obstacles passionnels ou intellectuels qui empêchent l'homme de se présenter sans ruse devant son Créateur et de lui faire l'offrande de sa liberté, c'est-à-dire de la seule chose qui lui appartienne en propre. Cette offrande, qui légitime tous les rites et tous les mystères, ne saurait avoir lieu que dans le temple spirituel que l'Église et sa liturgie nous enseignent à bâtir en nous.

Bien que balisant les étapes d'une même « voie de mystère », les trois recueils de Grégoire de Narek n'ont pas joui de la même fortune

47 Cf. RENOUX, « Initiation chrétienne. Rituels arméniens du baptême », *Sources liturgiques*, 1, Paris, 1997, p. 3-29.
48 *LL*, 1, 1.

littéraire. Les *Panégyriques* sont restés des œuvres savantes peu connues du grand public. Dans le *Trésor des fêtes*, certaines odes ont si fortement ému l'auditoire qu'elles se sont transmises oralement pendant plus d'un millénaire et comptent jusqu'à ce jour parmi les œuvres les plus poignantes de la musique et de la poésie arméniennes. Mais le *Recueil des Hymnes et des Odes*, en tant que tel, ne s'est pas imposé dans la liturgie.

En revanche, le *Livre de Lamentation* a remporté un succès foudroyant, qui ne s'est jamais démenti jusqu'à nos jours, dans toutes les couches et tous les états, religieux ou laïcs, de la société. Par bonheur, c'est cet ouvrage qui décrit la fin de l'itinéraire, c'est-à-dire le sanctuaire intérieur où Grégoire entendait célébrer les mystères.

Il semble donc probable que l'œuvre de rénovation entreprise par Grégoire à la fin du Xe siècle, a joué un rôle déterminant dans l'extinction des Thondrakiens au début du siècle suivant. Plus que les mesures de police prises par les autorités, on se plaît à croire que c'est la réflexion mystique d'un grand saint qui restaura, au seuil du deuxième millénaire chrétien, les fondements de la foi, grâce à sa théologie des mystères[49].

Jean-Pierre MAHÉ
Membre de l'Institut
École pratique des hautes études

BIBLIOGRAPHIE

ALEKSIDZÉ (Z.), MAHÉ (J.-P.) [éd. trad.], « Arsen Sapareli, *Sur la séparation des Géorgiens et des Arméniens* », *REArm*, 32 (2010), p. 59-132.

ALETTI (J.-N.), « Mystère », dans LACOSTE 1998, p. 771-772.

CHANTRAINE (P.), *Dictionnaire étymologique de la langue grecque*, Paris 1968-1980.

CHAUVET (L.-M.), « Sacrement », dans LACOSTE 1998, p. 1028-1033.

CSCO = *Corpus Scriptorum Christianorum Orientalium*, Peeters, Louvain.

CSCO, 574 = GARSOÏAN 1999.

49 Saint Grégoire de Narek a été proclamé « docteur de l'Église universelle » par le Pape François, à Saint-Pierre-de-Rome, le 12 avril 2015.

CSCO, 584 = MAHÉ 2000.

CUMONT (F.), *Lux Perpetua*, Paul Geuthner, Paris, 1949.

DASNABÉDIAN (T.) [éd. trad.], *Le Panégyrique de la sainte Mère de Dieu de Grigor Narekac'i*, Catholicossat, Antélias, 1995.

FROIDEVAUX (L. M.) [trad.], *Grigoris Aršaruni, Commentaire du Lectionnaire*, San Lazzaro, Venise, 1975.

GARSOÏAN (N. G.), *Armenia between Byzantium and the Sasanians*, Aldershot [recueil d'articles, numérotés I-XII], 1985.

__, [trad.] = « L'Église arménienne et le grand schisme d'Orient » (*CSCO*, 574), Peeters, Louvain, 1999, LXXI + 631 p. et 2 cartes [traduction annotée de toute la partie ancienne du *Livre des Lettres*, avec une ample introduction historique], 1999.

GARSOÏAN (N. G.), MAHÉ (J.-P.), *Des Parthes au califat*, de Boccard, Paris, 1997.

LACOSTE (J.-Y.), *Dictionnaire critique de théologie*, PUF, Paris, 1998.

LL = *Livre de Lamentation*, cf. *CSCO*, 584.

MAHÉ (J.-P.), « L'Église arménienne de 611 à 1066 », dans VAUCHEZ (A.), MAYEUR (J.-M.), DAGRON (G.) (éds.), *Histoire du christianisme*, t. 4, Desclée, Paris, 1993, p. 457-547.

__, « L'Arménie et les Pères de l'Église : histoire et mode d'emploi, V^{e}-XIIe siècle », dans ROBERGE (R.-M.), FREDOUILLE (J.-C.), *La documentation patristique. Bilan et perspectives*, Paris-Québec, 1995, p. 157-179.

__, [trad.] « Koriwn, *Vie de Maštoc'*, traduction annotée », *REArm*, 30 (2005-2007), p. 59-97.

__, [trad.] « Grégoire de Narek, *Histoire de la Sainte Croix d'Aparank'* » *REArm*, 36 (2014), p. 81-130.

MAHÉ (A. et J.-P.) [trad.], « Grégoire de Narek, *Tragédie* », *CSCO*, 584, Peeters, Louvain, 2000.

__, *Histoire de l'Arménie, des origines à nos jours*, Perrin (« Pour l'histoire »), Paris, 2012.

__, [trad.], *Trésor des Fêtes, Hymnes et Odes de Grégoire de Narek*, Peeters, Louvain, 2014.

MAHÉ (J.-P.), ZEKIYAN (B. L.), « Saint Grégoire de Narek, théologien et mystique », *OCA*, 275, PIO, Rome, 2006.

NERSESSIAN (V.), *The Tondrakian Movement*, Kahn and Averill, Londres, 1987.

OCA = *Orientalia Christiana Analecta*, Pontificio Istituto Orientale, Rome.

PÉTROSSIAN (L.) [trad.], « Grégoire de Narek, Commentaire sur le *Cantique des cantiques* », *OCA*, 285, Pontificio Istituto Orientale, Rome, 2010.

REArm = *Revue des Études Arméniennes.*

RENOUX (C.) [éd. trad.], « Le Codex arménien Jérusalem 121 », *Patrologia Orientalis*, 35,1 et 36,2, Turnhout, 1969, 1971.

__, [trad.], « Initiation chrétienne. Rituels arméniens du baptême », *Sources liturgiques*, 1, Paris, 1997.

T'AMRAZYAN (H. H.), *Anania Narekac'i, sa vie, son œuvre*, Érévan [en arménien], 1986.

__, « La vie de saint Grégoire de Narek : aperçu critique », dans MAHÉ-ZEKIYAN 2006, *OCA*, 275, 2006, p. 33-47.

THOMSON (R. W.) [éd. trad.], *Agathangelos. History of the Armenians*, Albany NY (SUNY) [d'après l'édition de Tiflis 1909 ; *Armenian text and English translation*], 1976.

« L'HOMME ET LA FEMME NE FORMERONT QU'UNE SEULE CHAIR. C'EST LÀ UN GRAND MYSTÈRE » (*ÉPHÉSIENS*, 5, 31-32) : LE MARIAGE CHEZ MARTIN LUTHER

Selon l'opinion commune, Luther n'a retenu du septénaire sacramentel traditionnel[1] que deux sacrements, le baptême et la sainte cène ; il a en donc écarté le mariage. Cette affirmation est exacte, mais elle ne dit rien de l'évolution au terme de laquelle cette mise à l'écart a eu lieu. Elle ne dit rien non plus du statut que, dès lors, le Réformateur a conféré au mariage : en le qualifiant d'« affaire mondaine » (*weltlich ding*), entendait-il vraiment l'abandonner aux seules autorités civiles ?

L'examen de son interprétation d'*Éphésiens*, 5, 31-32, dans laquelle la traduction du terme *mystērion* joue un rôle central, nous montrera comment cette évolution s'est produite et quelle dignité Luther continua néanmoins d'accorder au mariage.

Éphésiens, *5, 31-32 et la doctrine du mariage*

Jean Gaudemet, historien spécialiste du mariage en Occident, a pu qualifier *Éphésiens*, 5, 32 de passage paulinien « sans doute le plus important pour l'histoire du mariage chrétien » dans la mesure où, « dans sa traduction latine, [il] mentionne pour la première fois à propos du mariage le mot de *sacramentum*[2] ».

Dans le cadre limité de notre exposé, il ne saurait être question de faire l'histoire de l'interprétation de ce texte. Il importe toutefois d'en rappeler quelques étapes importantes.

Origène, Tertullien, Ambroise et Jérôme, pour ne citer qu'eux, ont souligné le fait que l'union entre l'homme et la femme était un symbole de l'union entre le Christ et l'Église. Parmi les Pères, c'est Augustin qui a insisté le plus fortement sur le mariage comme *sacramentum* : il est pour lui le signe de l'unité de chair entre l'homme et la femme et le signe de l'union du Christ avec l'Église. Aussi tient-il le *sacramentum*

[1] Le baptême, la sainte cène, la pénitence, la confirmation, l'ordination, le mariage et l'extrême-onction. Ce septénaire ne fut approuvé que tardivement par un concile, celui de Florence en 1438.

[2] J. GAUDEMET, *Le mariage en Occident. Les mœurs et le droit*, Paris, 1987, p. 47-48.

Les Mystères: nouvelles perspectives. Entretiens de Strasbourg, éd. par Marc PHILONENKO, Yves LEHMANN et Laurent PERNOT, Turnhout, Brepols 2017 (*RRR* 24), p. 167-184

BREPOLS PUBLISHERS DOI: 10.1484/M.RRR-EB.5.113989

qu'est le mariage pour indissoluble, car sa réalité est « l'indissoluble persévérance de l'homme et de la femme, unis dans le couple, aussi longtemps qu'ils vivront ». C'est dans la cité de Dieu seule – c'est-à-dire dans le cadre d'un mariage chrétien – que « par la première rencontre de deux corps humains le mariage créa ce *sacramentum*[3] ».

Il faut ensuite attendre le XIIe siècle pour que les canonistes et les théologiens approfondissent la réflexion sur l'importance du *sacramentum* dans le mariage. Pour Hugues de Saint-Victor († 1141), qui lie le « sacrement de mariage » au consentement matrimonial et à l'indissolubilité (« maintenir indivise la société que Dieu a instituée entre l'homme et la femme »), le mariage ne symbolise pas seulement l'union du Christ et de l'Église par l'union charnelle : par l'accord des volontés, il est également signe de l'union de l'âme à Dieu[4].

Vers 1157-1159, c'est le canoniste Rufin, pour lequel dans l'union des corps « se cache (*latet*) le sacrement du Christ et de l'Église », qui le premier affirme que le mariage est indissoluble après l'union charnelle, tout comme l'union entre le Christ et son Église ne saurait être rompue. À la fin du XIIe siècle ainsi que dans des professions de foi du siècle suivant (Innocent III en 1210, les Églises grecque et latine à Lyon en 1274), le mariage est compté au nombre des « sept sacrements ». Au XIIe siècle toujours, théologiens et canonistes tiennent le mariage pour une institution naturelle antérieure au péché, qui par conséquent ne confère pas la grâce aux époux. Au contraire, au début du XIVe siècle, Duns Scot définit le mariage comme un « sacrement qui [...] confère la grâce » ; ce sacrement n'est pas conféré par le prêtre qui bénit l'union, mais ce sont les époux qui se le confèrent l'un à l'autre par les consentements qu'ils échangent[5]. Telle est, aujourd'hui encore, la conception catholique du « sacrement des époux ».

Le Sermon sur l'état conjugal *(1519) : le mariage est encore un sacrement*

Dans ses cours, professés à partir de 1513 – Commentaire du Psautier –, Luther n'a pas commenté l'épître aux Éphésiens. Aussi le *Sermon sur l'état conjugal* (1519) constitue-t-il le premier écrit dans lequel il se soit attaché à interpréter *Éphésiens*, 5, 31-32. Ce

[3] *Idem*, p. 56-57 (avec références).

[4] De même, son contemporain Gilbert de la Porrée (1076-1154) fonde l'indissolubilité sur le *sacramentum*, « union des époux à l'image de celle du Christ et de son Église » (GAUDEMET, *Le mariage en Occident*..., p. 242).

[5] Voir GAUDEMET, *Le mariage en Occident*..., p. 188-191.

« sermon » fait partie des petits traités allemands que Luther a rédigés en 1518-1519, soit durant les années qui virent se dessiner peu à peu la rupture entre Rome et lui. Pourtant, les « sermons » (*Sermone)* se caractérisent par leur contenu presque dépourvu de polémique : dans ces écrits édifiants destinés à un large public, Luther cherche à donner aux fidèles – les laïcs aussi bien que les clercs – des assurances pour leur salut tout en les exhortant à pratiquer des bonnes œuvres désintéressées par amour pour Dieu et pour leur prochain[6].

Luther a consacré un sermon au *Sacrement de la pénitence* (octobre 1519), un sermon au *Saint et vénérable sacrement du baptême* (novembre 1519) et un sermon au *Très vénérable sacrement du corps du Christ…* (décembre 1519) ; il a dédié ces trois sermons à la duchesse Marguerite de Brunswick-Lunebourg. On relèvera que le sermon consacré au mariage porte le simple titre *Sermon sur l'état conjugal modifié et corrigé par le Docteur Martin Luther* (*Eyn Sermon von dem Elichen Stand vorendet und corrigiert durch D. Martinus Luther*). Il n'est pas question de sacrement dans l'intitulé de cet écrit, alors que son contenu montre qu'en 1519 Luther continue de tenir le mariage pour un sacrement.

En fait, ce titre s'explique par le contexte dans lequel Luther a été amené à livrer cet écrit aux presses de Wittenberg. Au contraire de la plupart des « Sermons » de 1518-1519, le *Sermon sur l'état conjugal…* se fonde sur une prédication effectivement prononcée : le 16 janvier 1519, alors que la péricope du dimanche portait sur les noces de Cana (*Jean*, 2, 1-11), il a consacré son homélie au mariage. Un auditeur s'étant empressé de faire éditer les notes qu'il avait prises sous le titre *Sermon sur l'état conjugal* et avec la mention du nom de Luther[7], ce dernier fit paraître une édition corrigée chez Johann Grunenberg, à Wittenberg ; aussi reprit-il le titre de l'édition pirate en ajoutant : *modifié et corrigé par le Docteur Martin Luther*. Rappelons par ailleurs que lorsqu'il publie ce sermon, Luther est encore moine : il attendra encore plus de cinq ans pour quitter le froc, et six ans pour prendre épouse.

Pourtant, dès son sermon de 1519, il met en valeur le mariage en partant de *Genèse*, 2, 21-24, le second récit de la création dans lequel Dieu fait une aide à Adam à partir de sa côte. Il juge en effet que l'amour conjugal, caractérisé par son altruisme, constitue la forme la

[6] Voir M. ARNOLD, « Les sermons de 1518-1519 », dans J.-M. VALENTIN (dir.), *Luther et la Réforme. Du Commentaire de l'Épître aux Romains à la Messe allemande*, Paris, 2001, p. 149-167.

[7] Voir Weimarer Ausgabe [WA] 9, 213-219.

plus haute de l'amour : « Seul l'amour conjugal ne veut que son bien-aimé dans toute sa personne[8]. » Certes, cet amour a été altéré par la Chute, depuis laquelle domine l'égoïsme : chacun recherchant dans l'union conjugale la satisfaction de ses propres désirs, « la tentation charnelle y sévit avec une telle force et une telle impétuosité que le mariage ressemble à un hospice pour incurables[9] ». Toutefois, dans le cadre du mariage, ce désir n'est pas condamnable, et Dieu ne le limite pas même à ce qu'exige la procréation… à condition que les époux fassent preuve de modération[10]. Quant au fruit de l'union conjugale, il consiste moins dans l'engendrement des enfants que dans leur éducation. Cette œuvre, par laquelle on rend gloire à Dieu, constitue même la meilleure préparation à la mort et « la voie la plus directe vers le ciel » ; elle est de loin supérieure aux œuvres de la piété traditionnelle telles que les pèlerinages ou l'achat de messes[11].

Dans ce bref traité, qui réhabilite le mariage par rapport au célibat ecclésiastique et réserve la virginité à ceux qui ont reçu une grâce particulière, Luther relève qu'avant d'être un engagement de fidélité et de porter du fruit, le mariage est un sacrement : « Un sacrement, c'est un signe sacré qui signifie quelque chose d'autre, de spirituel, de saint, de céleste et d'éternel[12]. » Retenons pour l'instant cette définition du sacrement ; Luther ne la conservera pas.

« L'état du mariage, poursuit-il, est lui aussi un sacrement, un signe extérieur et saint de la plus grande, de la plus sainte, de la plus digne et de la plus noble de toutes les choses qui ont été et qui seront : l'union de la nature divine et de la nature humaine en Christ. » Et Luther de se fonder sur *Éphésiens*, 5, 31-32, qu'il traduit de la sorte :

> « “De même que l'homme et la femme unis par le mariage sont deux en une seule chair, de même Dieu et l'humanité sont un seul Christ, le Christ et la chrétienté sont un seul corps. En vérité, dit-il, ceci est un grand sacrement”, c'est-à-dire que l'état de mariage signifie quelque chose de grand. Car n'est-ce pas une grande chose que Dieu soit homme, que Dieu se donne

[8] WA 2, 167 sq. ; LUTHER, *Œuvres*, t. 1, M. LIENHARD et M. ARNOLD (éds), Paris, 1999, p. 235.
[9] WA 2, 168, 2-3 ; LUTHER, *Œuvres*, t. 1, p. 233.
[10] Voir WA 2, 168, 36 ; 169, 6-7 ; LUTHER, *Œuvres*, t. 1, p. 237.
[11] WA 2, 170, 1-6 ; LUTHER, *Œuvres*, t. 1, p. 238.
[12] WA 2, 168, 13-15 ; LUTHER, *Œuvres*, t. 1, p. 236.

à l'homme et veuille être sien, comme l'homme se donne à la femme et devient sien[13] ? »

Le 18 décembre 1519, après la parution des trois sermons sur les sacrements dédiés à la duchesse de Brunswick-Lunebourg, Luther écrit à son ami Georges Spalatin, le chapelain du prince électeur Frédéric le Sage : qu'il n'attende pas de lui un autre sermon sur les sacrements ; en effet, « il n'y a pas de sacrement sans promesse divine expresse qui nourrit et exerce la foi ; puisque, sans une parole de promesse et sans la foi qui l'accepte, il ne peut pas y avoir de rapport avec Dieu [...] et tu apprendras une autre fois ce qu'ils ont inventé à propos de ces sept sacrements[14] ». Ainsi, entre mai 1519, où Luther tenait encore le mariage pour un sacrement – signe sacré qui renvoie à quelque chose de céleste et d'éternel –, et décembre 1519, sa position a évolué.

Quant à la définition qu'il donne désormais du sacrement, elle s'écarte, par son insistance sur la promesse, de celle qu'il a proposée quelque temps auparavant dans ses sermons sur les sacrements[15]. En effet, dans ses deux sermons portant respectivement sur le baptême et sur la cène, Luther juge qu'un sacrement comporte trois éléments : le signe extérieur ; la signification du sacrement (la signification du baptême est la mort du vieil homme et l'émergence d'un homme nouveau ; la signification de la cène est la communion de tous les saints, à savoir le partage de tous les biens spirituels du Christ[16]) ; la foi dans le signe et dans sa signification. En vertu de cette nouvelle définition, qui semble être tout à fait personnelle à Luther[17], le mariage n'est plus un sacrement. Toutefois, il faudra attendre le *Prélude sur la captivité babylonienne de l'Église* (1520) pour que, dans une publication, il remette en question le septénaire sacramentel traditionnel.

[13] *Ibid.*
[14] Weimarer Ausgabe, Briefe [WA Br] n° 231 : 1, 595, 21-25.
[15] Voir B. LOHSE, *Luthers Theologie in ihrer historischen Entwicklung und in ihrem systematischen Zusammenhang*, Göttingen, 1995, p. 145.
[16] LUTHER, *Œuvres*, t. 1, p. 292 (2, 727-728) et 310 sq. (2, 743-744).
[17] Voir LOHSE, *Luthers Theologie*, p. 145-146.

La Captivité babylonienne de l'Église *(1520) : une nouvelle définition du sacrement ; l'interprétation d'*Éphésiens, *5, 31-32*

Le *Prélude sur la captivité babylonienne de l'Église*, attaque frontale contre la conception traditionnelle des sacrements, paraît à un moment où Luther et Rome sont proches de la rupture. Le 24 juillet 1520, la bulle *Exsurge Domine*, qui condamne quarante et une propositions tirées des écrits de Luther, est affichée en l'église Saint-Pierre de Rome. Elle donne au moine de Wittenberg soixante jours à compter de sa promulgation dans l'évêché où il se trouve pour les abjurer, par écrit ou en se rendant à Rome ; d'ores et déjà, il lui est interdit de prêcher. Passé ce délai de soixante jours, les instances ecclésiales et les autorités civiles devront le livrer à Rome[18]. Or, c'est précisément au moment où il travaille à la *Captivité babylonienne* qu'il est informé de cette bulle, promulguée depuis peu en Allemagne centrale et qu'il juge « impie et mensongère »[19]. Depuis octobre 1517 et la publication des Quatre-vingt-quinze thèses, le conflit avec le pape a largement débordé le cadre des indulgences et de la pénitence pour toucher à la question de l'autorité dans l'Église : le pape et l'Église sont-ils maîtres de l'Écriture ou ne leur faut-il pas, au contraire, se soumettre à elle ? En tout cas, c'est en se fondant sur la Bible – telle qu'il la comprend – que Luther met en question tant les dogmes que maintes pratiques de l'Église traditionnelle.

Au contraire des « Sermons » de 1518-1519, le *Prélude sur la captivité babylonienne*... est un traité rédigé en latin et destiné par conséquent aux lettrés. Luther y traite tout d'abord longuement de la cène : il conteste la compréhension de la messe comme une bonne œuvre, rejette la notion de transsubstantiation et demande que les laïcs reçoivent le pain et le vin. Il s'attarde aussi sur le baptême : Dieu l'a conservé intact dans son Église ; toutefois, la papauté tente d'enlacer dans les « liens de son pouvoir tyrannique » les croyants, que Dieu a pourtant « délivrés de tout » par ce sacrement[20]. Outre la cène et le baptême, Luther tient aussi la pénitence pour un sacrement. Par contre, il se montre très critique à l'endroit de la confirmation (« On se demande vraiment quelle idée a bien pu leur venir de faire de l'imposition des mains un sacrement de confirmation[21] ») et plus

[18] Voir R. SCHWARZ, *Luther*, Göttingen, 1986, p. 95.

[19] WA Br n° 341 : 2, 195, 7 sq. (à Spalatin, 11 octobre 1520) ; M. LUTHER, *Œuvres* [MLO], t. VIII : *Lettres*, Genève, 1959, p. 53.

[20] WA 6, 535, 32 sq. ; LUTHER, *Œuvres*, t. 1, p. 768.

[21] WA 6, 549, 21 sq. ; LUTHER, *Œuvres*, t. 1, p. 789.

encore du mariage : « *Aucun texte de l'Écriture ne permet de considérer le mariage comme un sacrement.* Non seulement cela, mais les traditions mêmes qui ont ainsi la prétention de l'exalter le réduisent en réalité à une pure moquerie[22] [...]. »

Dieu n'a établi aucun signe dans le mariage, et il ne lui a pas confié de signification spirituelle. Ainsi, nulle part il n'est écrit « que quiconque prend femme reçoive quelque grâce de Dieu[23] ». Au contraire du baptême, de la cène et de la pénitence, le mariage ne renferme pas la promesse divine du Salut ni ne contient de signe visible, deux éléments que Luther juge constitutifs du sacrement.

C'est pourquoi, lorsqu'il se confronte à *Éphésiens*, 5, 31-32, il conteste le fait que ce texte fonde le caractère sacramentel du mariage. Il convient de citer l'ensemble de son raisonnement :

> « Mais ils mettront en avant l'apôtre (*Éphésiens*, V) : "Les deux seront une seule chair, dit-il, c'est là un grand sacrement." Ne t'opposes-tu donc pas à une parole pourtant évidente de l'apôtre ? Je réponds que cet argument part, là aussi, d'une grande nonchalance et d'une lecture négligente et inconsidérée. Car l'Écriture tout entière ignore la signification que confère notre usage au terme de sacrement : elle lui donne partout une signification opposée. Partout, en effet, elle désigne par là non le signe d'une chose sainte[24], mais la chose sainte, secrète et cachée elle-même. Ainsi Paul (*I Corinthiens*, IV [, 1]) : "Que chacun de nous considère comme des ministres du Christ et des dispensateurs du mystère de Dieu", c'est-à-dire, des sacrements. Car là où nous avons "sacrement", l'on se sert, en grec, du terme de "mystère", ce que le traducteur transcrit parfois, alors que parfois aussi il renonce à l'expression grecque. Ainsi, en grec, notre texte se lit comme suit : "Les deux seront une seule chair, c'est là un grand mystère." Ces considérations montrent pourquoi ils ont compris le mariage comme un sacrement de la nouvelle Loi : ils auraient agi tout autrement s'ils avaient lu "mystère", conformément au texte grec[25]. »

En se fondant encore sur *1 Timothée*, 3, 16 : « Et voici, assurément, un grand sacrement (c'est-à-dire un mystère) : à savoir qu'il a été

[22] WA 6, 550, 22-24 ; LUTHER, *Œuvres*, t. 1, p. 791.
[23] WA 6, 550, 2-28 ; LUTHER, *Œuvres*, t. 1, p. 791.
[24] Telle était encore la définition que Luther avait adoptée dans son *Sermon sur l'état conjugal*.
[25] WA 6, 551, 6-18 ; LUTHER, *Œuvres*, t. 1, p. 792.

manifesté dans la chair… », Luther estime pouvoir établir que le « mystère » ou le « sacrement » désigne non pas le signe, mais bien la « sagesse de l'Esprit cachée dans le mystère », à savoir le Christ lui-même[26].

Aussi la réalité que le texte d'*Éphésiens*, 5, 31-32 désigne par le terme de « mystère » est-elle pour le Réformateur non pas l'union entre un homme et une femme, mais celle entre Christ et l'Église, ce qu'atteste la précision donnée par Paul : « Je dis cela par rapport au Christ et à l'Église » :

> « Paul dit qu'il annonce un grand mystère en Christ et dans l'Église, et ils l'annoncent, eux, dans l'homme et la femme ! S'il est permis d'abuser ainsi des saintes Écritures, faut-il s'étonner si l'on peut y trouver n'importe quel sacrement, et même, pourquoi pas, cent sacrements[27] ? »

De la vie conjugale *(1522) : le mariage est l'« état » terrestre le plus agréable à Dieu*

Deux ans plus tard, lorsque Luther consacre un petit traité à *La vie conjugale*, il ne cite plus *Éphésiens*, 5, mais se réfère à *Genèse*, 1, 27 : « Dieu créa l'homme de telle manière qu'il en fit un homme (*menlin*) et une femme (*frewlin*) » : « […] cette parole nous donne la certitude que Dieu a partagé les hommes en ces deux catégories et a voulu qu'il y ait un homme ou une femme, ou Il et Elle ». Le fait que Dieu ait déclaré que c'était une « bonne créature » (*sic* !) implique qu'aucun sexe n'est méprisable, et qu'il convient à chacun d'accepter sa condition :

> « Il n'est pas en notre pouvoir que je me change en femme ou que tu te changes en homme, mais, tels qu'il nous a faits, moi et toi, tels que nous sommes, moi, homme, et toi, femme, Dieu veut qu'on les honore comme si c'était son œuvre divine, et qu'on ne les méprise pas […][28]. »

Le mariage est donc la condition humaine normale, et ne sont exceptés de cette œuvre créatrice que les trois catégories d'hommes énumérées par Jésus en *Matthieu*, 19, 12. Quant à savoir quelles personnes ont le droit de contracter le mariage entre elles, Luther

[26] Voir WA 6, 551, 19-37 ; LUTHER, *Œuvres*, t. 1, p. 792-793.
[27] WA 6, 552, 10-13 ; LUTHER, *Œuvres*, t. 1, p. 793.
[28] WA 10/2, 275, 14-18 ; 276, 2-5 ; LUTHER, *Œuvres*, t. 1, p. 1149-1150.

combat les empêchements canoniques pour se fonder là encore sur la Bible, en l'occurrence sur *Lévitique*, 18, 7-13 : « Dieu ne compte pas d'après les degrés de parenté, comme font les juristes, mais il désigne avec précision chacune des personnes interdites[29]. »

Le mariage n'étant plus un sacrement, il n'est plus indissoluble. C'est également la Bible[30] qui détermine les rares motifs pour lesquels on a le droit de prononcer le divorce[31] : l'adultère, raison que fondent les propos du Christ en *Matthieu*, 19, 3-9, lequel accorde « à la partie innocente le droit de contracter un autre mariage[32] » ; quant à *1 Corinthiens*, 7, 4 sq. : « Le mari n'a pas autorité sur son corps, mais la femme ; et la femme n'a pas autorité sur son corps, mais le mari. Que l'un ne se dérobe donc pas à l'autre, sinon avec le consentement commun[33] », ce passage biblique rend légitime qu'on se sépare d'un conjoint qui, se « soustrayant à l'autre », lui fait courir le risque de « tomber dans l'impureté ».

Ainsi, Luther refuse au mariage le caractère de sacrement et autorise – en de rares cas seulement, il est vrai – que le lien conjugal soit rompu. Toutefois, il ne dévalorise nullement le mariage, bien au contraire. Dans la dernière partie de son écrit, il s'emploie à le réhabiliter contre les critiques misogynes de « livres païens », en insistant à nouveau sur son origine divine. Celui qui reconnaît que Dieu lui-même a institué le mariage ne méprisera jamais sa femme – fût-elle laide, méchante, pauvre ou malade. Pas davantage ne dédaignera-t-il la moindre tâche de la vie conjugale. Certes, la raison naturelle fait la moue :

> « Hélas ! devrais-je vraiment bercer l'enfant, laver les langes, faire le lit, sentir la puanteur, veiller la nuit, prendre garde à ses cris [...], puis soigner la femme, la nourrir, travailler [...] et

[29] WA 10/2, 281, 1-2 ; LUTHER, *Œuvres*, t. 1, p. 1155.

[30] Vers la fin de son traité, Luther écrit encore, afin de prévenir le reproche qu'il parle de ce dont il n'a pas la moindre expérience : « Mon discours s'appuie sur l'Écriture, qui est plus certaine pour moi que toute expérience, et qui ne me raconte pas de mensonges » (WA 10/2, 299, 10 sq. ; LUTHER, *Œuvres*, t. 1, p. 1174).

[31] Dans le *Prélude sur la captivité babylonienne*, Luther précisait encore : « Quant à moi, à la vérité, je déteste le divorce au point de lui préférer, si possible, la bigamie » (LUTHER, *Œuvres*, t. 1, p. 804 ; WA 6, 559, 20 sq.). On sait qu'une vingtaine d'années plus tard, ce jugement débouchera sur un avis concret en ce sens, au bénéfice du Landgrave Philippe de Hesse, autorisé à titre exceptionnel à prendre une seconde épouse.

[32] Voir WA 10/2, 288, 1-2 ; LUTHER, *Œuvres*, t. 1, p. 1162.

[33] WA 10/2, 290, 15-291, 4 ; LUTHER, *Œuvres*, t. 1, p. 1163.

> endurer tous les autres désagréments et peines que l'état conjugal enseigne[34] ? »

Mais la foi lui répond que ces œuvres plaisent à Dieu : « Ah ! comme je veux m'acquitter de cette tâche de bon cœur, fût-elle encore plus humble et plus méprisée[35] ! » Ces réflexions sont en accord avec les affirmations des grands écrits réformateurs selon lesquelles les œuvres des laïcs, accomplies dans la foi, surpassent les œuvres proprement religieuses. D'ailleurs Luther ne manque pas d'adresser une pique aux moines (lui-même n'a pas encore abandonné l'état monastique !) et aux nonnes : leur condition spirituelle est « misérable », car elle est dépourvue de toute faveur divine ; en conséquence, toutes leurs œuvres sont non chrétiennes, inutiles et nuisibles[36].

Puisque le mariage est l'œuvre terrestre la plus plaisante à Dieu, et que de surcroît il prévient la débauche, il convient, conclut Luther, non seulement que chacun laisse Dieu lui trouver un conjoint, mais encore qu'il se marie sans tarder : « Un garçon, au plus tard quand il a vingt ans ; une jeune fille, aux alentours de quinze ou de dix-huit ans. À cet âge-là ils sont encore saints et aptes[37]… »

Le Nouveau Testament *(1522)*

Dans son *Nouveau Testament* allemand de 1522, lequel se fonde non plus sur la Vulgate, mais sur le texte grec du *Novum Instrumentum* d'Érasme dans son édition de 1519, Luther a jugé bon d'annoter sa traduction « Das Geheimnis ist groß » :

> « Sacrament ou mysterion. Cela veut dire un mystère (*Geheimnis*), ou une chose cachée, dont la signification est pourtant extérieure. Ainsi, le Christ et la communion (*Gemeinde*) [en lui] sont un mystère, une chose grande, sainte et cachée, qu'on doit croire mais qu'on ne peut voir. Cependant, cela est signifié par l'homme et par la femme comme par un

[34] WA 10/2, 295, 18-22 ; LUTHER, *Œuvres*, t. 1, p. 1170.

[35] WA 10/2, 296, 8-9 ; LUTHER, *Œuvres*, t. 1, p. 1171. Pour bien faire comprendre à ses lecteurs que ces tâches domestiques ne sont pas l'apanage de l'épouse, Luther ajoute : si un homme se mettait à accomplir ces tâches, telles que laver les langes, le monde se moquerait peut-être de lui, mais Dieu se rirait de ces moqueurs, tandis qu'il considérerait l'intéressé avec un rire bienveillant : « Dieu rit avec tous les anges et toutes les créatures non pas de ce qu'il lave les couches, mais de ce qu'il le fait dans la foi » (WA 10/2, 296, 31-297, 1 ; LUTHER, *Œuvres*, t. 1, p. 1171).

[36] WA 10/2, 297, 27-29 ; LUTHER, *Œuvres*, t. 1, p. 1172.

[37] WA 10/2, 303, 31-304, 1 ; LUTHER, *Œuvres*, t. 1, p. 1179.

> signe extérieur : tout comme un homme et une femme sont un [seul] corps et ont tous les biens en commun, de même aussi l'Église a tout ce que le Christ est et a[38]. »

Cette note confirme que, pour Luther, c'est bien l'« union » entre le Christ et l'Église qui constitue un sacrement (ou un « mystère »), et non pas l'union entre un homme et une femme, laquelle n'en est que le signe extérieur. On relèvera que, dans ce même *Septembertestament* de 1522, Luther traduit, de manière cohérente, *1 Corinthiens*, 13, 2 par : *Vnd wenn ich* […] *wüste alle geheimnis und alle erkenntnis* (« Et quand bien même […] je saurais tous les mystères et toute la connaissance[39]. »)

Dans ses *Annotationes* au Nouveau Testament (éd. de 1519), Érasme avait écrit, à propos de *sacramentum hoc* : « μυστήριον, *id est 'mysterium'*[40] » ; il avait également fait observer que, selon lui (« *ego autem…* »), le « grand mystère » se rapportait au Christ et à l'Église, et non au mari et à l'épouse[41]. En même temps, avec la prudence qui le caractérise, l'humaniste avait insisté sur le fait que même si la philologie plaidait en faveur de la traduction *mysterium* – et non pas *sacramentum* –, il n'avait nullement l'intention d'ignorer les théologiens qui s'étaient fondés sur *Éphésiens*, 5, 32 pour faire du mariage un des sept sacrements ; plus encore, lui-même ne voulait pas mettre en doute le fait que le mariage fût un sacrement[42]. De son côté, comme on l'a vu, Luther, qui avait fait son miel des *Annotations* d'Érasme, ne se contenta pas de traduire μυστήριον par *Geheimnis* (et non par *Sakrament*) : il en tira toutes les conséquences sur le caractère non sacramentel du mariage.

Les affaires conjugales *(1530) : le mariage peut être dissous, mais il faut exhorter les époux à la réconciliation*

Paru en 1530, *Les affaires conjugales* (*Von Ehesachen*)[43] est le dernier traité dans lequel Luther a jugé nécessaire de revenir de manière développée sur la question du mariage – et donc du divorce. Depuis la parution, huit ans auparavant, de *La vie conjugale*, il avait

[38] WA Deutsche Bibel [WA DB] 7, 206 (note imprimée en marge).
[39] WA DB 7, 122.
[40] *Opera omnia Desiderii Erasmi Roterodami…*, t. 6/9, Leyde-Boston, 2009, p. 254, l. 382-383.
[41] *Ibid.*, 257, 403-258, 405.
[42] *Ibid.*, 254, 283-256, 387 ; 256, 401-402.
[43] WA 30 III, 205-248.

été contraint de répondre par des centaines d'avis[44] à des requêtes de pasteurs qui lui demandaient de trancher dans des cas litigieux : si quelqu'un s'était fiancé secrètement puis de manière publique avec deux personnes différentes, laquelle lui fallait-il épouser ? de même, s'il s'était promis publiquement à deux personnes, ou encore s'il avait consommé l'union avec l'une d'entre elles ? que valaient les promesses conditionnelles, et que valait l'engagement « *ich will dich nehmen* », que l'on pouvait comprendre soit comme une promesse concernant le futur (« je te prendrai ») soit comme un engagement présent (« je veux te prendre ») ? les enfants avaient-ils le droit de se fiancer sans le consentement de leurs parents ou leur fallait-il accepter le conjoint que leur famille voulait leur imposer[45] ?

Pour toutes ces raisons, Luther écrivit au pasteur auquel il dédia son ouvrage :

> « Vous n'êtes pas, cher Monsieur, le seul auquel les affaires conjugales causent beaucoup de travail ; il en va de même pour les autres. Elles ne cessent de me tourmenter moi-même, de sorte que je m'en défends grandement, que j'appelle et que je crie que l'on doit laisser ces choses aux autorités civiles, et, comme le dit le Christ, "laisser les morts enterrer leurs morts" (*Matthieu*, 8, 22) – et que, Dieu voulant, [les autorités civiles] traitent ces affaires correctement ou non. En effet, nous devons être les serviteurs du Christ, c'est-à-dire nous occuper de l'Évangile et des consciences, occupations par lesquelles nous aurions bien assez à faire, nous qui avons à lutter contre le diable, le monde et la chair[46]. »

Dans les lignes qui suivent, Luther précise son propos : il ne s'agit pas d'abandonner le mariage aux autorités civiles, mais de laisser ces dernières trancher dans les affaires de la majorité des gens, lesquels se comportent en non-chrétiens. Ces personnes abusent de la liberté donnée par l'Évangile, et elles ne sont pas dignes que les pasteurs leur offrent un accompagnement spirituel ; elles méritent bien plutôt qu'on les livre à la rigueur du glaive temporel (les lois impériales prescrivaient, par exemple, que les adultères fussent décapités), voire à la « tyrannie du pape »[47], c'est-à-dire au droit canon. Aussi, dans ce

[44] La référence à *Ép*, 5, 31-32 est totalement absente de ces nombreux avis épistolaires.
[45] Voir M. ARNOLD, *La correspondance de Luther*, Mayence, 1996, p. 356-371.
[46] WA 30 III, 205, 3-11.
[47] WA 30 III, 205, 12-23 ; de même, 246, 23-31.

traité, Luther cite abondamment *Matthieu*, 19, 6, *1 Corinthiens*, 7 ou encore *Deutéronome*, 22, 25-26, mais nullement *Éphésiens*, 5, 31-32.

La question des fiançailles occupe les quatre cinquièmes de l'écrit, même si, sur le plan formel, c'est bien la « seconde partie » (*das ander Teil*) que Luther consacre au divorce. Selon lui, on ne saurait empêcher un conjoint trompé de divorcer de son époux, mais la meilleure chose serait de parvenir à les réconcilier en obtenant l'assentiment de la « partie innocente »[48]. Si Luther pousse les époux à la réconciliation, ce n'est nullement parce que, en tant que sacrement, le mariage serait indissoluble : il se réfère à *1 Corinthiens*, 7, 11 pour exhorter le conjoint bafoué au pardon[49], mais jamais il ne cite *Éphésiens*, 5, 31-32.

Contre Jean le Pitre *(1541) : le mariage, signe de la « véritable Église »*

En 1541, dans le traité polémique *Wider Hans Worst* (*Contre Jean le Pitre*)[50], qui a pour thème la vraie et la fausse Église, Luther consacre deux importants passages au mariage. Composé contre le duc Henri de Brunswick et Wolfenbüttel, cet écrit oppose l'Église évangélique – la vraie Église, fidèle à l'Église ancienne – à l'Église diabolique et prostituée du pape, la fausse Église. Le mariage constitue le huitième signe de la vraie Église :

> « Huitièmement, nul ne peut nier que nous louons et honorons l'état du mariage comme une création et un ordre divin, béni et agréable [à Dieu], destiné au fruit du corps[51] et opposé à la luxure charnelle ; et nous ne l'avons pas inventé de manière neuve, ni n'avons imaginé sa pratique par nous-mêmes et de manière nouvelle, et bien moins encore l'avons-nous interdit, comme des auteurs d'enseignements nouveaux ; au contraire, tout comme Dieu l'a créé dès le commencement, comme le Christ l'a confirmé et comme les Apôtres et l'Église ancienne

[48] Voir WA 30 III, 241,14-242, 8.

[49] Voir WA 30 III, 243, 33-34.

[50] WA 51, 469-572. Voir désormais : M. LUTHER, *Œuvres*, t. XIX [MLO XIX] : *Écrits polémiques*, Genève, 2015, p. 173-261 : *Contre Jean le Pitre* [1541]. Introduction, traduction et notes par M. ARNOLD.

[51] Pour Luther – et de manière traditionnelle –, le but premier du mariage est la procréation. Voir *La vie conjugale* (1522). Pour d'autres Réformateurs, tels que le Strasbourgeois Martin Bucer (1491-1551), cette finalité n'est ni la première ni la principale : elle est subordonnée à l'entente entre les conjoints.

> l'ont tenu en honneur et l'ont enseigné, nous sommes demeurés dans cette même règle ancienne et dans l'ordonnance de Dieu ; de la sorte, nous sommes conformes à l'Église ancienne, et sommes précisément ses véritables membres légitimes, pourvus des mêmes droits, de sorte que l'on voit ici combien, à nouveau, les papistes nous accusent faussement d'innovation[52]. »

Quant à la dépréciation de l'union conjugale, elle constitue le onzième signe de la fausse Église : le pape et ses partisans ont accompli « cette nouveauté qui consiste à maudire le mariage, à le diffamer et à le juger comme étant impur et inapte à servir Dieu », ce qui leur vaudra le feu infernal[53]. Ainsi, en faisant du mariage une des marques de l'Église, *Contre Jean le Pitre* confirme toute l'importance que Luther confère à l'état conjugal, condition que Dieu a voulue dès les origines et qu'il a confirmée par la nouvelle alliance.

Un auteur strasbourgeois : une prédication de Martin Bucer sur Éphésiens, *5*

Dans la mesure où le présent colloque consacré aux mystères se déroule à Strasbourg, il ne me semble pas déplacé de conclure cette contribution en présentant – à titre de comparaison avec Luther – une prédication du Réformateur strasbourgeois Martin Bucer portant sur *Éphésiens*, 5. Comme Martin Luther, Bucer a mis le mariage en valeur[54]. Toutefois, il s'est montré plus « libéral » que Luther en matière de divorce[55], autorisant ce dernier en cas de mésentente profonde et durable des époux. En outre, il ne s'est pas contenté d'argumenter à l'aide d'un « droit biblique », *jus divinum* fondé sur le *Lévitique* et sur les préceptes de Jésus et de Paul (*Matthieu*, 5, 32 ; 19, 9 ; *1 Corinthiens*, 7, 2), mais il a également eu recours au droit canon et au droit impérial. Aussi n'est-il pas sans intérêt de considérer la manière dont il interprète *Éphésiens*, 5, 31-32.

[52] WA 51, 483, 26-35 ; MLO XIX, p. 195.
[53] WA 51, 496, 31-33 ; MLO XIX, p. 203.
[54] Il en parle dès son premier écrit, *Dass niemand selbs*... (*Que nul ne vive pour soi-même*..., 1523), et lui consacre de longs développements dans son dernier traité, l'ouvrage programmatique *De regno Christi* (*Le Règne du Christ*, 1550), dédié au roi d'Angleterre Édouard VI.
[55] Pour une comparaison entre Luther et Bucer, voir notre étude « Formation et dissolution du lien conjugal chez Luther et Bucer », *Revue d'histoire et de philosophie religieuses*, 81 (2001), p. 259-276.

Le sermon que Bucer a prononcé en septembre ou en octobre 1543 à l'occasion du mariage de Jérôme zum Lamb et de Marguerite Silberborn constitue l'unique prédication de mariage qui nous soit conservée de lui. Or, par un heureux hasard, ce sermon ne se fonde pas sur *Genèse*, 2, 18 (« il n'est pas bon que l'homme soit seul »), texte que Bucer cite avec prédilection dans ses écrits sur le mariage, mais sur *Éphésiens*, 5, 22-33.

Avant de traiter des devoirs respectifs des conjoints, Bucer fait l'éloge du mariage, « état saint ». Trois raisons confèrent au mariage une dignité éminente : il symbolise la communion d'amour entre le Christ et l'Église ; il est une « école et un atelier de la foi », dans la mesure où il se fonde sur la grâce de Dieu et où il sert à l'amour du prochain – un prochain qui est non seulement le conjoint, mais aussi l'enfant ou le parent ; enfin, Dieu a fondé le mariage au Paradis, soit avant le péché, ce qui constitue une preuve de sa sainteté.

Seule la première raison a un lien avec le thème qui nous réunit. Nous citons Bucer longuement car ses développements sont caractéristiques de la théologie réformatrice du mariage :

> « En premier lieu, l'Apôtre nous donne à considérer la dignité et la sainteté du mariage en ce qu'il donne pour modèle aux époux la communion du Christ, notre Seigneur, et de l'Église, et atteste que cette communion entre le Christ et l'Église est l'union conjugale (*Ehe*) véritable et la plus éminente. En effet, il écrit à propos de ces paroles, "C'est pourquoi l'homme quittera père et mère et s'attachera à sa femme" [*Genèse*, 2, 24 ; *Éphésiens*, 5, 31], qu'il s'agit d'un grand mystère (*geheimnis*) au sujet du Christ et de l'Église [*Éphésiens*, 5, 32], parce que le Christ, notre Seigneur, nous unit en lui, nous pauvres pécheurs qu'il appelle à croire en lui, et il nous rassemble pour être son corps et son Église ; ainsi, il nous a adoptés (*angenommen*) et il nous aime, de sorte que nous soyons son épouse bien-aimée, oui, "les membres de son corps, de sa chair et de ses os" [*Éphésiens*, 5, 30]. Pour nous autres pauvres humains, il n'y a rien de plus saint ni de plus salutaire que le fait que, par cette grâce et cet amour indicibles, le Seigneur nous ait adoptés, unis et incorporés à lui, et ait conclu ainsi un mariage avec nous. De sorte que notre bien-aimé Seigneur, dans toutes les relations, la communion et l'amour entre les hommes, n'a rien trouvé par quoi il pût montrer sa grâce et son amour indicibles de manière plus claire et plus

glorieuse […] que l'amour et la communion conjugales. Par cette comparaison et par cet exemple, il nous faut précisément reconnaître combien notre Seigneur tient l'état conjugal pour pur, saint et divin, état dans lequel il entreprend de nous dépeindre, de nous donner à connaître et à méditer correctement l'amour, la communion et l'union les plus purs et les plus saints entre lui-même et nous autres, ses élus. […] Il en résulte que le mariage est l'image la plus éminente et la plus pertinente pour illustrer le mariage (*Ehe*) et la communion que le Christ, notre Seigneur, a avec son Église, et qu'il nous faut reconnaître et considérer tout particulièrement combien le mariage est une vocation (*beruff*) sainte et salutaire, et quel grand amour et quelles grande grâce le Seigneur témoigne à tous ceux qu'il appelle à cet état (*stand*)[56]. »

Conclusion

Le sermon de Martin Bucer délivre fondamentalement le même message que les écrits de Luther : il n'y a pas d'amour ni de communion terrestres qui mieux que l'union conjugale puissent signifier l'union entre le Christ et son Église. Ainsi, pour les Réformateurs, l'union entre l'homme et la femme est revêtue d'une dignité éminente. Elle est également l'un des trois principaux « états » (*Stände*) – ou ordres de la société – par l'intermédiaire desquels Dieu s'oppose au chaos voulu par Satan[57].

[56] M. BUCER, *Deutsche Schriften*, t. 10, Stephen BUCKWALTER (éd.), Gütersloh, 2001, 573, 15-574, 18 ; 575, 4-8.

[57] Weimarer Ausgabe, Tischreden [WA Tr] n° 4814 : 4, 532, 11-17. Cf. WA Tr n° 6913 : 6, 266, 16-35. À l'époque où Bucer a prononcé son sermon de mariage, Luther s'est exprimé dans un Propos de table sur l'union conjugale pour la mettre en lien avec la prière : « Il commença à parler de l'état conjugal et dit : "C'est une grande chose lorsqu'un [jeune homme] peut aimer une jeune fille pour toujours, car le diable ne le permet que rarement. S'ils sont séparés, [le jeune homme] ne peut pas le/la souffrir, et s'ils sont ensemble, il ne le/la souffre pas non plus. On a l'habitude de dire : '*Nec tecum vivere possum, nec sine te.*' C'est pourquoi prier beaucoup fait partie du mariage. En effet, j'ai vu beaucoup de couples qui se sont unis de manière si passionnée qu'ils voulaient se dévorer d'amour ; mais au bout de six mois, ils se sont séparés. Quelqu'un a dit fort justement à Lucas Cranach [qui s'est marié en 1541] : 'Le diable les excite et leur donne une passion telle qu'ils sont incapables de prier. Au début, ils sont pleins d'ardeur dans le sexe, ensuite ils se refroidissent puis se haïssent.' […] Pourquoi cela ? Parce qu'on ne prie pas, et alors le diable a partie gagnée" » (WA Tr n° 6910 : 6, 264, 28-38 ; 265, 1-2).

Pour autant, l'union conjugale n'est pas sacrée. Elle est seulement le « signe d'une chose sacrée » (*sacrae rei signum*), pour reprendre les termes de saint Augustin, qui a exercé une profonde influence sur Luther et sur ses partisans. Elle est l'image d'une union supérieure, celle du Christ et de l'Église. Au contraire de la cène et du baptême, institués par le Christ, le mariage ne communique pas la grâce divine aux conjoints et ne constitue donc pas en tant que tel un moyen de Salut.

Contre la théologie des Réformateurs, le Concile de Trente rappela avec fermeté le caractère sacramentel du mariage (*sacramentum*), en se fondant sur *Éphésiens*, 5, 31-32 : appuyée sur l'autorité de l'Apôtre, l'Église avait toujours tenu pour « certain et incontestable » le fait que le mariage fût un sacrement, à savoir que non seulement il signifiait la grâce, mais encore qu'il la « produisait ». Le Concile souligna aussi le caractère indissoluble du mariage, mais cette fois en s'appuyant sur *Matthieu*, 19 et sur *1 Corinthiens*, 7, et non plus sur *Éphésiens*, 5, 31-32.

Matthieu ARNOLD
Université de Strasbourg

BIBLIOGRAPHIE

ARNOLD (M.), « Formation et dissolution du lien conjugal chez Luther et Bucer », *Revue d'histoire et de philosophie religieuses*, 81 (2001), p. 259-276.

__, Les sermons de 1518-1519 », dans J.-M. VALENTIN (dir.), *Luther et la Réforme. Du Commentaire de l'Épître aux Romains à la Messe allemande*, Paris, 2001, p. 149-167.

__, *La correspondance de Luther*, Mayence, 1996.

BUCER (M.), *Deutsche Schriften*, t. 10, Stephen BUCKWALTER (éd.), Gütersloh, 2001.

ÉRASME, *Opera omnia Desiderii Erasmi Roterodami…*, t. 6/9, Leyde-Boston, 2009.

GAUDEMET (J.), *Le mariage en Occident. Les mœurs et le droit*, Paris, 1987.

LOHSE (B.), *Luthers Theologie in ihrer historischen Entwicklung und in ihrem systematischen Zusammenhang*, Göttingen, 1995.

LUTHER (M.), *Œuvres*, t. 1, M. LIENHARD et M. ARNOLD (éds.), Paris, 1999.

__, *Œuvres* [MLO], t. VIII, *Lettres*, Genève, 1959.

__, *Œuvres* [MLO], t. XIX, *Écrits polémiques*, Genève, 2015.

SCHWARZ (R.), *Luther*, Göttingen, 1986.

Weimarer Ausgabe, Deutsche Bibel [DB]

Weimarer Ausgabe, Briefe [WA Br]

Weimarer Ausgabe, Tischreden [WA Tr]

LISTE DES AUTEURS DU PRÉSENT VOLUME

Matthieu ARNOLD, Université de Strasbourg

Anders HULTGÅRD, Correspondant de l'Institut, Université d'Uppsala

Yves LEHMANN, Université de Strasbourg

Jean-Pierre MAHÉ, Membre de l'Institut, École pratique des hautes études

Laurent PERNOT, Membre de l'Institut, Université de Strasbourg et Institut universitaire de France

Marc PHILONENKO, Membre de l'Institut, Université de Strasbourg

Madeleine SCOPELLO, Correspondant de l'Institut, Centre national de la recherche scientifique et École pratique des hautes études

Giulia SFAMENI GASPARRO, Université de Messine

Guy G. STROUMSA, Université hébraïque de Jérusalem et Université d'Oxford

INDEX DES AUTEURS ET TEXTES (DE L'ANTIQUITÉ A LA RENAISSANCE)

Les chiffres renvoient aux pages, que le nom visé apparaisse dans le texte ou en note.

Auteurs chrétiens

Textes gnostiques de Nag Hammadi

Textes arméniens

Texte géorgien

Textes iraniens

Texte mandéen

Littérature grecque

INDEX DES AUTEURS MODERNES

TABLE DES MATIÈRES